渤海系列丛书

U0514352

———— 丛书由渤海大学资助出版 ————

本书是国家社会科学基金一般项目"辽金元时期辽西地区的移民及其影响研究"（13BZS083）研究成果

辽金元辽西地区
移民及影响研究

吴凤霞 —— 著

辽宁人民出版社

© 吴凤霞　2024

图书在版编目（ＣＩＰ）数据

辽金元辽西地区移民及影响研究 / 吴凤霞著 . — 沈
阳：辽宁人民出版社，2024.7
（渤海系列丛书）
ISBN 978-7-205-10840-3

Ⅰ . ①辽… Ⅱ . ①吴… Ⅲ . ①移民—历史—研究—辽
西地区—辽金时代②移民—历史—研究—辽西地区—元代
Ⅳ . ① D691

中国国家版本馆 CIP 数据核字（2023）第 158227 号

出版发行：辽宁人民出版社
　　　　地址：沈阳市和平区十一纬路 25 号　邮编：110003
　　　　电话：024-23284321（邮　购）　024-23284324（发行部）
　　　　传真：024-23284191（发行部）　024-23284304（办公室）
　　　　http：//www.lnpph.com.cn
印　　刷：辽宁新华印务有限公司
幅面尺寸：170mm×240mm
印　　张：17
字　　数：250千字
出版时间：2024年7月第1版
印刷时间：2024年7月第1次印刷
责任编辑：郭　健　张婷婷
装帧设计：留白文化
责任校对：吴艳杰
书　　号：ISBN 978-7-205-10840-3

定　　价：98.00元

序

　　渤海大学一直非常重视内涵建设，人文社会科学相关学科与专业获得长足发展。尤其是在历史学科的牵头之下，渤海大学人文社会科学所组建的科研团队，不断产出高水平学术成果，其范围涵盖东北亚问题、国家安全问题、历史与民族问题、中华民族共同体问题等领域。经过多年的建设，在科研团队的共同努力下，形成鲜明的特色研究方向，服务社会的能力不断提高。

　　习近平总书记指出："东北地区是我国重要的工业和农业基地，维护国家国防安全、粮食安全、生态安全、能源安全、产业安全的战略地位十分重要，关乎国家发展大局。"这里所指出的东北发展五大安全战略，不仅为东北振兴指明方向，更重要的是指出维护国家安全是全国各族人民根本利益所在。

　　其时恰逢教育部进行学科设置调整。2021年1月，国务院学位委员会、教育部印发通知，新设置"交叉学科"门类，成为中国第14个学科门类。由此开始，"国家安全学""区域国别学"等相继列入"交叉学科"目录。这种设置既是教育部在学科建设布局上的最新引领，更是高校下一步进行人才培养与开展科学研究的最新指导。

　　为配合东北发展五大安全战略和推进新兴交叉学科建设，渤海大学成立国家安全研究院，在"总体国家安全观"指导下，统筹规划原有的教育部国别和区域研究中心——东北亚研究中心、国家民委基地——渤海大学中华民族共同体研究中心以及"辽海发展高端智库"（与中国社会科学院中国边疆

研究所合作共建）诸多平台的建设，同时利用民族学博士后流动站科研基地
（与广西民族大学合作共建）和世界史博士后流动站科研基地（与延边大学
合作共建）进一步整合科研团队，发挥已有优势，突出特色研究方向。

"知今而不知古，谓之盲瞽；知古而不知今，谓之陆沉。"为了高质量
发挥高校人才培养、科学研究和服务社会的基本职能，需要对历史与现实进
行全面而深刻的认识。因此，为进一步加强渤海大学历史学等传统学科的可
持续发展，进一步推进"国家安全学"和"区域国别学"等交叉学科的融合
发展，学校决定出版"渤海系列丛书"。本丛书以"总体国家安全观"为宗
旨，书稿内容涉及东北边疆、民族、历史、文化、经济、生态、能源、产业
等各个领域，涵盖各个学科。"渤海系列丛书"面向校内外专家征稿，每年
出版一辑，确定一个相对具体的主题，连续出版。我们希望通过出版"渤海
系列丛书"，进一步凝聚学术团队，提升渤海大学国家安全学研究水平，推
动学科建设，更好地服务于东北五大安全战略，为东北全面振兴做出应有的
贡献。

2023年4月20日

前　言

　　本书主要从区域史研究的视角对辽金元时期辽西地区移民作一个长时段（四百余年）的历史考察。需要说明的是，与今天人们经常所称的辽西的区域范围不完全相同，本书所指的辽西，具体指西起大兴安岭南端山地，东至医巫闾山区，北达西拉木伦河流域（包括北侧的乌尔吉木伦河），南及滦河流域的区域。其境内有医巫闾山、努鲁儿虎山、七老图山等山脉，还有西拉木伦河、老哈河、大凌河、小凌河、滦河等河流，且东南临渤海。即今天辽宁省西部、河北省北部和内蒙古东南部一带，这一范围恰恰与考古学文化所确定的辽西文化区大体一致。朱永刚界定考古学文化辽西区是："通常指下辽河以西的西辽河水系区，范围西起昭乌达高原，东至医巫闾山，南抵燕山，北达西拉木伦河北侧的乌尔吉木伦河与查干木伦河。区内以山地丘陵为主，地势西高东低。按海拔高度、年降水量的等雨量线和温差，又可以东北—西南走向的努鲁儿虎山为界，划分为大小凌河流域与西拉木伦河、老哈河流域东西两个地理单元。"①考古学者关于辽西范围的划定充分考虑到同类文化的分布，说明历史上这一地理区域，从很早的时候开始就发展成为独特的文化区。辽朝更赋予这一文化区新的内涵。辽代辽西是契丹人、奚人长期活动的区域，辽朝赖以立国的基础，其政治地位优于他处，可谓辽代腹心之地，在辽朝亦有"内地"之称。而且因汇聚大量来自区域外的各族人口，成为历史上区域移民典型的地区之一。这一区域作为金元两代沟通东北与中

---

① 朱永刚：《汉以前东北考古研究》，科学出版社 2017 年版，第 301 页。

原的必经之地，虽然不再是政权的核心区域，但因临近政治中心而颇为引人瞩目。金元辽西地区移民在规模和频次上虽不及辽代，基于加强该地区统治的需要，政策性移民仍然是金元经略辽西的重要特征。可以肯定，在辽金元持续四百余年的时间里，围绕辽西之地的人口聚散是其时历史发展的重要内容，牵动三朝的政治、军事、经济发展多个层面的问题，尤其是民族迁徙与政权统治的关联性。因此，探讨其时区域移民，既可以充实东北史研究和辽金元史研究，也可以深化人们对于中国统一多民族国家历史发展的认识。这是本书研究意义之所在。

现代学者对辽金元时期的东北移民较为关注，这方面的研究成果或多或少涉及辽西地区的移民，比如，吴松弟《中国移民史·辽宋金元时期》[1]按照民族（如汉、契丹、奚、渤海、女真、蒙古等）分述辽金元时期东北地区的人口迁移，辽西地区移民自然也包括其中。韩茂莉《辽金农业地理》[2]《草原与田园——辽金时期西辽河流域农牧业与环境》[3]均涉及辽金农业人口迁入辽西，以及农业人口迁入后对辽西农牧业发展和环境变迁的影响。程妮娜《古代中国东北民族地区建置史》[4]涵盖辽金元时期辽西地区的民族迁徙及行政建置。王孝俊《中国人口通史·辽金卷》[5]、李莎《中国人口通史·元代卷》[6]所记辽金元人口迁徙部分都有关涉辽西地区的内容。另外，相关论文主要有谭其骧《辽代"东蒙""南满"境内之民族杂处——满蒙民族史之一页》[7]、韩光辉《辽代中国北方人口的迁移及其社会影响》[8]、日本学者田村实造《辽

---

[1] 吴松弟：《中国移民史》第四卷《辽宋金元时期》，福建人民出版社 1997 年版，第 1—692 页。

[2] 韩茂莉：《辽金农业地理》，社会科学文献出版社 1999 年版，第 1—299 页。

[3] 韩茂莉：《草原与田园——辽金时期西辽河流域农牧业与环境》，生活·读书·新知三联书店 2006 年版，第 1—176 页。

[4] 程妮娜：《古代中国东北民族地区建置史》，中华书局 2011 年版，第 1—575 页。

[5] 王孝俊：《中国人口通史·辽金卷》，人民出版社 2012 年版，第 1—502 页。

[6] 李莎：《中国人口通史·元代卷》，人民出版社 2012 年版，第 1—397 页。

[7] 谭其骧：《辽代"东蒙""南满"境内之民族杂处——满蒙民族史之一页》，《长水集》上册，人民出版社 2011 年版，第 254—264 页。（原载《国闻周报》第十一卷第六期，1934.2.29，署名谭禾子）

[8] 韩光辉：《辽代中国北方人口的迁移及其社会影响》，《北方文物》1989 年第 2 期，第 72—79 页。

代的移民政策和州县制的建立》^①、王德忠《辽朝的民族迁徙及其评价》^②、郝素娟的博士学位论文《金代移民研究》^③、罗贤佑《元代蒙古族人南迁活动述略》^④、丛佩远《元代辽阳行省境内的契丹、高丽、色目与蒙古》^⑤、申友良《辽金元时期东蒙古地区人口迁徙研究》^⑥，等等。这些先行的研究成果从不同角度和不同视域探讨了辽金元时期辽西地区移民，以及移民与经济、行政建制、民族融合的关系，为本书梳理辽金元辽西地区的移民及影响奠定了重要的学术基础。

　　本书的基本思路，首先，在主体研究之前用一章篇幅概要介绍先秦至隋唐活跃在辽西大地上的诸民族，之所以如此，旨在把握历史的联系，理清辽金元辽西地区移民的历史基础。本书的主体研究为第二至第五章，其中，第二、三、四章，分别阐述辽代、金代、元代辽西地区的移民活动，着意于揭示不同政权背景下区域移民的具体内涵，包括出入辽西人口的族别、时段及分布特点等问题，侧重于移民与区域发展的探讨；第五章尽可能将辽金元辽西地区移民活动的关联性阐释出来，综论移民的政治军事目的，探讨移民活动对民族融合、区域交通、社会问题、环境变迁的相关影响。

　　本书力图以历史主义的眼光审视辽西移民活动的来龙去脉，探讨不同政权背景下移民活动中人们的主观意图和实际效果。在研究过程中，曾经尝试对不同时期辽西地区移民数量作出统计，但文献提供的资料实在有限，个别出现的数字笼统、不准确，所以最终本书没有勉强对辽西地区移民进行量化评估。但辽金元三代比较，辽西一地的移民规模及频次以辽代最为突出，区域开发与政治军事影响也以辽代最为深切，这一点是可以肯定的。而且，每

---

① [日本] 田村实造：《辽代的移民政策和州县制的建立》，《日本学者研究中国史论著选译》，中华书局1993年版，第491—522页。
② 王德忠：《辽朝的民族迁徙及其评价》，《东北师大学报》1998年第4期，第61—66页。
③ 郝素娟：《金代移民研究》，吉林大学博士学位论文，2016年，第1—305页。
④ 罗贤佑：《元代蒙古族人南迁活动述略》，《民族研究》1989年第4期，第78—85页。
⑤ 丛佩远：《元代辽阳行省境内的契丹、高丽、色目与蒙古》，《史学集刊》1993年第1期，第7—14页。
⑥ 申友良：《辽金元时期东蒙古地区人口迁徙研究》，《内蒙古社会科学》1996年第1期，第49—51页。

隔一段时间发生的规模较大的民族迁徙、人口流动，致使辽金元时期辽西区域内族际互动频繁，且不断深化，民族间的通婚与交往，以及语言、服饰、宗教信仰、生产方式、生活习惯、民风民俗等多个层面的广泛交融，各民族之间增强了文化共同性，共同体意识随之形成。可以肯定在长期族际互动基础上出现的民族融合，彰显了辽金元时期辽西地区移民的时代特征与历史影响。

目　录
Contents

第一章　先秦至隋唐的辽西诸族

辽朝之前，辽西土著居民有哪些？他们生产生活的状况如何？这是探索辽金元辽西移民首先要理清的历史基础。本章以古文献资料和现代考古学、人类学、历史学研究成果为依据，按照时间顺序略作梳理。

第一节　先秦时期辽西的先民

一、考古学及人类学研究反映的先秦辽西人群

辽西地区是中国文明发源地之一，人类学、考古学研究证明了这一点。距今5万年前，在辽宁喀喇沁左翼蒙古族自治县就有古人类居住，他们在文化年代上处于旧石器中期之末[1]，属于发展阶段的晚期智人[2]。大概在距今5万年至1.5万年的旧石器时代晚期，在辽宁建平也有古人类活动，只是具体这一支人群是"古人"还是"新人"尚难以确定。[3]距今9000年至4000年的新石器时代，辽西地区又有兴隆洼文化、赵宝沟文化、红山文化、富河文化、小河沿文化等考古学文化出现，这些考古学文化中发现的石器种类以锄、铲、耜、斧、凿、杵、磨盘、磨棒、石片、石核等为主。[4]说明在文明起源的初期，辽

---

[1] 傅仁义：《鸽子洞遗址时代的再研究》，《北方文物》1992年第4期，第27页。
[2] 吕遵谔：《鸽子洞的人类化石》，《人类学学报》1992年第1期，第10页。
[3] 吴汝康：《辽宁建平人类上臂骨化石》，《古脊椎动物与古人类》1961年第4期，第288页。
[4] 张博泉、魏存成三编：《东北古代民族考古与疆域》，吉林大学出版社1998年版，第202-214页。

西地区的土著已从事农业、手工业生产。有学者认为红山文化中的龙形玉与原始农业密切相关。[1]

赵宾福认为，相当于夏至战国时期，辽西范围内的考古学文化有夏家店下层文化、魏营子文化、夏家店上层文化。其中，夏家店下层文化的整体年代相当于夏至早商已成为共识，而魏营子文化的年代为商代晚期，夏家店上层文化的年代为西周早期到春秋晚期，战国燕文化进入辽西山地之前还有"水泉遗存"、"井沟子遗存"（含"铁匠沟遗存"）、"凌河遗存"的晚期遗存和凌源"五道河子遗存"。[2]从考古学文化和遗存发现的生产工具看，"夏家店下层文化的工具以石、骨质料的农业生产工具为主，次为手工、渔猎工具。""当时辽西地区散布着主营种植农业的居民，其农作水平并不低于同时期黄河流域的农业文明。"[3]与夏家店下层文化有所不同，处于商周之际的魏营子文化出现了具有中原特征的铜容器和车马器。[4]通过对魏营子文化同一时期的青铜器的考察，有学者推测其地可能生活着采用游动生活方式的不定居人群，他们很少使用陶器甚至不使用陶器。[5]到夏家店上层文化所处的西周、春秋时期，赤峰南北经济有明显的差异，赤峰以南地区是以定居的农业为主，遗址中多见猪、狗、马、牛、羊等家畜骨骼，猪骨的数量尤其多，而赤峰以北地区狩猎经济占有重要地位，打制石器比重大，大井遗址出现大量野生动物，如鹿、野牛、野马、熊、狐狸、兔等。[6]对于夏家店上层文化之后的四种"遗存"，赵宾福研究认为，水泉遗存所表现出的总体风格主要与凌河遗存的晚期遗存相似，井沟子墓葬虽然与水泉墓葬有一定的联系，但区

① 孙守道、郭大顺：《论辽河流域的原始文明与龙的起源》，《文物》1984 年第 6 期，第 16 页。
② 赵宾福：《中国东北地区夏至战国时期的考古学文化研究》，科学出版社 2009 年版，第 68 页、73 页、80 页、89 页、97 页。
③ 张博泉、魏存成主编：《东北古代民族考古与疆域》，吉林大学出版社 1998 年版，第 246 页。
④ 郭大顺：《试论魏营子类型》，见苏秉琦主编《考古学文化论集》（一），文物出版社 1987 年版，第 88 页。
⑤ 张博泉、魏存成主编：《东北古代民族考古与疆域》，吉林大学出版社 1998 年版，第 254 页。
⑥ 张博泉、魏存成主编：《东北古代民族考古与疆域》，吉林大学出版社 1998 年版，第 249 页。

别还是主要的。①而辽宁凌源五道河子是以墓葬为主的遗存，出土有数量不等的马牙，墓底铺有一层桦树皮，随葬品大多是铜兵器，以刀、剑、戈为主，也有铜钟、铜节约、铜垂坠等，还有大量车马器。②显然，随着时间的推移，辽西地区活动的人群变得更加复杂，这从经济形态的演进也可以证实。王立新认为："在经济形态转变的过程中，每一种新的经济形态的出现并非都是由本地此前的经济形态逐步演化的结果。"③他分析指出，魏营子文化虽然有部分继承了夏家店下层文化，但很难确认在其后出现的欠发达的农业文化是由它演化而来。他强调的是外来的人流带来的文化变化。也就是说，从考古学文化的研究看，辽西地区在商代晚期就有外来人口，他们使经济类型发生突变。

目前已有的研究表明，先秦时期辽西地区已有与原来土著不同的人群进入。赵欣博士从体质人类学与分子考古学的视角全面考察了辽西地区先秦居民的种族构成，理清了先秦时期辽西地区居民的渊源、流向、融合及分化等动态发展过程。他认为，新石器时代的辽西，最原始的土著属于"古东北类型"居民，青铜器时代，有"古华北类型"的居民的一支进入辽西，并逐渐代替"古东北类型"居民成为主体人群。青铜时代晚期，又有一支来自更北地区的居民进入辽西，他们属于"古蒙古高原类型"。其结论是："辽西地区新石器时代人群较单纯，基因较单一，他们是在相对独立的环境下发展起来的。进入青铜时代后，生产力水平提高，人的流动性增强，人群间的基因交流逐渐增多。甚至到了春战之际，有部分起源于北亚的人群进入辽西地区，为辽西的基因多态性注入新的元素。居民来源的多元化，使得辽西地区的考古学文化也呈现纷繁复杂的局面。"④

---

① 赵宾福：《中国东北地区夏至战国时期的考古学文化研究》，科学出版社2009年版，第97页、99页。
② 辽宁省文物考古研究所：《辽宁凌源县五道河子战国墓发掘简报》，《文物》1989年第2期，第60—61页。
③ 王立新：《辽西区夏至战国时期文化格局与经济形态的演进》，《考古学报》2004年第3期，第262页。
④ 赵欣：《辽西地区先秦时期居民的体质人类学与分子考古学研究》（中文摘要），吉林大学博士学位论文，2009年，第2—3页。

综上，先秦时期辽西地区最初的土著主要从事农业生产，至商晚期有外来不定居的人群进入，畜牧业成分增加，但畜牧业似乎并不占主导地位，春秋战国之际，辽西大地上，既有从事农业的人群，又有山地狩猎者，还有游牧人。战国晚期，又有来自燕地的发达农业人口进入。总之，先秦时期辽西人群的构成逐渐由单一变为多元。

二、山戎、东胡及其文化

《春秋》《左传》《国语》《管子》《史记》等都提及过山戎。《春秋》讲齐桓公时代，"齐人伐山戎"；《左传》更进一步说明齐人伐山戎的原因为"以其病燕故也"[①]；《国语》称颂齐桓公北伐的功绩："遂北伐山戎，刜令支，斩孤竹而南归，海滨诸侯莫敢不来服。"[②]《管子·大匡》也记载："北州侯莫至……桓公乃北伐令支，下凫之山，斩孤竹，遇山戎。"[③]显然，这几部书均因记述齐桓公的北伐而言及山戎。《史记·匈奴列传》涉及山戎内容更多一些："唐虞以上有山戎、猃狁、荤粥，居于北蛮，随畜牧而转移。""秦襄公救周，于是周平王去酆鄗而东徙洛邑。当是之时，秦襄公伐戎至岐，始列为诸侯。是后六十有五年，而山戎越燕而伐齐，齐釐公与战于齐郊。其后四十四年，而山戎伐燕。燕告急于齐，齐桓公北伐山戎，山戎走。其后二十有余年，而戎狄至洛邑，伐周襄王，襄王奔于郑之氾邑。"[④]司马迁把山戎与北方的猃狁、荤粥并列，一并视之为北方民族，认为他们有着共同的生产生活方式，即"随畜牧而转移"。对于山戎，司马迁的叙述亦涉及他们的活动区域，称其在燕的北边，且强调春秋时期山戎好战，指出山戎时而侵扰中原政权，齐、燕、周都曾遭到其侵犯。《史记》关于齐桓公伐山戎，《秦本纪》《齐太公世家》《燕召公世家》《封禅书》等多处提及。现

---

① 杨伯峻编著：《春秋左传注》（修订本），中华书局2016年版，第268页、269页。
② 徐元诰：《国语集解》（修订本），中华书局2002年版，第233页。
③ 《管子·大匡》，黎翔凤撰，梁运华整理：《管子校注》，中华书局2004年版，第364页。
④ 司马迁：《史记》卷110《匈奴列传》，中华书局1982年版，第2879页、2881页。

代学者根据文献记载认为山戎的分布地域大致在滦河、老哈河、大凌河、小凌河流域。[①]这些河流区域也正属于辽西地区，说明山戎为春秋时期活动于辽西地区的畜牧人口。

东胡之名，《逸周书》《山海经》均有提及。《史记·匈奴列传》记载晋文公时代，东胡在燕北，与山戎各自分散居于谿谷，但当时的东胡、山戎组织松散，"莫能相一"[②]。结合考古资料，林幹认定东胡人活动的范围大约在今内蒙古东部老哈河上游东南至辽宁大小凌河流域，包括今天内蒙古赤峰市、辽宁朝阳市和锦州市及其周围的大片地方。[③]还有一些学者强调东胡与山戎关系密切，比如，丛佩远、黄中业认为："东胡也即山戎，不过他是山戎中居地较北的一部分。"[④]田广林认为，东胡是山戎的后裔[⑤]，也就是说山戎和东胡，不是两个部族，而是同一部族。田继周也认为春秋时期的山戎在战国以后就被称为东胡了。[⑥]

需要说明的是，戎、胡并不是准确的民族称谓，张博泉先生认为："戎、胡应是个总称，而其各部名号并非一个，其中有同种亦有别种。"张先生赞同《史记》的记载，他说："东胡、山戎皆在'百有余戎'中。"[⑦]

今天的人们根据已被确定的山戎文化遗址，指出山戎文化有其特色，比如，靳枫毅、王继红认为，山戎文化拥有一整套自具特征、自成系统与既定组合关系的器物群，包括早期青铜镟、夹砂红褐陶手制罐、各式直刃匕首式青铜短剑、各式青铜削刀、青铜带钩、青铜马具等；山戎文化自有一套埋葬制度和埋葬习俗，如墓地选在向阳山坡上，墓穴呈东西向，多数墓葬会有殉

---

① 王禹浪、刘加明、于彭：《山戎称谓及其文化研究综述》，《哈尔滨学院学报》2013年第12期，第3页。
② 司马迁：《史记》卷110《匈奴列传》，中华书局1982年版，第2883页。
③ 林幹：《东胡史》，内蒙古人民出版社1989年版，第9页。
④ 佟冬主编：《中国东北史》（第一卷），吉林文史出版社2006年版，第232页。
⑤ 田广林：《山戎初探》，《昭乌达蒙族师专学报》1986年第2期，第24页。
⑥ 田继周：《先秦民族史》，四川民族出版社1996年版，第390页。
⑦ 张博泉：《东北地方史稿》，吉林大学出版社1985年版，第34页。

牲，也存在覆面习俗。[①]

考古学对东胡遗存和东胡文化认识并没有达成一致。王立新指出："以往流行的观点是，在战国燕文化到达之前，分布于内蒙古东南部及其邻近地区的夏家店上层文化的族属就是东胡。但近年的研究表明，这支文化至少到春秋中期前后就已消失，与文献记载东胡族的活动时间并不吻合。"王立新认为井沟子类型与文献所记的东胡族的活动时间和地域相吻合，经济形态上二者也十分契合，肯定井沟子类型就是学术界追寻已久的东胡人的遗存。[②]韩嘉谷在《辨识东胡遗存》一文中指出："东胡遗存的分布重点在辽西。"他强调辽西的东胡文化遗存必然是多元杂糅，而其中决定文化性质的因素，只能是曲刃剑文化，而锦西邰集屯小荒地遗址和朝阳十二台营子类型（"凌河类型"）都具有曲刃剑文化特征，可视为东胡遗存。[③]尽管东胡遗存还有争议，但多数学者认为东胡人在春秋、战国时期居于辽西，其社会经济以畜牧业以及狩猎为主，也有一定的粗放农业，但不占重要地位。

可以明确的是，先秦时期的辽西居民除了从事农耕生产的人，还有随水草畜牧，并以射猎为补充的山戎、东胡人。

三、商族、燕人与辽西的关系

辽西地区从来都不是封闭的区域。人口流动早在夏商周三代时期就有记录。商族，据学者研究，其由小到大、由兴到亡，前后的历史足有千年。[④]商族的起源、早期活动的区域一向众说纷纭，在众多说法中，商族与辽西有关联的说法自20世纪七八十年代以来颇受关注。比如，1978年金景芳先生就提出商文化起源于我国北方，他根据《淮南子·坠形训》所记及高诱所注，指

---

① 靳枫毅、王继红：《山戎文化所含燕与中原文化因素之分析》，《考古学报》2001年第1期，第60页。

② 王立新：《关于东胡遗存的考古学新探索》，《草原文物》2012年第2期，第55页、58页。

③ 韩嘉谷：《辨识东胡遗存》，北京大学中国考古学研究中心编：《古代文明》（第9卷），文物出版社2013年版，第84页、90—93页。

④ 朱彦民：《商族的起源、迁徙与发展》，商务印书馆2007年版，第1页。

出商始祖契的儿子昭明所居的"砥石"为辽水发源处，即"今昭乌达盟克什克腾旗的白岔山"①，也就是今天赤峰市克什克腾旗的白岔山，其地属于辽西。张博泉先生赞同金先生的看法，又从殷人始祖契起源东北、殷人先世活动在东北、殷先世南下之迹及夏家店下层文化的族属几个方面论证殷人起源及早期活动地都在今河北的东北、东北地区的西南②，即大体上属于考古学文化的辽西地区。此后又有多篇文章推定商族的祖先最早活动于东北的西南部，比如，蔺新建认定商人的祖先最早活动区域为内蒙古昭盟（今赤峰市）和辽宁西部地区及河北北部的一小部分地区③；干志耿、李殿福、陈连开在《商先起源于幽燕说》一文中提出："故契所居蕃，当与今辽河上源的老哈河及大凌河与滦河上游地区相关。或者说，应在此范围内求之。"④他们也把红山文化视为商先文化。另外他们还撰有《商先起源于幽燕说的再考察》，主要从文献入手力图进一步充实相关的证据。⑤20世纪90年代一些学者更是从不同视角诠释商族的起源地与辽西有关。晁福林《夏商西周的社会变迁》论及商族的兴起之地，他认为："上古时代的有娀氏的地望应在今辽西、冀北一带，既然商族源于有娀氏，那么商族的起源地也应当在这个地域。"⑥辽宁省文物考古研究所的郭大顺以考古学证据阐释商文化起源问题。他提出："继殷墟不断有北方式青铜刀一类发现之后，夏家店下层文化的发掘和研究成果，把这一关系从广义的北方集中到以辽西为中心的燕山南北长城地带；红山文化，特别是对商代玉器有重大影响的红山文化玉器的考古新发现，又把这种关系追溯到5000年前的五帝前期。"他也讲："商文化是多元的，商文化的起源也应是多元的，但又是有主有次的。北方古文化、主要是以辽西

---

① 金景芳：《商文化起源于我国北方说》，《中华文史论丛》第七辑（复刊号），上海古籍出版社1978年版，第65页。
② 张博泉：《关于殷人的起源地问题》，《史学集刊》1981年复刊号，第7-10页。
③ 蔺新建：《先商文化探源》，《北方文物》1985年第2期，第18页。
④ 干志耿、李殿福、陈连开：《商先起源于幽燕说》，《历史研究》1985年第5期，第22-23页。
⑤ 干志耿、李殿福、陈连开：《商先起源于幽燕说的再考察》，《民族研究》1987年第1期，第82-92页。
⑥ 晁福林：《夏商西周的社会变迁》，北京师范大学出版社1996年，第62-64页。

为中心的燕山南北地区古文化对于商文化起源所起作用并非次要的。"[1]21
世纪依然有一些学者坚信商族与辽西有关系。比如,陈小三通过分析北方长
城地带中、东段(包括西起内蒙古中南部,东至内蒙古东南部和辽宁西部)
具有早商文化风格的青铜器,证明中原地区的商文化与北方长城地带存在密
切的文化交流。[2]值得注意的是,晚商贵族箕子也因"殷道衰"而"去之朝
鲜"[3],箕族也因此与辽西有关联。杨军认为:"箕子首先迁到辽西,而后又
从辽西迁往朝鲜。"[4]

古书记载孤竹和屠何也与辽西有关系,《国语》《管子》《韩非子》
《韩诗外传》等都有提及。现代学者中多数认为,孤竹是商族的一支,与商
王室同姓,主要活动区域为今河北省东北部和辽宁西部。[5]王绵厚认为,屠何
在小凌河支流女儿河流域,距离今锦州市西南五十余里的邰集屯乡小荒地北
山城或是先秦时期的"屠何城"。[6]也有学者认为,大致相当于小凌河下游的
辽宁锦州一带为屠何国的核心区域。[7]尽管关于孤竹、屠何的史料很有限,
学者们的看法也不完全一致,但可以肯定的是,他们也是先秦时期辽西的
居民。

除了商族,战国燕人也因控制辽西地区而对其地产生影响。燕在西周
初是召公奭的封国,《史记·燕召公世家》有评论言:"燕外迫蛮貉,内措
齐、晋,崎岖强国之间,最为弱小,几灭者数矣。"[8]燕国的地理位置,使它

---

① 郭大顺:《北方古文化与商文化的起源》,中国社会科学院考古研究所编:《中国商文化国际学术讨论会论文集》,中国大百科全书出版社1998年版,第113页、115页。

② 陈小三:《早商文化的北进与北方系青铜器的发展》,《边疆考古研究》2015年第1期,第209-213页。

③ 班固:《汉书》卷28下《地理志》,中华书局1962年版,第1658页。

④ 杨军:《箕子与古朝鲜》,《吉林大学社会科学学报》1999年第3期,第23页。

⑤ 参见李学勤:《试论孤竹》,《社会科学战线》1983年第2期;何光岳:《孤竹的来源和迁徙》,《黑龙江民族丛刊》1991年第2期;苗威:《关于孤竹的探讨》,《中央民族大学学报》2008年第3期;冯艳丽:《先秦孤竹国史料辑考》,东北师范大学硕士学位论文,2014年;等等。

⑥ 王绵厚:《关于锦西台集屯三座古城的历史考察——兼论先秦"屠何"与"汉徒河"》,《社会科学战线》1990年第3期,第215页。

⑦ 李德山、李路:《孤竹·东胡·令支·屠何史》,中国社会科学出版社2019年版,第211页。

⑧ 司马迁:《史记》卷34《燕召公世家》,中华书局1982年版,第1561-1562页。

先后与辽西地区的屠何、孤竹、山戎及东胡相邻，在其强盛时期也曾北拓疆土。《史记·匈奴列传》记载燕将秦开曾为人质于东胡，深得东胡人信任，归来后领兵攻伐东胡，"东胡却千余里"。燕为抗击东胡，又筑长城，"自造阳至襄平"，并建有五郡：上谷、渔阳、右北平、辽西、辽东郡，"以拒胡"。[①]秦开击东胡，在燕昭王时期。[②]据学者们调查研究，燕北长城所经辽西之地，包括喀喇沁旗、赤峰市、建平县、敖汉旗、奈曼旗、库伦旗、阜新市等地。[③]而燕设的五郡中有两郡（右北平郡和辽西郡）大致属于辽西地区，其中，右北平郡，大概包括今大凌河上游以南，至承德、蓟县等地；辽西郡，约位于大凌河以西、河北迁西县以东地区。[④]对于战国时期燕经略东北（包括辽西地区在内），董高认为其进步主要体现在经济发展和民族融合方面。[⑤]可以肯定的是，先秦时期商族和燕人也为辽西地区的社会发展贡献了力量。

综上所述，考古学文化显示出最早开发辽西地区的人成分已不单一，而文献记载中提到的山戎、东胡、古商族、燕人等也都是辽西开发的先驱。

第二节　秦汉魏晋南北朝的辽西人

一、乌桓人

战国时期，辽西成为燕的势力范围。秦灭燕国，东北南部也纳入秦的版

① 司马迁：《史记》卷110《匈奴列传》，中华书局1982年版，第2885-2886页。
② 张博泉：《燕国名将——秦开》，见张博泉主编：《东北历史名人传》（古代卷）[上]，吉林文史出版社1986年版，第5页。
③ 佟冬主编：《中国东北史》（第一卷），吉林文史出版社2006年版，第237页。
④ 佟冬主编：《中国东北史》（第一卷），吉林文史出版社2006年版，第234页。
⑤ 董高：《东北地区燕文化遗存及其有关问题》，见陈光汇编《燕文化研究论文集》，中国社会科学出版社1995年版，第94页。

图。辽西郡、右北平郡沿用旧名为统一秦朝的边郡。秦始皇和秦二世巡行天下都曾到过右北平郡、辽西郡的一些地方。秦之后的两汉对辽西的控制进一步加强，文献关于辽西地区各族的活动也有了更多的记载。

西汉初，居于东胡西部的匈奴在冒顿单于的领导下走向强盛，他们出其不意地攻击东胡，使其大败。东胡余部分为两支分别逃至乌桓山和鲜卑山，于是东胡之名在史籍中较少出现了，代之以乌桓和鲜卑。在此后四五百年间，乌桓人和鲜卑人成为北方地区比较活跃的族群。

《后汉书·乌桓传》概述了乌桓人的来源、经济生活和习俗，也言及其时的乌桓人崇尚勇健。他们以畜牧业为主，已有一些手工业行业和粗放的农业，社会组织方面有所谓的"部""邑落"，"部"有"大人"，而"邑落"有"小帅"，"大人"为推选产生，往往是有能力者，所谓"有勇健能理决斗讼者"。"大人"也被赋予号令之权，"大人所召呼，则刻木为信，虽无文字，而部众不敢违犯"，但"大人"并不世袭。[1]至于乌桓山，学者们的看法并不一致。清人张穆认为乌桓山在今内蒙古阿鲁科尔沁旗境内，林幹大体认同这一说法，指出西汉初被匈奴打散的东胡余部所逃往的乌桓山当在今内蒙古阿鲁科尔沁旗西北乌辽山。[2]清末学人曹廷杰认为古代的乌桓人分布在西辽河（即西拉木伦河）两岸和归喇里河（今归流河）西南，马长寿赞同此说。[3]张博泉先生根据王沈《魏书》所提赤山在"辽东西北数千里"而认为乌桓山在今蒙古国肯特山。[4]杨军在系统考察有关乌桓山的诸种说法的基础上，提出乌桓山为内蒙古锡林郭勒盟东乌珠穆沁旗东北的宝格达山。[5]显然，乌桓山具体在何地至今并没有达成共识。据《后汉书·乌桓传》，元狩四年，由于霍去病击破匈奴左地，乌桓人从乌桓山及其附近南迁，迁至上谷、

① 范晔：《后汉书》卷90《乌桓鲜卑传》，中华书局1965年版，第2979—2980页。
② 林幹、再思：《东胡乌桓鲜卑研究与附论》，内蒙古大学出版社1995年版，第48页、52页。
③ 马长寿：《乌桓与鲜卑》，上海人民出版社1962年版，第116页。
④ 张博泉：《乌桓的起源地与赤山》，《黑龙江文物丛刊》1984年第2期，第55页。
⑤ 杨军：《乌桓山与鲜卑山新考》，《欧亚学刊》（国际版，新1辑），商务印书馆2011年版，第290页。

渔阳、右北平、辽西、辽东五郡塞外。从乌桓人迁徙的方向可知，乌桓山当在五郡塞外还要往北一些的地方，范恩实认为，"从《辽史·地理志》之文看，乌桓曾活动在西辽河以北到洮儿河两岸的范围内是可以肯定的"。[①]

汉武帝元狩四年以后至东汉初，大体上说乌桓人主要活动在五郡塞外，马长寿认为其地是在老哈河流域、滦河上游以及大小凌河流域。[②]林幹认为："乌桓人当时南迁至五郡塞外，有的分布在内长城以北、外长城中段以南，有的则分布于外长城东段以北。"[③]程妮娜指出："南迁后乌桓人分布的地理位置，可依据汉代长城走向来考察，西汉初年承用燕秦北方长城，其东北段的走向大致为：西起今河北沽源，经内蒙古、河北和辽宁的多伦、丰宁、围场、喀喇沁旗、赤峰、建平、敖汉、北票、阜新、彰武、法库、宽甸，向东南进入朝鲜半岛，直抵清川江入海口。"她认为五郡塞外（长城以北）之地，即今西拉木伦河南北。[④]何天明认为："西汉五郡塞外之地的四至大致是今天内蒙古自治区锡林郭勒盟的中部和东部、赤峰市及其以南地区、河北省北部、辽宁省南部，包括由上述区域向周边延伸的一些地带。"[⑤]可见，学者们关于元狩四年乌桓人南迁五郡塞外的居住地也是小有分歧的，但学者们所言南迁五郡塞外的乌桓人主要居于辽西地区。他们与汉朝的联系较从前加强，对此，《后汉书·乌桓鲜卑传》称乌桓南迁后，"为汉侦察匈奴动静"[⑥]。为加强对乌桓的控制，西汉置护乌桓校尉。汉昭帝时，乌桓势力渐强，为报冒顿击破东胡的仇怨而挖掘匈奴单于冢墓，结果引起匈奴东征，汉朝派度辽将军范明友领二万骑兵出辽东，但并没有与匈奴相遇，出于抑制乌桓的目的，乘乌桓新败之机，转而攻击乌桓，斩首六千余级，大胜而归。当

[①] 范恩实：《论西岔沟古墓群的族属——兼及乌桓、鲜卑考古文化的探索问题》，《社会科学战线》2012 年第 4 期。

[②] 马长寿：《乌桓与鲜卑》，上海人民出版社 1962 年版，第 130 页。

[③] 林幹、再思：《东胡乌桓鲜卑研究与附论》，内蒙古大学出版社 1995 年版，第 52 页。

[④] 程妮娜：《东部乌桓从朝贡成员到编户齐民的演变》，《民族研究》2015 年第 5 期，第 72 页。

[⑤] 何天明：《中国古代北方民族史·乌桓卷》，科学出版社 2021 年版，第 44 页。

[⑥] 范晔：《后汉书》卷 90《乌桓鲜卑传》，中华书局 1965 年版，第 2981 页。

然，也激起乌桓人的反叛，乌桓南下寇掠幽州，直到汉宣帝统治时期，"稍保塞降附"①。

西汉末和东汉初，乌桓人叛服无常。汉与乌桓的矛盾主要因王莽管理方式不当引发，王莽欲出击匈奴，征召乌桓骑兵屯兵代郡，令其家属为人质，不服代郡水土的乌桓兵请求回旧地，但王莽不予批准，于是他们中多数叛逃，诸郡杀其人质，匈奴趁机笼络乌桓豪帅，致使乌桓人随豪帅归属匈奴。东汉初年，乌桓不时侵边，边地百姓不堪其扰，被迫迁往他处。建武二十二年（46），匈奴内乱，好战的乌桓乘机攻伐匈奴，匈奴北迁。建武二十五年（49），在东汉光武帝的积极努力下，乌桓大人郝旦等率众归附，进京朝贡方物。其中，一些乌桓人留居京师为宿卫，81位乌桓渠帅受封为侯王，迁居塞内，分布在缘边诸郡。这一年，也有一些乌桓人南迁。《三国志·魏志·乌丸鲜卑东夷传》裴注引王沈的《魏书》提及："布列辽东属国、辽西、右北平、渔阳、广阳、上谷、代郡、雁门、太原、朔方诸郡界。"②乌桓人此次南迁，并不是五郡塞外的乌桓人均迁徙南进，依然有一些乌桓人留居五郡塞外，乌桓人分布的范围变得更加广阔。所谓的辽西地区仍是乌桓人活动的区域。赤山乌桓就是活动在辽西的乌桓，《后汉书·祭肜传》记述赤山乌桓为边患，"诏书设购赏，〔切〕责州郡，不能禁。"③

东汉末三国初，辽西郡、右北平郡尚有一定数量的乌桓人居住。《后汉书·乌桓传》提到汉灵帝初年，居于上谷、辽西、辽东、右北平郡的乌桓大人有众数百千落，其中，辽西郡乌桓大人名丘力居者有众五千余落，右北平郡乌桓大人名乌延者有众八百余落。这些边郡的乌桓联合寇掠青、徐、幽、冀等州。汉献帝时辽西郡乌桓大人丘力居死后，由其从子蹋顿代立，蹋顿为大人时，统摄辽西、辽东、右北平三郡乌桓。当时三郡乌桓为北方割据势力

① 范晔：《后汉书》卷90《乌桓鲜卑传》，中华书局1965年版，第2981页。
② 陈寿：《三国志》卷30《乌丸鲜卑东夷传》，中华书局1959年版，第833页。
③ 范晔：《后汉书》卷20《祭肜传》，中华书局1965年版，第745页。

争衡过程中重要的外援，袁绍正是利用三郡乌桓而击败公孙瓒。袁绍在官渡之战失败后，其残余势力奔往东北，依靠三郡乌桓势力。建安十二年（207）曹操北征乌桓，居于辽西地区的乌桓人被大量迁往他处。《三国志·武帝纪》记述了曹操北征走行的道路及战场战况，从中可知，曹操征乌桓，出卢龙塞（在今河北迁西县北喜峰口一带①），经白檀（治所在今河北滦平县东北小城子②）、平冈（在今辽宁凌源市西南③），目的地为柳城（治所在今辽宁朝阳县西南十二台营子④）。三郡乌桓的主力集中在辽西地区，此次打击使包括乌桓在内的二十余万口降附曹操。曹操将降附的乌桓人南迁，史称"悉徙其族居中国"⑤。经曹操北征及迁徙，乌桓人势力分散了，此后三郡乌桓中的大部分人成为中原角逐争雄的士兵，乌桓不再作为一个部族共同体见诸史册，而是被列为"杂胡"之一种。⑥魏晋南北朝时期，或许还有乌桓人居住在辽西地区，但数量极少了。

可以肯定的是，两汉时期活动在辽西地区的乌桓人多善战，他们以辽西地区为重要据点而与匈奴、汉朝军队抗衡，徙居中原后，仍号称天下名骑。

二、鲜卑、夫余、高句丽人

现代学者研究认为，鲜卑属于东胡系统，其分支较多。依据其起源地和后来迁徙分布地的不同有两分说（东部鲜卑与拓跋鲜卑）⑦和三分说（东部鲜

---

① 史为乐主编：《中国历史地名大辞典》，中国社会科学出版社 2005 年版，第 730 页。
② 史为乐主编：《中国历史地名大辞典》，中国社会科学出版社 2005 年版，第 806 页。
③ 史为乐主编：《中国历史地名大辞典》，中国社会科学出版社 2005 年版，第 651 页。
④ 史为乐主编：《中国历史地名大辞典》，中国社会科学出版社 2005 年版，第 1836 页。
⑤ 陈寿：《三国志》卷 30《乌丸鲜卑东夷传》，中华书局 1959 年版，第 835 页。
⑥ 林幹、再思：《秦胡乌桓鲜卑研究与附论》，内蒙古大学出版社 1995 年版，第 57 页。
⑦ 马长寿《乌桓与鲜卑》一书第三章东部鲜卑开篇就讲："古代的鲜卑，按其部落起源的地区和同其他部落融合的情况来说，大致可分为两种：一种是东部鲜卑，一种是拓跋鲜卑。"（上海人民出版社 1962 年版，第 171 页）张博泉先生在《鲜卑新论》一书的"序言"中也讲："鲜卑包括东部鲜卑和拓跋鲜卑。"（吉林文史出版社 1995 年版，第 1 页）

卑、北部鲜卑、西部鲜卑）[1]。其中拓跋鲜卑和西部鲜卑与辽西关涉较少，这里仅论及东部鲜卑及其所建立的三燕政权。

一般认为，东部鲜卑是从东胡分流后至鲜卑山的族群。鲜卑山在何处，目前学者们的看法依然有分歧。[2]但有关东部鲜卑后来的主要分支包括慕容部、段部、宇文部似乎学者们并没有异议。值得重视的是，史书记载的慕容部、段部、宇文部都曾在其发展过程中或长或短地居留在辽西地区的某些地方。比如，《晋书·慕容廆载记》记："曾祖莫护跋，魏初率其诸部入居辽西，从宣帝伐公孙氏有功，拜率义王，始建国于棘城之北。"[3]从这条记载看，在三国魏初东部鲜卑的慕容氏已迁居辽西郡境内。棘（《太平御览》引《十六国春秋·前燕录》为梜）城，马长寿认为应该在今辽宁锦州市附近。[4]《晋书·慕容廆载记》也提到："太康十年，廆又迁于徒河之青山。廆以大棘城即帝颛顼之墟也，元康四年乃移居之。教以农桑，法制同于上国。"[5]东部鲜卑中的段部也曾活动于辽西地区，《北史·徒何段就六眷传》称："徒何段就六眷，出于辽西。"[6]关于段氏鲜卑入辽西的时间，马长寿认为大概在

① 林幹：《东胡史》关于鲜卑分三部分叙述的：东部鲜卑、拓跋鲜卑、西部鲜卑（内蒙古人民出版社 1989 年版，目录页）；王钟翰主编《中国民族史》有言："鲜卑是一个内涵相当复杂的民族共同体，各部之间很不平衡。按其发源地和后来迁徙分布及与其他诸族、部落的融合情况，大致可分为东部鲜卑、北部鲜卑和西部鲜卑，总人口数达二百数十万人。"（中国社会科学出版社 1994 年版，第 167 页）

② 冯家昇认为："鲜卑山乃具神话之意味，未必能指出今为何地。"（《述东胡系之民族》，《禹贡》第 3 卷第 8 期，1935 年，第 5 页）；金毓黻认为鲜卑山不出热河省之北境（《东北通史》，五十年代出版社 1981 年版，第 96 页）；马长寿认同张穆在《蒙古游牧记》中的推断，认为鲜卑山在内蒙古科尔沁右翼中旗西，当地人称为蒙格（《乌桓与鲜卑》，上海人民出版社 1962 年版，第 175 页）；林幹认为鲜卑山在今大兴安岭南段、内蒙古科尔沁左翼中旗西（《东胡史》，内蒙古人民出版社 1989 年版，第 87 页）；张博泉先生认为原始的鲜卑山当在黑龙江以南、额尔古纳河以东、嫩江以西、洮儿河以北的大兴安岭北段地区（《鲜卑新论》，第 54 页）；杨军认为鲜卑山应在大兴安岭中段 [《乌桓山与鲜卑山新考》，《欧亚学刊》（国际版，新 1 辑），商务印书馆 2011 年版，第 292 页]。

③ 房玄龄等：《晋书》卷 108《慕容廆载记》，中华书局 1974 年版，第 2803 页。

④ 马长寿：《乌桓与鲜卑》，上海人民出版社 1962 年版，第 199 页。

⑤ 房玄龄等：《晋书》卷 108《慕容廆载记》，中华书局 1974 年版，第 2804 页。

⑥ 李延寿：《北史》卷 98《徒何段就六眷传》，中华书局 1974 年版，第 3268 页。

东汉中叶①。东部鲜卑宇文部迁入辽西也有文献依据，《周书·文帝纪》记载："有葛乌菟者，雄武多算略，鲜卑慕之，奉以为主，遂总十二部落，世为大人。其后曰普回……普回子莫那，自阴山南徙，始居辽西。"②又《周书·孝闵帝纪》也记载："（正月）壬寅，祠圆丘。诏曰：'予本自神农，其于二丘，宜作厥主。始祖献侯，启土辽海，肇有国基，配南北郊。'"③只是宇文部何时迁来辽西郡地，史书所记并不明确，因此，现代学者看法各异。比如，马长寿推测在东汉的前叶④；王希恩断定在公元3世纪中后期⑤；杨军认为在公元3世纪中叶，即大约西晋武帝时期⑥。综合观之，大致可以得出这样的认识，东汉末乌桓衰落后，乌桓人就分散居于北方各地，魏晋南北朝时期活跃在辽西地区的少数民族为东部鲜卑的段部、宇文部和慕容部。至于三部在两晋时期的分布，《热河志》有笼统说明，即宇文氏之地在北，段氏之地在南，而慕容氏之地又在段氏之东。金毓黻认为："盖段氏所有为后汉辽西郡，即今山海关内河北省卢龙、迁安、抚宁、昌黎，及热河省凌源、平泉等县地；宇文氏所有为汉辽西、右北平二郡之北徼，即今热河省赤峰、朝阳、建昌等县地；慕容氏所有为后汉辽东属国及其北徼，即今辽宁省锦义、锦西、兴城，及热河朝阳、阜新等县地。以今日行政区画例之，慕容氏地大部在辽宁，段氏地大部在河北，宇文氏地大部在热河，而各有犬牙相错之处，且三氏竞争之焦点，亦即在今河北、辽宁、热河三省之交界，如龙城为今朝阳县，初属宇文氏，如令支为今迁安县，初属段氏，继皆归慕容氏是也。然后来慕容氏日益强大，宇文氏、段氏为其所并，地皆入燕。"⑦可以肯定的是，段部、宇文部、慕容部在两晋时期正是生息发展在辽西地区。当

---

① 马长寿：《乌桓与鲜卑》，上海人民出版社1962年版，第201页。

② 令狐德棻等：《周书》卷1《文帝纪》，中华书局1971年版，第1页。

③ 令狐德棻等：《周书》卷3《孝闵帝纪》，中华书局1971年版，第46—47页。

④ 马长寿：《乌桓与鲜卑》，上海人民出版社1962年版，第204页。

⑤ 王希恩：《宇文部东迁时间及隶属檀石槐鲜卑问题略辨》，《中国史研究》1986年第4期，第122页。

⑥ 杨军：《宇文部世系及始迁时间地点考》，《贵州社会科学》2011年第2期，第121页。

⑦ 金毓黻：《东北通史》，五十年代出版社1981年翻印版，第158—159页。

然归属三部的人口不仅仅是鲜卑人，还有大量的汉人。

历史上十六国时期的前燕、后燕、北燕三个政权都以辽西地区为立国之根本，今天的朝阳市曾是三燕都城所在。前燕的建立，与慕容部几位领袖在群雄割据状态下四出征讨、不断吸纳各族人口以充实国力密切相关。慕容廆就曾率众东伐夫余，"夷其国城，驱万余人而归"[1]。夫余为其东邻的地方民族政权，属于濊貊语族。[2]慕容皝也曾伐高句丽，"掠男女五万余口，焚其宫室，毁丸都而归"。[3]《三国史记》也记载在广开土王在位的第九年（400），后燕进攻高句丽，燕先锋部队以慕容熙为统帅，"拔新城、南苏二城，拓地七百余里，徙五千余户而还"[4]。也就是说，在魏晋时期也有一些夫余和高句丽人因战争而被迁至辽西地区。

三、库莫奚与契丹人

库莫奚，隋以后称奚，《魏书》为库莫奚设立小传，称其为"东部宇文之别种"，曾为慕容元真所破，"遗落者窜匿松漠之间"。[5]这里所说的"别种"，是古籍言及北方民族源流时常用的一个词，张博泉先生认为"别"为"另"之意[6]，库莫奚曾依附东部宇文，但不是宇文部同族的分支。这里的慕容元真就是前燕慕容皝，元真为其字。就是说，在库莫奚发展的早期曾被慕容皝击败过，其部众败退后逃窜至"松漠之间"。"松漠之间"在哪里，《魏书》没有言明。元人编纂的《元一统志》述及"大宁路"时提及"松漠"，称其为奚人藏匿地："奚匿松漠间，历晋不敢复出。元魏时其部族始于此建牙帐。"[7]元代的大宁路（治今内蒙古赤峰市宁城县大名城），在辽

① 房玄龄等：《晋书》卷108《慕容廆载记》，中华书局1974年版，第2804页。
② 张博泉：《东北地方史稿》，吉林大学出版社1985年版，第73页。
③ 房玄龄等：《晋书》卷109《慕容皝载记》，中华书局1974年版，第2822页。
④ 金富轼著，杨军校勘：《三国史记》卷18《高句丽本纪六》，吉林大学出版社2015年版，第224页。
⑤ 魏收：《魏书》卷100《库莫奚传》，中华书局2017年版，第2407页。
⑥ 张博泉：《"别种"刍议》，《社会科学战线》1983年第4期，第189页。
⑦ 李兰肹等著，赵万里校辑：《元一统志》卷2《辽阳等处行中书省》，中华书局1966年版，第191页。

代为中京大定府所在，辽朝建中京之前为奚王牙帐所在地。①《元一统志》所言大约元魏时奚人走出松漠而迁至后来大宁路附近，其实也没有明确松漠之地的范围。清人李慎儒作《辽史地理志考》，界定"松漠"区域为："自今直隶永平府迁安县西北一百七十里之喜峰口外，迤北一百二十里为辽之松亭关。山多大松连绵，内蒙古喀喇沁右翼、翁牛特旗左右翼，及克什克腾部西南扎鲁特左翼，古谓之千里松林，又谓之松漠。唐置松漠都护府，命名以此。"②确定其大体上在赤峰宁城县西北，包括今内蒙古喀喇沁旗、赤峰市、翁牛特旗、克什克腾旗及河北承德北部等。仔细推敲《辽史》的相关记载，虽然没有明确"松漠"具体所在，但综合几处所记可勾勒出"松漠"之地的大致范围，《辽史·太祖纪》记述辽太祖率军征伐西部奚、东部奚，完全占有奚、霫之地。"东际海，南暨白檀，西逾松漠，北抵潢水"③，皆为其控驭之地。这里所说的10世纪初奚、霫之地是一个较为广阔的区域，可以推知耶律阿保机控制的奚、霫之地已囊括"松漠"。从这条记载看，"松漠"之地在潢水（今西拉木伦河）以南偏西的位置，最南不过白檀山（位于今北京密云县南二十里④），也就是说，"松漠"在今河北承德滦平县与西拉木伦河之间偏西的区域内。《辽史·地理志》中京道松山县又提及"松漠"："松山县。本汉文成县地。边松漠，商贾会冲。"⑤松山县，为松山州倚郭县，位于内蒙古赤峰市西南50里城子乡城子村⑥，这里所说的"边松漠"，当是在松漠的边缘地带。又《辽史·食货志》言及辽末马匹有言："松漠以北旧马，皆为大石林牙所有"⑦。《文献通考》对辽末群牧的归属记述更详细些："延禧

① 脱脱等：《辽史》卷39《地理志三》，中华书局2016年版，第546页。
② 李慎儒：《辽史地理志考》，见杨家骆《辽史汇编》第四册，鼎文书局1973年版，第28—23页。
③ 脱脱等：《辽史》卷1《太祖纪上》，中华书局2016年，第5页。
④ 史为乐主编：《中国历史地名大辞典》，中国社会科学出版社2005年版，第806页。
⑤ 脱脱等：《辽史》卷39《地理志三》，中华书局2016年，第549页。
⑥ 余蔚：《中国行政区划通史·辽金卷》，复旦大学出版社2012年版，第275页。
⑦ 脱脱等：《辽史》卷60《食货志下》，中华书局2016年，第1034页。

入夹山之后，有司悉以群牧献于金人，唯松漠以北者为大石林牙所有。"[1]
耶律大石得松漠以北群牧马匹之事，《辽史·天祚皇帝纪》所附《耶律大石传》并没有提及，据陈得芝研究，耶律大石西行出发地夹山应在天德军（即丰州，今呼和浩特东白塔）附近之渔阳岭以北，今武川县附近，所过黑水为爱毕哈河，而其一行所至可敦城就是西北路的镇州。[2]因此，耶律大石西行所获的群牧当是西南面或西北路的群牧。也就是说，《辽史》相关记载反映的信息，松漠是在上京道潢水以南、中京道西部的区域，这与李慎儒所确定的区域是比较接近的。值得注意的是，李慎儒认为"松漠"又称"千里松林"。清人顾祖禹《读史方舆纪要》引《北边纪事》认为旧庆州（位于临潢西百六十里）"地皆大松，号曰千里松林"[3]，提及"平地松林"有注称："在临潢西，即千里松林也。"[4]现代学者也探讨过松漠之地，比如，邓辉认为："所谓'松漠之间'，实际是指今大兴安岭南段山地与冀北山地与科尔沁沙地之间呈'C'字形分布的广大黄土台地及黄土丘陵地区。"[5]任爱君认为："松漠，是一个完整的地理名词。它所代表的地理范围，北起今内蒙古赤峰市北部的大兴安岭山脉，西南抵达今内蒙古与河北省交界处的燕山山脉东段、南至今内蒙古与辽宁省交界处的努鲁尔虎山系，西迄今内蒙古锡林郭勒盟东部正蓝旗一带，东至今内蒙古通辽市开鲁县附近。"[6]杨福瑞认为："辽阔的古松漠地区，处于大兴安岭西南段、燕山北麓、内蒙古高原、辽河平原的复合截接部位。就世界范围而言，是欧亚大陆草原通道南缘东段。"[7]所确定的范围略显笼统。毕德广综合文献的记载，认为松漠地区的范围大致

① 马端临：《文献通考》卷 346《四裔考·契丹下》，中华书局 2011 年版，第 9613 页。
② 陈得芝：《耶律大石北行史地杂考》，《中国蒙古史学会论文选集》，内蒙古人民出版社 1981 年版，第 344-351 页。
③ 顾祖禹：《读史方舆纪要》卷 18《北直九》，中华书局 2005 年版，第 850 页。
④ 顾祖禹：《读史方舆纪要》卷 18《北直九》，中华书局 2005 年版，第 858 页。
⑤ 邓辉：《论辽代的平地松林与千里松林——兼论燕北地区辽代的自然景观》，《地理学报》1998 年增刊，第 94 页。
⑥ 任爱君：《辽朝史稿》，甘肃民族出版社 2012 年版，第 3 页。
⑦ 杨福瑞：《辽代松漠地理环境研究》，《赤峰学院学报》2012 年第 2 期，第 6 页。

相当于今西辽河流域。①王丽娟认为"松漠之间"是地域的泛称，泛指有松林、沙漠的地区，大体是指古代西拉木伦河和老哈河流域多松林、沙漠的地区。②李鹏认为"松漠"应当是北魏时期对科尔沁沙地的泛称。③尽管古今学者关于松漠范围的认定广狭有异，但松漠之地属于辽西地区则毫无疑义。也就是说，库莫奚见于史籍就在辽西地区。

历史上不同时期库莫奚活动区域的变动也见诸文献。《魏书·太祖纪》记载：登国三年（388），北魏太祖道武帝拓跋珪领兵北征库莫奚，大获全胜，"获其四部杂畜十余万，渡弱落水"④。《魏书·库莫奚传》也记载登国三年太祖拓跋珪亲自讨伐库莫奚，"至弱洛水南"⑤。弱落水（或弱洛水），也作饶乐水、浇水、浇落水，就是指今内蒙古西拉木伦河。⑥这条记录说明在拓跋珪统治时期，库莫奚游牧地已至西拉木伦河以南。《魏书·库莫奚传》还反映出在北魏孝文帝太和年间库莫奚已入塞内，也曾与北魏安州、营州的边民"参居"。⑦毕德广认为，安州应该位于长城以北、围场以南的滦河流域，其东北大致以七老图山为界。营州辖境相当于今辽宁大、小凌河流域一带。北魏中期，库莫奚生活区域已由西拉木伦河流域扩展至老哈河流域，其西南、南及东南三面边界与北魏安、营二州相接，居地的范围大致相当于今内蒙古赤峰的辖境。⑧从《魏书·库莫奚传》所言"岁常朝献，至于武定末不绝"⑨看，北魏后期直到东魏武定末期，库莫奚都与北魏、东魏保持着贸易往来。当然，库莫奚的发展也使东魏的一些统治者警觉。史载，武定三年

---

① 毕德广：《奚族文化研究》，科学出版社 2016 年版，第 15 页。
② 王丽娟：《奚族与北朝关系探讨》，《内蒙古社会科学》2015 年第 5 期，第 67 页注②。
③ 李鹏：《"松漠考"——兼论契丹起源地》，《北方文物》2017 年第 1 期，第 88 页。
④ 魏收：《魏书》卷 2《太祖纪》，中华书局 2017 年版，第 24 页。
⑤ 魏收：《魏书》卷 100《库莫奚传》，中华书局 2017 年版，第 2407 页。
⑥ 史为乐主编：《中国历史地名大辞典》，中国社会科学出版社 2005 年版，第 2241 页。
⑦ 魏收：《魏书》卷 100《库莫奚传》，中华书局 2017 年版，第 2407 页。
⑧ 毕德广：《奚族文化研究》，科学出版社 2016 年版，第 18-19 页。
⑨ 魏收：《魏书》卷 100《库莫奚传》，中华书局 2017 年版，第 2408 页。

（545），高欢曾上书，言及幽州、安州、定州北接奚、蠕蠕之境，奏请朝廷于险要地修城戍守以防其侵扰。①《北齐书·文宣帝纪》记载：天保三年（552）正月，"帝亲讨库莫奚于代郡，大破之，获杂畜十余万，分赉将士各有差。以奚口付山东为民。"②可见，北齐初年库莫奚已有迁徙至代郡者。《北齐书·孝昭帝纪》也反映出北齐孝昭帝高演曾出北齐长城讨伐库莫奚。③对于东魏、北齐时库莫奚人的居住地，毕德广认为："东魏、北齐时期（6世纪中期），奚族主体仍驻牧在七老图山与努鲁儿虎山以北的西拉木伦河和老哈河流域，部分奚人迁徙至太行山北麓、桑干河下游一带。"④总的说来，库莫奚自东晋十六国时期独立出现在历史舞台，北齐时，他们主要驻牧在辽西地区，是那个时期影响辽西的诸多民族之一。

契丹，从族属看，一般认为，与奚族一样属于东胡族系，出于鲜卑，是鲜卑宇文部的别支，在其民族形成过程中，融入了一些不同族类的人口。辽史专家陈述称契丹为屡经混合的民族。⑤史书中，《魏书》《北史》《隋书》《旧唐书》《新唐书》《旧五代史》《新五代史》《资治通鉴》《辽史》《契丹国志》等都有关于契丹早期历史的记载。《魏书·契丹传》称契丹与库莫奚相邻，"异种同类"，遭到北魏军事进攻，"俱窜于松漠之间"。⑥十六国时期契丹人已与后燕、北燕接触。5世纪初，后燕慕容熙曾两次北袭契丹，一次大败契丹，一次"惮其众盛"，袭击高句丽而还。⑦北燕冯跋与北边契丹交好，史载："跋抚纳契丹等诸落，颇来附之。"⑧辽宁锦州义县万佛堂石窟存有北魏碑刻《慰喻契丹使韩贞等造窟题记》，反映出北魏时期

① 李百药：《北齐书》卷2《神武帝纪下》，中华书局1972年版，第22页。
② 李百药：《北齐书》卷4《文宣帝纪》，中华书局1972年版，第56页。
③ 李百药：《北齐书》卷6《孝昭帝纪》，中华书局1972年版，第83页。
④ 毕德广：《奚族文化研究》，科学出版社2016年版，第21页。
⑤ 陈述：《契丹政治史稿》，人民出版社1986年版，第31页。
⑥ 魏收：《魏书》卷100《契丹传》，中华书局2017年版，第2408页。
⑦ 房玄龄等：《晋书》卷124《慕容熙载记》，中华书局1974年，第3106页。
⑧ 魏收：《魏书》卷97《冯跋载记》，中华书局2017年版，第2302页。

在医巫闾山西麓已有契丹人。《魏书》记述契丹早在4世纪中期就与北魏有接触。比如，《魏书·契丹传》称："登国中，国军大破之，遂逃迸，与库莫奚分背……真君以来，求朝献，岁贡名马。"后来，各部落"皆得交市于和龙、密云之间，贡献不绝"。北魏太和三年（479），因为高句丽与蠕蠕谋取地豆于，契丹惧怕而求内附，"止于白狼水东"。[1]白狼水即大凌河。北齐天保四年（553）九月，文宣帝高洋因契丹犯塞而北巡冀、定、幽、安诸州，并领兵北讨契丹。《北齐书·文宣帝纪》记述其征契丹的路线是：经平州，从西道趋长堑，至白狼城，又经昌黎城，至阳师水。也曾分兵于青山大破契丹别部。[2]青山在今辽宁义县东[3]，白狼城为营州建德郡治所，在今辽宁朝阳市喀喇沁左翼蒙古族自治县西南平房子附近[4]，昌黎城当指营州昌黎郡治龙城，在今辽宁朝阳市。可见，十六国、北朝时期，契丹人活动的区域南达大凌河流域。

契丹人的历史记忆中他们最早的祖先是奇首可汗，奇首可汗所处的年代并不明确，但活动区域已处于辽西地区。《辽史·耶律曷鲁传》记载辽太祖耶律阿保机在任迭剌部夷离堇时征讨奚部，在"攻莫能下"的情况下，命令耶律曷鲁前往奚营，曷鲁劝谕奚人有言："契丹与奚言语相通，实一国也。我夷离堇于奚岂有辚轹之心哉？汉人杀我祖奚首，夷离堇怨次骨，日夜思报汉人。顾力单弱，使我求援于奚，传矢以示信耳。"[5]这里提到的"我祖奚首"可能就是"奇首"。《耶律羽之墓志》言其祖源提到，"其先宗分佶首，派出石槐，历汉魏隋唐以来，世为君长"。[6]显然，"佶首"指奇首可汗。《辽史》的一些记载反映出契丹贵族对奇首可汗的追忆和纪念，《辽史·太祖

---

① 魏收：《魏书》卷100《契丹传》，中华书局2017年版，第2408页。

② 李百药：《北齐书》卷4《文宣帝纪》，中华书局1972年版，第57页。

③ 史为乐主编：《中国历史地名大辞典》，中国社会科学出版社2005年版，第1442页。

④ 王仲荦：《北周地理志》下册，中华书局1980年版，第1136页。

⑤ 脱脱等：《辽史》卷73《耶律曷鲁传》，中华书局2016年版，第1346页。

⑥ 《耶律羽之墓志》，周阿根校注：《辽代墓志校注》，天津古籍出版社，2022年，第1页。

纪》太祖七年（913）六月记事提到："上登都庵山，抚其先奇首可汗遗迹，徘徊顾瞻而兴叹焉。"[①]《辽史·地理志》"永州"条："有木叶山，上建契丹始祖庙，奇首可汗在南庙，可敦在北庙，绘塑二圣并八子神像。"[②]《辽史·圣宗纪》记载，统和七年（989）四月，"皇太后谒奇首可汗庙"[③]。《辽史·太宗纪》提到，会同四年（941）二月丁巳，"诏有司编始祖奇首可汗事迹"[④]。可能正是辽太宗会同年间及时记述了奇首可汗的事迹，才使元人修《辽史·太祖纪》后赞称："其可知者盖自奇首云"，也因此留下关于契丹早期活动区域的信息："奇首生都庵山，徙潢河之滨"[⑤]；《辽史·营卫志》有言："契丹之先，曰奇首可汗，生八子。其后族属渐盛，分为八部，居松漠之间。今永州木叶山有契丹始祖庙，奇首可汗、可敦并八子像在焉。潢河之西，土河之北，奇首可汗故壤也。"[⑥]杨军认为都庵山在乌里吉木伦河上源以北，更可能是在科右前旗的海勒斯台郭勒和乌里吉木伦河上源之间，在辽上京北略偏东方向。[⑦]《辽史》的编纂者所讲的"辽起松漠"[⑧]"辽居松漠"[⑨]，大概就是综合了《魏书》和辽人的记述而得来的认识。后来奇首可汗带领族众南迁而进入潢河（今西拉木伦河）和土河（老哈河）流域，成为辽西地区活动的游牧民。

四、汉人

战国时期，辽西地区已纳入燕国统辖范围。秦朝在灭亡燕国后，将燕在

---

① 脱脱等：《辽史》卷1《太祖纪上》，中华书局2016年版，第8页。
② 脱脱等：《辽史》卷37《地理志一》，中华书局2016年版，第504页。
③ 脱脱等：《辽史》卷12《圣宗纪三》，中华书局2016年版，第145页。
④ 脱脱等：《辽史》卷4《太宗纪下》，中华书局2016年版，第53页。
⑤ 脱脱等：《辽史》卷2《太祖纪下》，中华书局2016年版，第26页。
⑥ 脱脱等：《辽史》卷32《营卫志中》，中华书局2016年版，第428页。
⑦ 杨军：《契丹始祖传说与契丹族源》，《首都师范大学学报》2014年第6期，第4页。
⑧ 脱脱等：《辽史》卷33《营卫志下》"部族下"序，中华书局2016年版，第435页；《辽史》卷103《文学传》序，中华书局2016年版，第1593页。
⑨ 脱脱等：《辽史》卷70《属国表》序，中华书局2016年版，第1241页。

东北设置的右北平、辽西、辽东郡归入版图。其中，秦右北平领有渔阳郡以东，至今葫芦岛市、朝阳建平一带；辽西郡在右北平以东，大凌河以西地。^①其时也有大量汉人生产生活在辽西地区。从出土的铁制农具看，燕秦时期今赤峰、兴隆、建平、敖汉、奈曼、朝阳、锦西、锦州等所在地均有大批铁农具出土，表明农业有较高的发展水平^②，可以肯定那里从事农业生产的主要人口是汉人。西汉建立之初，东北为燕王臧荼控制的区域，臧荼本项羽所封王，刘邦称皇帝后虽然依然任命他为燕王，但他终究不愿听命于刘邦，不久便谋叛，攻下代地。汉高祖对臧荼的反叛予以坚决镇压，史载："高祖自将击之，得燕王臧荼。即立太尉卢绾为燕王。"^③卢绾为燕王凡七年（前202—前195），由于谋求"长王燕"而违忤君上之令，他本为汉高祖亲信，其实，他本意并不愿意以下犯上。汉文帝时贾谊上书言政，提及前事，认为汉高祖时的异姓诸王卢绾是最弱的^④，李开元考察汉初异姓王问题，认为卢绾被封为燕王有违当时论功行赏的原则^⑤，可以说卢绾是得到汉高祖刘邦特别恩惠而为燕王的。当时燕国统辖的区域偏北，据雷虹霁研究，汉初燕王辖地包括右北平、辽西、辽东、上谷、渔阳、广阳诸郡国，以及涿郡的北部，渤海郡的文安、安次两县。^⑥大体上说汉初燕国囊括辽西地区。汉高祖通过派人收集证据证实卢绾确实有与谋反的陈豨联兵共抗朝廷的行为后，先派樊哙，后派周勃，连破卢绾军队，追其至长城，燕地重又归于汉朝廷掌握之中，卢绾也带着家属数千骑奔匈奴。汉朝于是在燕地封同姓王，直到公元前128年，燕王刘泽被废，辽西、辽东、右北平等郡才直属朝廷控制。但无论在封国体制下还是在郡县制下，辽西之地的汉人都主要从事农业生产。只是乌桓人逐渐进

① 周振鹤、李晓杰、张莉：《中国行政区划通史·秦汉卷》，复旦大学出版社2017年版，第30页。
② 佟冬主编：《中国东北史》（第一卷），吉林文史出版社2006年版，第263页。
③ 司马迁：《史记》卷8《高祖纪八》，中华书局1982年版，第381页。
④ 班固：《汉书》卷48《贾谊传》，中华书局1962年版，第2237页。
⑤ 李开元：《汉帝国的建立与刘邦集团——军功受益阶层研究》，生活·读书·新知三联书店2000年版，第110页。
⑥ 雷虹霁：《秦汉历史地理与文化分区研究》，中央民族大学出版社2007年版，第51页。

入汉地后，与汉人错居杂处。应该说这种错居杂处也是各政权稳定的需要，更是区域经济发展的需要。东汉末，北方混战之时，三郡乌桓乘机攻幽州，"略有汉民合十余万户"①。乌桓因此得到了大量从事农业生产的劳动人手。游牧狩猎经济在古代受天气变化制约较大，农业是北方游牧民抵御自然灾害的可靠保障。曹操征三郡乌桓迁徙其人口，实际上从根本上削弱了乌桓的力量，致使其难以再兴。

两晋时，慕容鲜卑控制辽西地区，同样吸纳大量外来人口。《晋书·慕容廆载记》称颂慕容廆在中原动荡之时，"刑政修明，虚怀引纳，流亡士庶多襁负归之"。慕容廆设立诸郡以管理流人，"推举贤才，委以庶政"，于是群贤荟萃。或为其谋主，或为其股肱大臣，或凭着善为文章而居枢要之职，或被引以为宾友，平原刘赞则以博学通儒被引为东庠祭酒，教授其世子慕容皝。②慕容廆招徕和重用流民士庶，为之侨置郡县，以有才华者为谋主、股肱、儒师，在当时四海鼎沸的局势下，确实一时间收到了显著成效。《资治通鉴》对慕容廆也有称扬："初，中国士民避乱者，多北依王浚，浚不能存抚，又政法不立，士民往往复去之。段氏兄弟专尚武勇，不礼士大夫。唯慕容廆政事修明，爱重人物，故士民多归之。"③《晋书·石勒载记》有记述反映当时中原流民大量奔赴辽西的实情：

时司、冀、并、兖州流人数万户在于辽西，迭相招引，人不安业。孙苌等攻马严、冯睹，久而不克。勒问计于张宾，宾对曰："冯睹等本非明公之深仇，辽西流人悉有恋本之思。今宜班师息甲，差选良守，任之以龚遂之事，不拘常制，奉宣仁泽，奋扬威武，幽冀之寇可翘足而静，辽西流人可指时而至。"勒曰："右侯之计是也。"召苌等归，署武遂令李回为易北都

---

① 陈寿：《三国志》卷1《魏书·武帝纪》，中华书局1959年版，第28页。
② 房玄龄等：《晋书》卷108《慕容廆载记》，中华书局1974年版，第2806页。
③ 司马光：《资治通鉴》卷88"晋纪十·愍帝建兴元年"，中华书局2011年版，第2844页。

护、振武将军、高阳太守。马严士众多李潜军人，回先为潜府长史，素服回威德，多版严归之。严以部众离贰，惧，奔于幽州，溺水而死。冯睹率众降于勒。回移居易京，流人降者岁常数千，勒甚嘉之，封回弋阳子，邑三百户。加宾封一千户，进宾位前将军，固辞不受。①

　　这里提到的数万户在辽西的流民，大多赞同慕容廆的安置政策，故"迭相招引"。史书所记奔赴慕容廆政权的一些汉族士人的经历和事迹，证实慕容廆在招贤纳士方面确实强于同时代的诸多割据政权的统治者。《晋书·黄泓传》言及黄泓于永嘉之乱后投奔慕容廆，颇受重用。②

　　慕容皝主掌慕容部时，也曾讨伐逃往辽东的弟弟慕容仁，并迁徙辽东大姓于棘城，葛剑雄认为慕容皝所迁的辽东大姓应是定居已久的土著汉人。③慕容皝称燕王后，也曾与石季龙交战，掠徙幽、冀三万余户。④在较短的时间内辽西汇聚了大量人口，如何利用人力物力以增强实力同样考验着前燕统治者的管理能力。至慕容皝建前燕政权时，官府对耕地之民提取的地税很高，"以牧牛给贫家，田于苑中，公收其八，二分入私。有牛而无地者，亦田苑中，公收其七，三分入私"。对此，记室参军封裕提出解决的办法：一是建议减轻农耕者的税赋负担，"薄赋而藏于百姓""省罢诸苑，以业流人""人至而无资产者，赐之以牧牛。人既殿下之人，牛岂失乎"。他指出即使是魏、晋衰世，取之于百姓者还不至于七八。二是疏通沟渠，兴修水利以提高产量。封裕也针对少数民族的迁徙提出建议，他认为如高句丽、百济、宇文、段部鲜卑，都是迫于兵势迁徙而来，不同于中原自愿慕义而来的流人，他们必然有思归之心，他们已接近十万户，应分散安置，迁徙至西境

① 房玄龄等：《晋书》卷104《石勒载记上》，中华书局1974年版，第2726页。
② 房玄龄等：《晋书》卷95《黄泓传》，中华书局1974年版，第2493页。
③ 葛剑雄：《中国移民史》第二卷《先秦至魏晋南北朝时期》，福建人民出版社1997年版，第438页。
④ 房玄龄等：《晋书》卷109《慕容皝载记》，中华书局1974年版，第2821页。

诸城，"抚之以恩，检之以法"，"使不得散在居人，知国之虚实"。①他担忧的是大量少数民族人口聚集都城，一旦反叛，难以控制。封裕的建议，慕容皝大体接受，从事农事者，地租依据魏晋旧法，只是他没有应允将强制迁来的高句丽、百济、宇文部和段部的人分散安置。慕容部能在与宇文部、段部争衡中后来居上，前燕一度成为当时东北地区强大的地方民族政权，与其统治者善于纳谏，及时调整治国政策、妥善安置中原士民等关系密切。4世纪前半期，北方大地战争不断，慕容廆、慕容皝能够认识到农业的重要，在其统治区域内为劫后余生的流民提供相对来说较为安定的生产生活环境，致使前燕由弱小走向强盛。

然而，慕容儁和慕容暐经营下的前燕盛极而衰，前者不顾人民厌战而急于与强敌争衡，后者则沉迷于奢玩。当慕容儁欲经略关西，令州郡校阅丁口时，武邑刘贵就上书极谏，他指出百姓凋敝，召兵不法，恐人不堪驱使，导致土崩之祸。尽管慕容儁能够接纳刘贵的谏言，"事多纳用"，征兵"改为三五占兵，宽戎备一周"，但他却没有停下征伐的脚步。他至临终还念念不忘"二寇未除"，即因没有灭亡前秦和东晋而遗憾。②慕容暐时尚书左丞申绍的上书反映了当时的统治危机，他不仅列举了守宰选举、奖惩等官吏管理存在的问题，还指斥前燕的战斗力，更批评了宫廷奢靡对风俗的不良影响，但是慕容暐却不能如其父祖闻过则喜，而是根本没有接纳申绍的任何意见。前燕内部政乱，外部有强敌，太和五年（370）被前秦灭亡。

前秦控制了前燕统辖的区域达十余年，包括前燕的根本之地辽西地区。辽西地区当然不是前秦着力建设的地区，前秦视其为重点防范的区域，因此，其地的人口不增反减。史载："坚徙暐及其王公已下并鲜卑四万余户于长安"③，这里虽没提及汉族人口，但为准备统一战争，苻坚动用了前秦控制

---

① 房玄龄等：《晋书》卷 109《慕容皝载记》，中华书局 1974 年版，第 2822-2824 页。
② 房玄龄等：《晋书》卷 110《慕容儁载记》，中华书局 1974 年版，第 2840-2842 页。
③ 房玄龄等：《晋书》卷 111《慕容暐载记》，中华书局 1974 年版，第 2858 页。

区内的人力和物力，辽西汉人自然也包括在其中。

淝水之战，前秦大败，直接导致政权土崩瓦解，北方再次陷入多政权纷争状态，前燕旧贵族慕容垂乘机集结力量，于东晋太元九年（384）建元称燕王，历史上称为后燕。后燕虽然重视辽西根据地，但其地民众的生存环境已不如前燕兴盛时，这从后燕建节将军余岩反叛得到民众响应可以证实。《资治通鉴》记载：东晋太元十年（385）七月，后燕建节将军余岩叛，从武邑北趋幽州，大败幽州将平规而进入蓟州，掠得千余户北去，以令支为根据地。①慕容垂派慕容农前往龙城讨余岩，慕容农到龙城后不急于讨伐，而是"休士马十余日"，诸将不解其意，他回答说："吾来速者，恐余岩过山钞盗，侵扰良民耳。岩才不踰人，诳诱饥儿，乌集为群，非有纲纪；吾已扼其喉，久将离散，无能为也。今此田善熟，未取而行，徒自耗损，当俟收毕，往则枭之，亦不出旬日耳。"②从慕容农的这段话看，叛燕的余岩得到了饥民的支持。慕容农平定余岩叛乱后被任命为使持节，都督幽平二州、北狄诸军事，幽州牧，镇龙城。他积极致力于整肃社会秩序，恢复和发展生产，史载："创立法制，事从宽简，清刑狱，省赋役，劝课农桑，居民富赡，四方流民前后至者数万口。先是幽、冀流民多入高句丽，农以骠骑司马范阳庞渊为辽东太守，招抚之。"③从流民的流向可以看出辽西地区不同时间段生存环境的变化。总体上看，后燕因为局势动荡，辽西地区各族的生产生活难得安宁。

十六国时期在东北出现的另一个燕政权——北燕（407—436），同样都于龙城（今辽宁朝阳）。尽管冯跋为北燕最高统治者时"励意农桑，勤心政事"，但北燕也难保安定的局面，天灾和战争是导致其境内人口流失的主因。《晋书·冯跋载记》记载："跋境地震山崩，洪光门鹳雀折。又地震，右寝坏。跋问闵尚曰：'比年屡有地动之变，卿可明言其故。'尚曰：

---

① 司马光：《资治通鉴》卷106"晋纪二十八·孝武帝太元十年"，中华书局2011年版，第3398页。
② 司马光：《资治通鉴》卷106"晋纪二十八·孝武帝太元十年"，中华书局2011年版，第3407页。
③ 司马光：《资治通鉴》卷106"晋纪二十八·孝武帝太元十年"，中华书局2011年版，第3408页。

'地，阴也，主百姓。震有左右，比震皆向右，臣惧百姓将西移。'跋曰：'吾亦甚虑之。'分遣使者巡行郡国，问所疾苦，孤老不能自存者，赐以谷帛有差。"①可见，地震来临时，冯跋最担心的是百姓逃离，说明其统辖区域有限，国力较弱。《资治通鉴》东晋安帝义熙十四年（418）也提到北魏对北燕的一次进攻，由于燕王冯跋"婴城自守"，北魏没有攻下和龙，但北魏军队却"掠其民万余家而还"。②北魏在436年最终灭北燕，439年统一北方。

北魏在辽西地区设置有营、平二州，营州治所为和龙（今辽宁朝阳），平州治所为肥如（今河北迁安东）。丛佩远认为："在营、平二州内，北魏灭燕前后，曾将人口大量内迁，致使当地农业人口锐减，农业生产遭到严重损害。就当时农业发展的规模和水平而言，较之北燕极盛时代显著倒退。"③营、平二州的人口在北魏时减少，除了北魏灭北燕时将一些人口迁入中原之外，北燕灭亡之时，冯文通也带走一定量的人口，史载："文通乃拥其城内士女入于高丽。"④北魏营、平二州汉民生活困苦也可以从民叛的发生得到印证。北魏孝明皇帝元诩正光五年（524），营州民以刘安定、就德兴为首发动叛乱。⑤北魏后期，动荡的局势不利于经济的发展，加之辽西地区农业人口的外迁，农业经济发展缓慢。

综上所述，秦汉魏晋南北朝时期，除了边郡汉人增减频繁之外，乌桓人、鲜卑人、高句丽人、夫余人、奚人、契丹人、霫人等也都活动在辽西大地上，他们视辽西为家园、根据地，积极地开发建设生息之地，各族不同阶层的人们在长期的杂居共处中相互依存，彼此之间无论从血缘上还是文化习俗上逐渐混杂，逐步相融。

---

① 房玄龄等：《晋书》卷125《冯跋载记》，中华书局1974年版，第3133页。
② 司马光：《资治通鉴》卷118"晋纪四十·安帝义熙十四年"，中华书局2011年版，第3779页。
③ 佟冬主编：《中国东北史》（第一卷），吉林文史出版社2006年版，第510页。
④ 魏收：《魏书》卷97《冯跋传附文通传》，中华书局2017年版，第2304页。
⑤ 魏收：《魏书》卷9《肃宗纪》，中华书局2017年版，第283页。

第三节 隋唐时期辽西各族

一、隋代辽西各族的分布

隋代结束魏晋南北朝的多政权纷争，对于边地，统一政权管理的手段有所加强，随着北方局势的变化及区域间经济文化交流的广泛开展，辽西地区更成为中原与东北联通的枢纽。

（一）州（郡）县体制下的各族

581年，杨坚以外戚代周自立，开启隋朝的统治。隋朝的东北边疆并不辽阔，归其控制的区域仅辽河以西的部分地区。辽西地区的行政区划，开皇元年（581）有二州：平州（领北平1郡，郡领新昌、肥如2县）、营州（领建德1郡，郡领龙城1县）[①]；开皇三年（583）地方行政由州郡县三级调整为州县二级，平州（领新昌、肥如2县）、营州（领龙山1县）[②]；开皇十八年（598）平州的新昌县改名为卢龙县，而营州的龙山县改名为柳城县[③]；大业三年（607），隋炀帝改州为郡，平州改为北平郡，营州改为柳城郡，所领县也稍有调整，北平郡仅领卢龙县，而柳城郡仅领柳城县[④]。另外，隋末在营州境内增置辽西郡，其下设有三县（辽西县、怀远县、泸河县）。对此，《太平寰宇记》所引《北蕃风俗记》记载："初，开皇中，粟末靺鞨与高丽战不胜，有厥稽部渠长突地稽者，率忽使来部、窟突始部、悦稽蒙部、越羽部、步护赖部、破奚部、步步括利部，凡八部，胜兵数千人，自扶余城西北举部落向关内附，处之柳城，乃燕郡之北。炀帝大业八年为置辽西郡，并辽西、

---

① 施和金：《中国行政区划通史·隋代卷》，复旦大学出版社2017年版，第31页。
② 施和金：《中国行政区划通史·隋代卷》，复旦大学出版社2017年版，第53页。
③ 施和金：《中国行政区划通史·隋代卷》，复旦大学出版社2017年版，第81页。
④ 施和金：《中国行政区划通史·隋代卷》，复旦大学出版社2017年版，第90页、98页。

怀远、泸河三县，以统之，取秦汉辽西郡为名也。"①《新唐书·地理志》有注曰："隋于营州之境汝罗故城置辽西郡，以处粟末靺鞨降人。"②汝罗城，在今辽宁义县东南王民屯对岸③，辽西郡治所在为今辽宁锦州义县东南地区，其下辖三县中辽西县与辽西郡同治，是辽西郡倚郭城，而泸河县在今辽宁省锦州市，怀远县的位置有争议，金毓黻认为近于辽金时之梁鱼务，在今锦州黑山县东姜家屯东北的古城子，《奉天通志》认为在今沈阳辽中④。

隋代的平州（北平郡）、营州（柳城郡），自然有一部分汉人。自十六国北朝以来诸燕就曾以辽西地区为其重要统辖区域，所以，其地也有大量的鲜卑人居住，此外，契丹、靺鞨等族也有一些人口活动在营、平辖区。前述北魏时就有内附的契丹人活动在大凌河流域，天保四年（553），北齐军队攻伐契丹别部，"所虏生口皆分置诸州"⑤，当有就近安置在营、平之地的契丹人。隋文帝开皇初年曾在营州境内设置"玄州""处契丹李去闾部落"。⑥《旧唐书·靺鞨传》也称有靺鞨酋帅突地稽于隋末率其部千余家"内属"，被安置于营州。⑦前述隋炀帝在营州汝罗故城设辽西郡实为安置靺鞨内迁之民。概言之，隋代在辽西之地所设州（郡）县已包容汉、鲜卑、契丹、靺鞨等多民族人口。

（二）州（郡）县附近地区的契丹、奚、霫人

隋朝在辽西之地所设的州（郡）县有限，州（郡）县之外活动的人口为一些处于部落社会的契丹、奚、霫人。契丹力图摆脱受制于突厥和高丽的窘迫境地，一些部落有内附之举，《隋书·契丹传》记载：

---

① 乐史：《太平寰宇记》卷 71 "河北道二十·燕州"，中华书局 2007 年版，第 1436—1437 页。
② 欧阳修、宋祁：《新唐书》卷 39《地理志三》，中华书局 1975 年版，1019 页。
③ 谭其骧主编，张锡彤、王钟翰、贾敬颜、郭毅生、陈连开等著：《〈中国历史地图集〉释文汇编·东北卷》，中央民族学院出版社 1988 年版，第 62 页。
④ 谭其骧主编，张锡彤、王钟翰、贾敬颜、郭毅生、陈连开等著：《〈中国历史地图集〉释文汇编·东北卷》，中央民族学院出版社 1988 年版，第 62—63 页。
⑤ 李百药：《北齐书》卷 4《文宣帝纪》，中华书局 1972 年版，第 57 页。
⑥ 刘昫等：《旧唐书》卷 39《地理志二》，中华书局 1975 年版，第 1522 页。
⑦ 刘昫等：《旧唐书》卷 199 下《北狄·靺鞨传》，中华书局 1975 年版，第 5358—5359 页。

开皇四年，率诸莫贺弗来谒。五年，悉其众款塞，高祖纳之，听居其故地。六年，其诸部相攻击，久不止，又与突厥相侵，高祖使使责让之。其国遣使诣阙，顿颡谢罪。其后契丹别部出伏等背高丽，率众内附。高祖纳之，安置于渴奚那颉之北。开皇末，其别部四千余家背突厥来降。上方与突厥和好，重失远人之心，悉令给粮还本，敕突厥抚纳之。固辞不去。部落渐众，遂北徙逐水草，当辽西正北二百里，依托纥臣水而居。①

渴奚那颉，都兴智推测其地应在辽西某地②，托纥臣水就是老哈河。《北史·突厥传》和《隋书·突厥传》都曾提及：隋朝仁寿元年（601），奚、霫五部"内徙"。③毕德广研究认为："隋朝时期（6世纪末—7世纪初），奚族生活区域大致东以滦河支流瀑河为界，西以闪电河为界，南至长城以北，北至七老图山中麓。与北朝时期比，奚族生活区域大规模南徙，北境止于托纥臣水上游一带，南境则抵达长城以北。"④隋朝时的霫，史书提及它多与奚并称，可以断定其活动区域在辽西境内。《旧唐书·霫传》记载霫活动区域为："居于潢水北，亦鲜卑之故地，其国在京师东北五千里。东接靺鞨，西至突厥，南至契丹，北与乌罗浑接。"⑤所言应为隋唐时的情况。周伟洲认为霫原居地在潢水北，即今内蒙古巴林左旗、巴林右旗，科尔沁右翼前旗一带。⑥

二、唐代对辽西各族的管理

与隋代相比，唐代在东北的统治进一步加强，建置于辽西的营州，是唐

---

① 魏徵等：《隋书》卷 84《北狄·契丹传》，中华书局 2019 年版，第 2116 页。

② 都兴智：《略论契丹李尽忠之乱》，《东北史地》2008 年第 2 期，第 33 页。

③ 李延寿：《北史》卷 99《突厥传》，中华书局 1974 年版，第 3298 页；魏徵等：《隋书》卷 84《北狄·突厥传》，中华书局 2019 年版，第 2108 页。

④ 毕德广：《奚族文化研究》，科学出版社 2016 年版，第 23 页。

⑤ 刘昫等：《旧唐书》卷 199 下《北狄·霫传》，中华书局 1975 年版，第 5363 页。

⑥ 周伟洲：《霫与白霫考辨》，《社会科学战线》2004 年第 1 期，第 142 页。

朝控驭东北地区的军政重镇，辖境相当于今大小凌河、六股河、女儿河流域一带，跨今辽宁省西部、内蒙古赤峰以南大青山以北、河北省东北部的广大地区。[1]有唐一代290年，不同时期营州的官署机构是有变化的，宋卿认为其管理体制经历三个阶段：营州总管府、营州都督府各自一元管理（武德元年至万岁通天元年，618—696）；营州都督府、平卢节度使府二府共治（开元七年至开元二十八年，719—740）；平卢节度使府一元管理（开元二十八年至上元二年，740—761）。[2]唐代营州特别之处在于，营州府级建置下仅设有1个正州——营州，下辖1个柳城县，却建置有众多的管理内附少数民族的羁縻州，比如武德年间设置的燕州、慎州、崇州、鲜州，贞观至万岁通天元年设置的昌州、顺州、瑞州、带州、玄州、沃州等。[3]程妮娜指出："隋唐中央王朝对东北少数民族的统辖制度，由前朝的分封朝贡制度为主，转向以羁縻府州制度为主，尤其是盛唐时期，在东北民族地区普遍设置羁縻府州，确立了我国大一统王朝在东北边疆少数民族地区实行中央集权统治的雏形，使中原王朝对东北民族地区的统治进入了一个新的发展时期，对确定我国东北地区的疆域具有十分重要的意义。"[4]

另外，东临渤海的唐代北平郡（平州）位于辽西的南部，本隋朝的北平郡，其隶属关系多次变化，属县也多有调整，大致区域范围相当于今河北省抚宁县、乐亭县、滦南县、丰润县。[5]唐朝在辽西地区设置羁縻府州实际上是汲取隋朝的管理经验，满足一些内属少数民族部落的向化和加强边州管理的双重需要。宋卿认为，唐朝为安置内附的少数民族部落先后在营州管辖范围内恢复、新置十余个城傍羁縻州，其中，契丹叛唐前安置契丹人而设置的州有7个，安置靺鞨部落的州有4个，安置奚人的州有3个，安置突厥人的羁縻

---

① 宋卿：《唐代营州与东北边疆经略》，吉林大学出版社2019年版，第21页。
② 宋卿：《唐代营州与东北边疆经略》，吉林大学出版社2019年版，第78页。
③ 宋卿：《唐代营州与东北边疆经略》，吉林大学出版社2019年版，第32—52页。
④ 程妮娜：《古代中国东北民族地区建置史》，中华书局2011年版，第94页。
⑤ 郭声波：《中国行政区划通史·唐代卷》，复旦大学出版社2012年版，第281—282页。

州有2个，安置新罗人的州有1个，契丹、室韦合置1个。开元年间新设置1个
粟特羁縻州，契丹、靺鞨、奚、契丹室韦各恢复1个设置。[①]这些州多数去向
是改隶幽州，主要是随着人口的移动而迁治。区域局势的变化所导致的人口
流动从中也可见一斑。据《旧唐书·靺鞨传》，隋朝即已内属的以酋帅突地
稽为首的靺鞨人，唐武德初，"遣间使朝贡"，唐朝就采取建立羁縻州的办
法接纳这部分靺鞨人，"以其部落置燕州，仍以突地稽为总管"。[②]燕州，
原治为汝罗故城东（今辽宁义县王民屯），后寄治于营州城内，武德六年
（623），刘黑闼叛乱，突地稽率所部参战，以功受封蓍国公，其部落又南徙
于幽州之昌平城，燕州又寄治于幽州[③]，可见，突地稽率领的这部分靺鞨人居
留辽西的时间并不长。据《旧唐书·地理志》和《新唐书·地理志》，贞观
十年（636），唐以突厥乌突汗达干部落置威州，咸亨年间更名瑞州，最初是
置于营州界，后来因契丹陷营州，迁于宋州，神龙初，又从宋州北还幽州。
应该说由于营州属于边州，北方民族，尤其是东北民族的内附最初多被安置
在其辖境之内，也使唐代营州成为汉人、靺鞨人、契丹人、奚人、高丽人、
室韦人、突厥人、粟特人等多民族杂居共处之地。

除了营州境内的羁縻州之外，契丹窟哥等部于贞观二十二年（648）请求
内属，唐于是在其地设置松漠都督府。[④]同一年，奚人也在其酋长可度者的率
领下内属，唐在其地置饶乐都督府。程妮娜认为，松漠都督府和饶乐都督府
属于部落联盟类型的羁縻府州，松漠都督府的位置应在辽宁朝阳以北将近250
公里、西拉木伦河以南、邻近老哈河东岸之处，而饶乐都督府的位置当在奚
王帐之处，在松漠都督府的西南250公里，老哈河上游之西某地。[⑤]显然，唐
时为契丹部落联盟内属所设置的松漠都督府和奚部落联盟内属所设置的饶乐

① 宋卿：《唐代营州与东北边疆经略》，吉林大学出版社2019年版，第50页。
② 刘昫等：《旧唐书》卷199下《北狄·靺鞨传》，中华书局1975年版，第5359页。
③ 宋卿：《唐代营州与东北边疆经略》，吉林大学出版社2019年版，第38页。
④ 刘昫等：《旧唐书》卷199下《北狄·契丹传》，中华书局1975年版，第5350页。
⑤ 程妮娜：《古代中国东北民族地区建置史》，中华书局2011年版，第147—148页。

都督府也在辽西区域范围之内。就松漠都督府和饶乐都督府的隶属关系和管理情况看，唐朝对这两个羁縻府州的管控还是比较松弛的。最初这二都督府由设置在营州的东夷都护府统辖，其长官东夷都护由营州都督兼任，唐中后期，松漠都督府、饶乐都督府曾改由平卢节度使统领，也曾改归幽州节度使管辖，安史之乱之后，改由范阳节度使统领。松漠、饶乐都督府的建立，依照的是"全其部落，顺其土俗"的原则，保持了契丹、奚人的制度、组织、文化习俗，其长官由契丹、奚族部落联盟长担任，二都督府自行管理内部事务，朝廷一般不予干涉。契丹、奚部民不编入唐朝的户籍，也不用交纳赋税。但羁縻府州要向朝廷贡纳地方土特产，并从朝廷或地方政府得到丰厚的物质回报，与唐中央王朝之间属于朝贡关系。①

需要说明的是，唐朝辽西地区各族的分布在武则天万岁通天年间发生了较大的变化。万岁通天元年（696），契丹李尽忠、孙万荣叛乱，叛乱使唐朝一度失去对营州的控制，多数羁縻州暂时南迁河南道徐、宋等州，这些羁縻州直到唐中宗神龙年间（705—707）才北还，但也只是寄治于幽州内，使得幽州成为继营州之后蕃族降户最多的地方，唐朝被迫将东北经营的重心转移至幽州，而加强幽州的军事力量却给安禄山专制河北发动叛乱以倾天下的机会。②

安史之乱爆发后，朝廷对东北地区难以实行有效的管理。辽西地区又一次出现大规模人口流动，其中，随同安禄山叛军作战的队伍中有大量的契丹、奚人，《新唐书·安庆绪传》记载："（张）通儒等哀兵十万阵长安中，贼皆奚，素畏回纥，既合，惊且嚣。"在唐朝联军的进攻下，深入长安之地的叛军大败，"尸髀藉藉满阬壑，铠仗狼扈，自陕属于洛"③。尽管文献没有明确提及从乱的契丹兵和奚兵的下落，但吴松弟分析认为："一

---

① 程妮娜：《古代中国东北民族地区建置史》，中华书局 2011 年版，第 152-153 页。
② 参见李松涛：《论契丹李尽忠、孙万荣之乱》，见王小甫主编《盛唐时代与东北亚政局》，上海辞书出版社 2003 年版，第 994-105 页。
③ 欧阳修、宋祁：《新唐书》卷 246《逆臣上·安庆绪传》，中华书局 1975 年版，第 6421 页。

般说来在残酷的战争环境中，能够生还故里的只是极少数人。"[1] 上元二年（761），平卢节度使南迁，约有10万人迁居山东。[2] 日本学者松井等认为："大乱平定之后，节度使横暴的弊害呈现出来，河北之地尤甚，唐的政令长期不能在这些地方实行。唐对东北的经略遂弃而不顾也就成为势所必然。"[3]安史之乱后，由于河北割据，道路不通，唐朝对契丹的控驭减弱，当时中国的北方，回鹘的势力一度较盛，契丹也曾依附于回鹘。唐开成五年（840）回鹘被黠戛斯所灭，契丹与唐之间的朝贡联系得以增多，但唐朝在840年以后国力衰微，契丹乘机不断征伐掳掠周邻的部族和地区，在契丹的进逼下，奚族向南向西发展，南达长城，西至大马群山（在今内蒙古和河北西北）。[4] 有学者研究认为，唐代契丹聚居区大致范围东界于辽河，南以努鲁儿虎山与营州为界，西与奚以今老哈河上游为界，北到乌力吉木伦河及新开河。[5] 宋卿认为唐代营州少数民族人口数量多于汉族，且呈现逐渐增加的趋势。[6] 相比较而言，汉人迁入少有记载。开元年间，营州复置时，御史中丞、兼检校营州都督宋庆礼推行屯田，当时有幽州、淄青等户调拨来营州。辽西地区由于先后受到两次动乱（营州之乱、安史之乱）的冲击，战乱使人口流失严重，尤其是平州（北平郡）在天宝十五年至至德二年（756—757）纳入安氏燕国，乾元二年至宝应二年（759—763）纳入史氏燕国。[7]

由上述可知，隋唐辽西地区民族较多，除了长期生活在辽西的汉人、契丹、奚、霫之外，还有高句丽人、室韦人、靺鞨人、突厥人、粟特人等从东、北、西边迁来，他们在唐朝的府州管理体制下或聚居或杂居，或游牧或

① 吴松弟：《中国移民史》第三卷《隋唐五代时期》，福建人民出版社1997年版，第126页。
② 孙慧庆：《唐代平卢节度使南迁之后琐议》，《北方文物》1992年第4期，第74页。
③ 松井等著，刘凤翥译，邢复礼校：《契丹勃兴史》，见《民族史译文集》第10集，科学出版社1981年版，第16页。
④ 孟广耀：《唐代奚族驻牧范围变迁考论》，《内蒙古师大学报》1983年第1期，第112页。
⑤ 孙进己、孙泓：《契丹民族史》，广西师范大学出版社2010年版，第78—79页。
⑥ 宋卿：《安史之乱前唐代营州民族人口探析》，《欧亚学刊》第10辑，中华书局2012年，第172页。
⑦ 郭声波：《中国行政区划通史·唐代卷》，复旦大学出版社2012年版，第281页。

农耕，当然，他们中很多人又是营州之乱和安史之乱的参与者，也随着战争而流离四方。

三、隋唐辽西的经济文化面貌

隋唐时期的辽西，少数民族所占比重较大，西拉木伦河和老哈河流域是契丹、奚、霫集中活动的区域，大小凌河流域、滦河流域的营、平二州也是多民族杂居之地，其区域经济文化因此颇具多民族互补与交融的特色。

文献反映出西拉木伦河和老哈河流域的契丹、奚、霫的经济以畜牧业为主。《隋书》有记载称，契丹部落在隋时"逐寒暑，随水草畜牧"[1]；而奚也是"随逐水草，颇同突厥"[2]。唐朝时，契丹、奚已有农业、手工业，但其农业较为粗放。《新唐书》言奚人"稼多穄，已获，窖山下。断木为臼，瓦鼎为鳅，杂寒水而食"[3]。《辽史》追溯契丹先世事迹，提到"懿祖生匀德实，始教民稼穑，善畜牧，国以殷富，是为玄祖。玄祖生撒剌的，仁民爱物，始置铁冶，教民鼓铸，是为德祖，即太祖之父也"[4]。可见在辽人的记忆里，在耶律阿保机祖父匀德实的时代，其民已知稼穑，至阿保机父亲撒剌的时，铁冶已成为契丹社会的经济行业。可见，大约9世纪时，契丹社会的经济结构已发生一定的变化。

至于营州、平州的社会风俗与经济面貌，文献也有所反映。《隋书·地理志》记载辽西郡（营州），为连接边郡之地，与太原同俗，所谓"人性劲悍，习于戎马"[5]。高适《营州歌》描述的营州少年也是骑马射猎的形象。[6]现代在朝阳地区发现的唐墓，无论其形制还是随葬品，均呈现出多元文化的

---

① 魏徵等：《隋书》卷84《北狄·契丹传》，中华书局2019年版，第2116—2117页。
② 魏徵等：《隋书》卷84《北狄·奚传》，中华书局2019年版，第2115页。
③ 欧阳修、宋祁：《新唐书》卷219下《北狄传》，中华书局1975年版，第6173页。
④ 脱脱等：《辽史》卷2《太祖纪下》，中华书局2016年版，第26页。
⑤ 魏徵等：《隋书》卷30《地理志中》，中华书局2019年版，第963页。
⑥ 彭定求等编：《全唐诗》卷214，中华书局1960年版，第2242页。

影响。吴炎亮在其硕士学位论文《朝阳隋唐墓葬研究》中分析说："墓葬形制的多样性除了年代上的原因外，更主要的是文化和族属上的差异所致。纪年墓均为方、圆二形墓，墓主人多是戍边的军政官员。方、圆形墓葬的随葬品主要包括各类型陶罐（多为素面），很少量素面陶壶、陶碗，丰富多彩的陶俑、泥塑，各类瓷瓶、青瓷罐，各型铜镜、三彩器、象牙笏板等，这些随葬品都是典型的汉文化内容。相反，在长方形竖穴土坑墓和梯形墓中除了少数几型陶罐外完全不出上述各类遗物，而是以各型带有席纹、菱纹、篦纹、复合纹饰的陶壶为主，还有铜戒指、铜铃。显然这不是由于等级差别所致，而是由文化族属上的差异性而形成的。"[1]姜念思在《辽宁朝阳市黄河路唐墓出土靺鞨石俑考》一文中指出，朝阳市黄河路唐墓出土的一对石俑可能是根据粟末靺鞨人形象雕刻而成。[2]可以断定，隋唐时期的营州，胡风浓郁。但其地作为当时东北政治、经济、文化的中心区域，汉文化以其深厚的底蕴和丰富的内涵从多方面影响着其境内少数民族。所以，准确地说，隋唐时期的营州、平州胡汉之间相互影响，各族间沟通与交流体现在生产、生活的方方面面。

就经济发展面貌而言，大凌河和滦河流域本有农业基础，尤其是河流谷地适宜农耕，因此，农业生产在一定时期也有较大的发展，此一定时期，多是推行屯田的时期。比如，《隋书·食货志》记载，大业九年（613），为征伐高丽，"发诸州丁，分为四番，于辽西柳城营屯，往来艰苦，生业尽罄"。[3]这是隋炀帝为解决征伐高丽的军粮供应而强制调发民力进行的屯田，从侧面也反映出辽西柳城适宜农业发展。《旧唐书·宋庆礼传》记载："开元五年，奚、契丹各款塞归附，玄宗欲复营州于旧城，侍中宋璟固争以为不可，独庆礼甚陈其利。乃诏庆礼及太子詹事姜师度、左骁卫将军邵宏等

---

① 吴炎亮：《朝阳隋唐墓葬研究》，吉林大学硕士学位论文，2005年，第23页。
② 姜念思：《辽宁朝阳市黄河路唐墓出土靺鞨石俑考》，《考古》2005年第10期，第71页。
③ 魏徵等：《隋书》卷24《食货志》，中华书局2019年版，第762页。

充使，更于柳城筑营州城，兴役三旬而毕。俄拜庆礼御史中丞，兼检校营州都督。开屯田八十余所，追拔幽州及渔阳、淄青等户，并招辑商胡，为立店肆，数年间，营州仓廪颇实，居人渐殷。"[1]但隋唐三百余年间，整个营州地区的农业发展并不突出。张泽咸认为："过去农作比较发达的辽东西地区，在此期间陷于严重民族纷争，在颇大程度上制约和妨害农作的发展。"[2]位于营州西南方的平州，则是以农业经济为主的区域，其地方长官也以勉励耕读作为为政的重点。史载，唐高宗永徽二年（651），田仁会任平州刺史，"劝学务农，称为善政"。[3]据冯金忠、王义康研究，安史之乱前和安史之乱后平州都曾推行过屯田。[4]值得重视的是，营州交通便利，是华北通向东北地区的咽喉之地，具有十分重要的战略意义和商业价值，唐朝也成为粟特人聚集的主要地方。[5]荣新江认为武则天万岁登封元年（696）派至营州镇压契丹反叛的胡兵就有粟特人，开元初，安禄山等又辗转来到柳城，天宝元年（742），康阿义又率部落到达。[6]前述开元年间宋庆礼在营州"招辑商胡，立为店肆"的商胡，当有善于经商的粟特人。为了满足营州及其附近区域人们的生产生活需求，营州设管理互市的官员[7]，还设有类似互市双方经纪人的互市郎。史载，安禄山、史思明都是落籍于营州的胡人，因为"解六蕃语"，在年轻时都曾为"互市郎"[8]。《全唐文》收有樊衡《为幽州长史薛楚玉破契丹露布》，其中，关于营州地区经济面貌有言："自开复营州，二十年内，部落

---

① 刘昫等：《旧唐书》卷185下《良吏下·宋庆礼传》，中华书局1975年版，第4814页。

② 张泽咸：《汉唐间东北地区农牧生产述略（下）》，《文史》第47辑，中华书局1999年版，第63页。

③ 刘昫等：《旧唐书》卷185上《良吏上·田仁会传》，中华书局1975年版，第4793页。

④ 参见冯金忠：《试论唐代河北屯田》，《中国农史》2001年第2期；王义康：《唐后期河北道北部地区的屯田》，《中国历史地理论丛》2002年第1辑。

⑤ 荣新江：《中古中国与外来文明》，生活·读书·新知三联书店2001年版，第105页。

⑥ 荣新江：《中古中国与外来文明》，生活·读书·新知三联书店2001年版，第231页。

⑦ 李林甫等：《唐六典》卷22，中华书局2014年版，第580页。

⑧ 刘昫等：《旧唐书》卷200上《安禄山传》，中华书局1975年版，第5367页；刘昫等：《旧唐书》卷200上《史思明传》，中华书局1975年版，第5376页。

不訾，安农互商，金帛山积，我国家之于惠贷亦深矣。"①近些年朝阳及其附近地区的考古发现也证实，唐代营州为商贸活跃的地区。1992年在朝阳市双塔区发现的唐墓，有1枚东罗马金币、1枚金牌饰和1枚金戒指等金制品②，证实当时营州为唐代对外交流的重要区域。

总之，隋唐时期，辽西地区是北方众多民族集聚之地，各族间经济贸易频繁，风俗杂糅，多元文化的交融也促进了区域民族融合，契丹、奚、靺鞨等族在营州、平州等地的活动或多或少吸纳了汉文化的因素，一定程度上推进了各民族的文明进步。

---

① 樊衡：《为幽州长史薛楚玉破契丹露布》，见董诰等编：《全唐文》卷352，中华书局1983年版，第3569页。

② 辽宁省文物考古所、朝阳市博物馆：《朝阳双塔区唐墓》，《文物》1997年第11期，第56页。

第二章　辽代辽西的地位及移民开发

辽朝是我国历史上由契丹贵族掌握最高统治权的多民族北方政权。辽西作为契丹族旧土，在辽代的政治地位十分重要，辽东、燕云及其他地区难以与之匹敌。也正因为如此，辽代辽西地区得以吸纳大量人口，各族移民与其地原有人口共同谱写了区域发展的新篇章。

第一节　辽代辽西的核心地位

一、契丹旧土与辽朝"内地"

契丹是兴起、活动于我国北方的古老民族，至晚在北魏道武帝登国年间（386—396），契丹诸部已活动在松漠之间。[1]松漠之间具体位置前一章已有述及，多数人认为在今西辽河流域，包括西拉木伦河流域和老哈河流域的广大地区。在辽代契丹人的历史记忆中，松漠之间就是其民族的发祥地。辽代契丹人可追溯的始祖为奇首可汗，《辽史·营卫志》叙述奇首可汗时称其有八子，后来族属渐盛，分为八部，八部的居地在"松漠之间"，并解释说："今永州木叶山有契丹始祖庙，奇首可汗、可敦并八子像在焉。潢河之西，土河之北，奇首可汗故壤也。"[2]说明永州（治今内蒙古翁牛特旗东北250里

---

① 魏收：《魏书》卷100《契丹传》，中华书局2017年版，第2408页。
② 脱脱等：《辽史》卷32《营卫志中》，中华书局2016年版，第428页。

新苏莫苏木巴彦诺尔古城①）、潢河、土河都是契丹人早期生活的地方。北魏孝文帝太和三年（479），又有内附契丹人迁于"白狼水东"②。北魏碑刻《慰喻契丹使韩贞等造窟题记》也证实契丹人已至医巫闾山西麓。北齐文宣帝高洋因契丹犯塞而北击契丹于青山，青山大概就在今辽宁义县附近，在大凌河旁边。可以肯定，北魏、北齐时已有契丹人游牧于大凌河流域。需要说明的是，契丹人在北魏、北齐时势力虽已东扩至大凌河流域，但其部族绝大部分依然活动在潢水和土河流域。《旧唐书·契丹传》记其四至为："东与高丽邻，西与奚国接，南至营州，北至室韦。冷陉山在其国南，与奚西山相崎，地方二千里。"值得注意的是，《旧唐书·契丹传》还特别强调了营州城傍也安置有契丹别部。③唐后期，唐朝廷无力控制雄强的藩镇，北方草原地区回纥汗国也走向衰亡，契丹于是乘机蚕食周邻部族及地区，包括黑车子室韦、西部奚、东部奚、乌古部所在，以及幽州、平州等州县皆成为契丹武力争夺之地。④9世纪末，契丹的势力已南至滦河流域的一些地方。也就是说，契丹立国前的势力范围，包括西拉木伦河流域、老哈河流域、大凌河流域，还控制了滦河流域的部分区域。

辽朝建立后，虽然其疆土日渐辽阔，但契丹旧土始终是其政权最重要的区域，《辽史》"内地"一词所指便是明证。《辽史》有七处提及"内地"，其中，《辽史·太祖纪下》和《辽史·兵卫志上》所记为同一事⑤，实际只有六处。然而，其中的五处都没有对"内地"所指作出明确的说明，仅《辽史·兵卫志中》小序就提辖司之设提及："重地每宫皆置，内地一二而

---

① 本书有关辽金府州县治所今地不特别注明的均采自余蔚《中国行政区划通史·辽金卷》一书。

② 魏收：《魏书》卷100《契丹传》，中华书局2017年版，第2408页。

③ 刘昫等：《旧唐书》卷199下《北狄·契丹传》，中华书局1975年版，第5349页。

④ 薛居正等：《旧五代史》卷137《外国·契丹传》，中华书局1976年版，第1827页。

⑤ 脱脱等：《辽史》卷2《太祖纪下》神册六年十一月记事有言："十一月癸卯，下古北口。丁未，分兵略檀、顺、安远、三河、良乡、望都、潞、满城、遂城等十余城，俘其民徙内地。"（第19页）《辽史》卷34《兵卫志上》记载："（神册）六年，出居庸关，分兵掠檀、顺等州，安远军、三河、良乡、望都、潞、满城、遂城等县，俘其民徙内地。"（第450页）两处记载内容一致，文字稍有不同。

已。"^①从其序下所列四京二州（南京、西京、中京、上京、奉圣州、平州）所设提辖司情况看，仅有上京、中京符合一、二之数，上京仅有文忠王府提辖司，中京有延昌宫提辖司和文忠王府提辖司。那么，上京、中京应属于其所说的"内地"，其他京州所置诸宫提辖司数量多，当为其所言之"重地"。另外，追索辽太祖神册六年所掠州县之民的去向大致也可知其"内地"的内涵。

神册六年（921）南伐所掠之地有顺州，辽上京道有头下顺州，《辽史·地理志》头下军州之顺州条称其人口来源为："横帐南王府俘掠燕、蓟、顺州之民，建城居之。"具体头下顺州的位置则言："在显州东北一百二十里，西北至上京九百里。"^②可见，头下顺州距离显州很近，应位于大凌河流域的医巫闾地区。神册六年辽军南伐还俘掠了定州望都县的人口，而滦河流域平州下辖的望都县可能就是辽太祖以定州望都俘户置。^③其实，神册六年辽朝还没有完全控制平州地区，仅是部分占领其地^④，但已将掠来的人口充实其地。辽太祖、太宗时期人口的安置更为集中于契丹人长期生活的潢水及其附近。文献提及"西楼"^⑤、"潢水之南"^⑥、"潢水之北"^⑦、"潢水之曲"^⑧、"京东"^⑨、

---

① 脱脱等：《辽史》卷35《兵卫志中》，中华书局2016年版，第462页。

② 脱脱等：《辽史》卷37《地理志一》，中华书局2016年版，第508页。

③ 脱脱等：《辽史》卷40《地理志四》，中华书局2016年版，第568页。

④ 吴凤霞：《辽朝经略平州考》，《社会科学辑刊》2015年第4期，第112页。

⑤ 脱脱：《辽史》卷1《太祖纪上》有言："是岁，以兵讨两冶，以所获僧崇文等五十人归西楼，建天雄寺以居之，以示天助雄武。"（中华书局2016年版，第6页）

⑥ 脱脱等：《辽史》卷1《太祖纪上》记载："（唐天复二年）九月，城龙化州于潢河之南，始建开教寺。"（第2页）《辽史》卷37《地理志一》记载："龙化州，兴国军，下，节度。本汉北安平县地。契丹始祖奇首可汗居此，称龙庭。太祖于此建东楼。唐天复二年，太祖为迭烈部夷离堇，破代北，迁其民，建城居之。明年，伐女直，俘数百户实焉。"（中华书局2016年版，第505页）《辽史》卷2《太祖纪下》还记载："（神册六年）十二月癸丑，王郁率其众来朝，上呼郁为子，赏赉甚厚，而徙其众于潢水之南。"（中华书局2016年版，第19页）

⑦ 脱脱等：《辽史》卷37《地理志一》记载："临潢县。太祖天赞初南攻燕、蓟，以所俘人户散居潢水之北，县临潢水，故以名。"（中华书局2016年版，第497页）

⑧ 脱脱等：《辽史》卷37《地理志一》记载："临河县。本丰永县人，太宗分兵伐渤海，迁于潢水之曲。"（中华书局2016年版，第506页）

⑨ 脱脱等：《辽史》卷37《地理志一》记载："潞县。本幽州潞县民，天赞元年，太祖破蓟州，掠潞县民，布于京东，与渤海人杂处。"（中华书局2016年版，第498页）

"京西北"①、"京西"②、"京南"③、"木叶山下"④等地，这里的"西楼""京"指的是上京，位于"潢水"流域。可以断定，辽人的"内地"是指一个比较大的范围，应包括契丹早期活动的西辽河流域、大凌河流域的医巫闾地区，甚至可能也包括辽朝较早占领的滦河流域的平州地区，而这些地区均在辽西范围内。

契丹人视"内地"为其发展的根本之地。这不仅表现在其立国之初的移民去向上，还表现在契丹皇帝经常所在的区域，非有大事，则契丹皇帝较少前往东京、南京等地。

二、辽朝皇帝捺钵营地的主要分布区域

契丹游牧经济的传统决定了辽朝政治文化颇具特色，其中，四时捺钵制度尤其具有代表性。对其制度的基本情况，文献有所反映。比如，《辽史·营卫志》'行营'序有关"捺钵"的解释是："辽国尽有大漠，浸包长城之境，因宜为治。秋冬违寒，春夏避暑，随水草就畋渔，岁以为常。四时各有行在之所，谓之'捺钵'。"⑤并且简列春捺钵、夏捺钵、秋捺钵、冬捺钵所在地及活动的内容。宋人也有一些关于辽代捺钵的记载，如王易《重编燕北录》、庞元英《文昌杂录》等，但所记均零散不系统，举例、描述性的文字表述难以揭示出辽代捺钵制度的实质。今人傅乐焕先生比较早关注和研究辽朝的四时捺钵制度，其所作《辽代四时捺钵考五篇》是20世纪探究捺

---

① 脱脱等：《辽史》卷37《地理志一》记载："长泰县。本渤海国长平县民，太祖伐大諲譔，先得是邑，迁其人于京西北　与汉民杂居。"（中华书局2016年版，第497页）

② 脱脱等：《辽史》卷37《地理志一》记载："定霸县。本扶余府强师县民，太祖下扶余，迁其人于京西，与汉人杂处，分地耕种。"（中华书局2016年版，第497页）

③ 脱脱等：《辽史》卷37《地理志一》记载："保和县。本渤海国富利县民，太祖破龙州，尽徙富利县人散居京南。"（第439页）"宣化县。本辽东神化县民，太祖破鸭渌府，尽徙其民居京之南。"（中华书局2016年版，第498页）

④ 脱脱等：《辽史》卷39《地理志三》记载："武安州，观察。唐沃州地。太祖俘汉民居木叶山下，因建城以迁之，号杏埚新城。复以辽西户益之，更曰新州。"（中华书局2016年版，第547页）

⑤ 脱脱等：《辽史》卷32《营卫志中》，中华书局2016年版，第423页。

钵制度最重要成果。傅乐焕先生认为："所谓捺钵者，初视之似仅为辽帝弋猎网钩，避暑消寒，暂时游幸之所。宜无足重视。然而夷考其实，此乃契丹民族生活之本色，有辽一代之大法，其君臣之日常活动在此，其国政之中心机构在此。凡辽代之北南面建官，蕃汉人分治，种种特制，考其本源，无不出于是。"①从其研究可知，辽朝皇帝经常莅临混同江（或鱼儿泊）、永安山（或纳葛泊）、庆州诸山和广平淀。混同江为今吉林、黑龙江二省之松花江②，鱼儿泊为今吉林大安市西北洮儿河注入嫩江处之月亮泡③，永安山在今内蒙古巴林左旗北界与西乌珠穆沁旗东汗乌拉苏木东南一带山地④，纳葛泊在今内蒙古赤峰市克什克腾旗境内达里诺尔湖⑤，庆州治今内蒙古巴林右旗北里索博日嘎苏木白塔子村古城⑥，广平淀，《辽史·营卫志》称其在永州东南三十里，傅乐焕认为就是潢河、土河合流点附近之大平原，又称之藕丝淀、中会川、长宁淀⑦。也就是说，经常性的捺钵营地除了春捺钵混同江（或鱼儿泊）偏北之外，其余三个季节的捺钵地的选择多数时候集中在辽西地区。傅乐焕强调，"经常组"捺钵"仅足代表圣宗后情形"⑧，而辽圣宗以前的五帝（太祖、太宗、世宗、穆宗、景宗）的捺钵地，除了辽世宗情况不明之外，其他四位皇帝大多数时候都在辽上京周围。之所以如此，当与辽朝前期军政局势有关，辽太祖耶律阿保机和辽太宗耶律德光统治时期正处于政权创建时期，庶事草创，捺钵制度也一样，编纂《辽史》的元代史官称"神册、会同之间，日不暇给"⑨，而辽世宗天禄年间和辽穆宗应历年间统治集团的内争激

---

① 傅乐焕：《辽史丛考》，中华书局 1984 年版，第 37 页。
② 史为乐主编：《中国历史地名大辞典》，中国社会科学出版社 2005 年版，第 2440 页。
③ 史为乐主编：《中国历史地名大辞典》，中国社会科学出版社 2005 年版，第 1626 页。
④ 史为乐主编：《中国历史地名大辞典》，中国社会科学出版社 2005 年版，第 859 页。
⑤ 邱树森主编：《辽金史辞典》，山东教育出版社 2010 年版，第 590 页。
⑥ 余蔚：《中国行政区划通史·辽金卷》，复旦大学出版社 2012 年版，第 150 页。
⑦ 傅乐焕：《辽史丛考》，中华书局 1984 年版，第 178 页。
⑧ 傅乐焕：《辽史丛考》，中华书局 1984 年版，第 89 页。
⑨ 脱脱等：《辽史》卷 9《景宗纪下》，中华书局 2016 年版，第 113 页。

烈，统治者依然无暇顾及礼文之事。辽景宗朝北宋已成为辽朝军事防御的重点，所以景宗统治时期不只是在上京地区活动，在滦河流域或西京都有较多活动。仅就有限的史料看，辽朝前期内外局势复杂，其捺钵营地的选择并没有呈现出明显的规律性，但可以断定，辽朝前五帝在辽西区域活动的时间还是多于其他地区的。

　　辽朝的主要修史活动在辽代中后期，即辽圣宗、兴宗、道宗、天祚帝四朝130余年间，因此自辽圣宗以来关于皇帝行踪的记载要详于前五帝时期。据傅乐焕所作《辽史游幸表证补》，结合《辽史》的相关记载，大体可以知晓辽自圣宗以后皇帝主要活动的轨迹。

　　辽圣宗耶律隆绪在乾亨四年（982）九月即位，太平十一年（1031）六月去世，在位将近49年，其中，269个月没有留下活动的记载，在有记载的317个月中，可以确定走出辽西范围的有：统和元年（983）四月的"幸东京"与"南幸"①，统和四年（986）二月的"行次袅里井"②，统和四年三月的"驻兵驼罗口"③，统和四年夏四月南至南京、涿州一带，即"己亥朔，次南京北郊。……时（癸丑）上次涿州东五十里。……戊午，上次沙姑河之北淀"④，统和四年五月、六月班师北回，经过新城县（治今河北高碑店市东南28里新城镇）、固安县（治今河北廊坊市固安县）、南京（治今北京市区）、居庸关⑤，而统和四年的十月、十一月、十二月及统和五年（987）、统和六年（988）、统和七年（989）的大部分时间在南京道、西京道活动，

---

① 脱脱等：《辽史》卷10《圣宗纪一》，中华书局2016年版，第118页。这次去东京与建置乾州有一定的关系。
② 脱脱等：《辽史》卷11《圣宗纪二》，中华书局2016年版，第128页。按邱树森主编《辽金史辞典》"袅里井"词条解释为："契丹语地名，在今内蒙古锡林郭勒盟东南部附近"，山东教育出版社2010年版，第775页。
③ 脱脱等：《辽史》卷11《圣宗纪二》，中华书局2016年版，第128页。按邱树森主编《辽金史辞典》"驼罗口"词条解释为："关隘名。在今河北西北部与内蒙古交界处附近。辽南京道北部有此地。"山东教育出版社2010年版，第857页。
④ 脱脱等：《辽史》卷11《圣宗纪二》，中华书局2016年版，第129-130页。
⑤ 脱脱等：《辽史》卷11《圣宗纪二》，中华书局2016年版，第130-131页。

当时辽与宋作战，承天皇太后萧绰和辽圣宗亲临指挥，《辽史·圣宗纪》提及其所到之处有居庸关、南京、狭底埚、白佛塔川、唐兴县、滹沱河北、文安、冰井、洛河、涿州、长城口、岐沟、延芳淀、儒州龙泉、儒州白马村、桑干河、沈子泊、好草岭等①。当然，辽圣宗与其母后在战事不紧或休战时也有春水、秋山的渔猎活动，只是多在西京道或南京道境内。如，统和五年春，辽军攻下文安后，辽圣宗"如华林、天柱"②，这里的"华林"应是"华林庄"，"天柱"应是"天柱庄"，二庄皆为辽朝苑囿，位于今北京顺义境内，现在学者定其为辽中期的离宫别馆③。此外，其余大部分时间辽圣宗都在辽西范围内活动，且多在上京（治今内蒙古赤峰巴林左旗南波罗城）、永州附近（包括木叶山④）、祖州（治今内蒙古赤峰巴林左旗西南哈达英格乡石房子村古城）、显州（治今辽宁省北镇市北镇庙）、乾州（治今辽宁省北镇市观音阁街道观音洞）、长泊（在今内蒙古赤峰奈曼旗境内⑤）、土河附近、潢河、中京及其附近七金山等地。辽圣宗即位的第二个月即至显州，显州位于显陵所在的医巫闾山地区，显州本为辽世宗统治时期奉祀耶律倍显陵而设置的奉陵州。辽圣宗在乾亨四年十月"如显州"，是视察辽景宗陵址及安排下葬事宜。统和元年（983）二月，《圣宗纪》记载："甲午，葬景宗皇帝于乾陵……辛亥，幸圣山，遂谒三陵。"⑥值得注意的是，自统和二十五年（1007）中京初具规模后，辽圣宗"驻跸中京""如中京""幸中京"多见于史书记载，其具体情况见表2-1。

---

① 脱脱等：《辽史》卷11《圣宗纪二》，中华书局2016年版，第133-135页；《辽史》卷12《圣宗纪三》，中华书局2016年版，第139-146页。

② 脱脱等：《辽史》卷12《圣宗纪三》，中华书局2016年版，第139页。

③ 邱树森主编的《辽金史辞典》，山东教育出版社2010年版，第510页、65页。

④ 大概在辽上京道永州境内，约在今内蒙古赤峰翁牛特旗附近。

⑤ 傅乐焕认为长泊当在辽中京与木叶山之间，略偏于北，在敖汉旗或奈曼境内。（《辽史丛考》，中华书局1984年版，第53页）谭其骧主编《中国历史地图集》第6册（宋·辽·金时期）绘于奈曼旗境内（中国地图出版社1982年版，第7页）。

⑥ 脱脱等：《辽史》卷10《圣宗纪一》，中华书局2016年版，第117页。

表2-1 辽圣宗驻留中京时间及主要活动情况表

驻留时间	活动内容	资料出处
统和二十五年（1007）冬十月丙申至统和二十六年（1008）春二月	驻跸中京。发布政令"赈饶州饥民"；接见北宋使者宋搏等。 此次辽圣宗离开中京为二月，如长泊。	《辽史》卷14《圣宗纪五》；《宋搏等使辽行程录》（赵永春编注《奉使辽金行程录》）
统和二十六年（1008）十月戊子朔至统和二十七年（1009）春正月	幸中京。接到萧图玉讨甘州回鹘的捷报；十二月二十六日于中京武功殿见北宋使者路振等。 此次辽圣宗离开中京为正月，钩鱼土河、猎于瑞鹿原。	《辽史》卷14《圣宗纪五》；路振《乘轺录》（赵永春编注《奉使辽金行程录》）
统和二十七年（1009）夏四月丙戌朔至统和二十七年八月甲申	驻跸中京。提及的活动有营建中京宫室；废霸州处置司。 此次辽圣宗离开中京为八月甲申，北幸。	《辽史》卷14《圣宗纪五》
统和二十七年（1009）十二月戊申至统和二十八年（1010）正月	如中京。由于萧太后去世，诏免贺千龄节。 此次辽圣宗离中京为正月，如乾陵。	《辽史》卷14《圣宗纪五》、《辽史》卷15《圣宗纪六》
统和二十八年（1010）五月己卯朔至统和二十八年（1010）五月辛卯	如中京。仅在中京短暂停留十二天。 此次辽圣宗离开中京为五月辛卯，清暑七金山。	《辽史》卷15《圣宗纪六》
统和二十八年（1010）八月辛亥至统和二十八年（1010）八月丙寅	幸中京。仅在中京短暂停留十几天。 此次辽圣宗离开中京为八月丙寅，谒显、乾二陵。	《辽史》卷15《圣宗纪六》
开泰元年（1012）冬十月辛亥至开泰二年（1013）四月	如中京。接受文武百官所上尊号、大赦、改元，处理政务，发布行政建置调整命令，授予有功人员爵位，迁南京诸帝石像于中京观德殿，景宗及宣献皇后于上京五鸾殿，等等。 此次辽圣宗离开中京大概为开泰二年四月，如缅山。	《辽史》卷15《圣宗纪六》
开泰三年（1014）冬十月甲寅朔至开泰四年（1015）正月	幸中京。任命旗鼓拽剌详稳题里姑为奚六部大王。 此次辽圣宗离开中京为开泰四年正月乙酉，如瑞鹿原。	《辽史》卷15《圣宗纪六》

续表

驻留时间	活动内容	资料出处
开泰七年（1018）十一月戊子至开泰八年（1019）四月	幸中京。之前在九月已经活动在中京附近，"驻跸土河川"。到中京后接见宋使，处理政务，于开泰八年三月壬午，"阅飞龙院马"等。 此次辽圣宗离开中京为开泰八年四月戊子朔，如缅山。	《辽史》卷16《圣宗纪七》
开泰八年（1019）十二月辛卯至开泰九年（1020）二月	驻跸中京。之前九月壬午也已活动在中京附近，"驻跸土河川"。其间处理政务，接待宋使。 此次辽圣宗离开中京为开泰九年二月，如鸳鸯泊。按《辽史·游幸表》，正月，"猎于马盂山"，也就是在中京附近的山间打猎。	《辽史》卷16《圣宗纪七》《辽史·游幸表》对于这一年辽圣宗到中京的时间记为十一月
开泰九年（1020）冬十月辛丑至太平元年（1021）春正月	如中京。其间接待外国使者，任免官吏，发布诏令。 此次辽圣宗离开中京为太平元年正月，如浑河。	《辽史》卷16《圣宗纪七》
太平元年（1021）九月至太平二年（1022）春正月	幸中京。之前在八月已至中京附近的马盂山，《游幸表》有"猎于马盂山"的记载。到中京后处理政务之外，曾幸通天观、入万寿殿、祭奠七庙御容、宴请宗室、御昭庆殿，接受文武百僚奉册尊号。 此次辽圣宗离开中京为太平二年正月，如纳水钩鱼。	《辽史》卷16《圣宗纪七》
太平八年（1028）九月壬子至太平九年（1029）正月	幸中京。其间处理政务。 此次辽圣宗离开中京为太平九年正月，"至自中京"应是前往上京。	《辽史》卷17《圣宗纪八》

　　由此表可以明确两点：其一，从辽圣宗驻留中京的时间看，以冬季为主，全部13次记录中有10次在冬季，只有3次在夏秋季，即统和二十七年夏四月丙戌朔至统和二十七年八月甲申、统和二十八年五月己卯朔至统和二十八年五月辛卯、统和二十八年八月辛亥至统和二十八年八月丙寅。其二，辽圣宗在中京的活动以处理政务为主，包括发布行政建置调整命令、任命高级官吏、接见宋使等。综合这两点，是否可以认为辽中京建成后，多数时候辽圣

宗的冬捺钵之地选择在辽中京及其附近。此种情况也表明，辽代捺钵制与五京制虽是两种不同的制度，却在实际运作中彼此有交融，显示出一定的关联性。然而《辽史》和宋人的记载都没有将中京列入捺钵地①，但《辽史·营卫志》也提及辽朝皇帝冬捺钵的主要活动为："与北、南大臣会议国事，时出校猎讲武，兼受南宋及诸国礼贡。"②上表所列辽圣宗冬季如中京的活动与冬捺钵的活动相符。值得注意的是，辽中京城是辽朝接见使者、举行仪式的地方，但辽圣宗及其随行人员并不在城中居住。宋大中祥符元年（辽统和二十六年，1008），路振所打听的情况是："虏所止之处，官属皆从，城中无馆舍，但于城外就车帐而居焉。"③路振所见中京内城文化、武功二殿之后的宫室也是"穹庐毳幕"④。从辽圣宗及其官属居住的情况看，契丹传统的居住形式仍然保持，这与其他地方过冬一样。

辽兴宗耶律宗真和辽道宗耶律洪基父子统治时期的辽朝，应该说国力尚强，当时辽朝与周邻较少战事，虽然不可避免地存在一些矛盾，比如与宋关南十县之争，然而通过和谈很快得以解决，对西夏的用兵也没有大动干戈。辽兴宗在位二十四年（太平十一年至重熙二十四年）、辽道宗在位四十六年（清宁元年至寿昌七年），其间多数时候的四时捺钵较有规律。七十年间捺钵经常性的地点如下：

春捺钵：混同江（鸭子河）、鱼儿泊、鸳鸯泊

---

① 《辽史·营卫志》："春捺钵曰鸭子河泊。……夏捺钵无常所。……秋捺钵曰伏虎林。……冬捺钵曰广平淀。"（脱脱等：《辽史》卷32《营卫志中》，中华书局2016年版，第423—425页）《辽史·地理志》上京道"永州"条提到"冬月牙帐多驻此，谓之冬捺钵"。（脱脱等：《辽史》卷37《地理志一》，中华书局2016年版，第504页）宋人王易《燕北录》："春捺钵多于长春州东北三十里就泊向住坐，夏捺钵多于永安山住坐，秋捺钵无定止，冬捺钵多在边甸向住坐。"（引厉鹗：《辽史拾遗》卷13，中华书局1985年版，第247页）《大金国志》："契丹主有国以来，承平日久，无以为事，每岁春，放鹅于春水，钩鱼于混同江；夏避暑于永安山，或长岭豹子河；秋射鹿于庆州黑岭秋山；冬射虎于显州。"（宇文懋昭撰，崔文印校证：《大金国志校证》卷11，中华书局1986年版，第166页）

② 脱脱等：《辽史》卷32《营卫志中》，中华书局2016年版，第425页。

③ 路振：《乘轺录》，见赵永春辑注：《奉使辽金行程录》（增订本），商务印书馆2017年版，第18页。

④ 路振：《乘轺录》，见赵永春辑注：《奉使辽金行程录》（增订本），商务印书馆2017年版，第20页。

　　夏捺钵：永安山、纳葛泊、拖古烈

　　秋捺钵：庆州诸山（包括黑岭）、沙岭

　　冬捺钵：中会川（藕丝淀、靴淀、广平淀）、中京或南京

　　上列"拖古烈"，是辽道宗清暑喜欢的去处之一，据《辽史·国语解》为契丹语地名，傅乐焕认为拖古烈就是犊山，它距离永安山八九十里，距离庆州不过百余里。[1]沙岭，也是辽道宗秋七月狩猎之处，今人推定其在平地松林附近。[2]可以肯定，在辽兴宗、辽道宗统治时期，捺钵营地的选择也以辽西地区为多。辽天祚帝耶律延禧统治时期，因为女真崛起攻辽，辽朝国土日蹙，捺钵制已难以按部就班运转，史官也难以履行其职责，史书的相关记载多有缺略，所以难以知晓其时的具体情形。

　　综上，辽帝捺钵营地的选择深受各个时期政治军事局势的影响，也与皇帝的个人意愿有一定的关系。捺钵营地作为契丹皇帝频繁光顾的地方，即傅乐焕所言"最主要之地点"[3]，或"最习至之地点"[4]，然而却没有固定不变的地方[5]。但纵观辽朝二百余年，可确定的捺钵营地以辽西地区最多。

三、辽代九帝五处皇陵的所在地

　　辽代九位皇帝共计五处皇陵（祖陵、怀陵、庆陵、显陵、乾陵）都在

---

① 傅乐焕：《辽史丛考》，中华书局 1984 年版，第 84 页。

② 邱树森主编：《辽金史辞典》，山东教育出版社 2010 年版，第 258 页。

③ 傅乐焕：《辽史丛考》，中华书局 1984 年版，第 57 页。

④ 傅乐焕：《辽史丛考》，中华书局 1984 年版，第 59 页。

⑤ 杨军、王成名对辽代捺钵地有详细的考证，他们认为："大体而言，有辽一代捺钵地的变化可以分为三个时期。前期，太祖、太宗时期，四时捺钵的迁徙路线大体呈西北—东南走向。中期，世宗至圣宗前期，除秋捺钵地大体呈西移趋势之外，其他三季捺钵地皆南移，西京奉圣州、应州诸山与湖泊，以及南京的延芳淀，成为冬春捺钵的主要地点，夏捺钵渐由怀州、庆州南移至炭山、奉圣州，四时捺钵的迁徙路线基本呈南—北走向。这种变化应与对宋和西夏关系的变化有关。后期，圣宗后期至辽末，春捺钵北移至松嫩合流处诸湖泊，夏捺钵与前期在同一地理范围即庆州诸山，秋捺钵或与夏捺钵同地，或在平地松林及炭山，冬捺钵多在永州广平淀，四时捺钵的迁徙路线变为东北—西南走向。这种变化的主要原因应与过度开发导致契丹故地自然环境的恶化有关。"（杨军、王成名：《辽代捺钵考》，《安徽史学》2017 年第 2 期，第 46 页）

辽西地区，其中，祖陵、怀陵、庆陵均分布于今内蒙古赤峰地区，而显陵、乾陵则在今辽宁省锦州地区。现代学者依据文献，结合考古发掘和调查已大致确定了诸陵的所在：辽祖陵在内蒙古巴林左旗查干哈达苏木石房子嘎查西北的山谷中，其东南约2.5里处就是祖州城[①]，辽祖陵埋葬着辽太祖耶律阿保机；辽怀陵位于辽怀州城北6华里的床金沟，在今天巴林右旗幸福之路乡[②]，怀陵埋葬着辽太宗耶律德光和辽穆宗耶律璟父子两位帝王；辽庆陵在内蒙古巴林右旗索博日嘎苏木以北约15公里的大兴安岭中瓦尔漫哈山（辽代的庆云山）南坡[③]，庆陵埋葬着辽圣宗、辽兴宗、辽道宗三位皇帝；辽代显陵和乾陵在医巫闾山中，其具体位置，目前考古调查认为在辽宁省北镇市龙岗子村和新立村的医巫闾山辽帝陵的核心区域[④]，辽显陵埋葬着耶律倍和辽世宗，辽乾陵埋葬着辽景宗和承天后萧绰。辽代九位皇帝的陵墓所在无一例外都处于辽西地区，这也从一个方面证明辽代最高统治者对辽西这方生养他们的土地的深情。

辽皇陵的选址有一定的规律，往往与家族的发祥地有关，辽太祖祖陵、辽太宗和穆宗的怀陵都在上京临潢府附近，那里原本就是阿保机家族世居之地，辽义宗耶律倍和辽世宗的显陵及辽景宗和承天后萧绰的乾陵，分布在耶律倍家族的领地医巫闾地区，辽圣宗选择死后葬在庆云山似乎是一个特例，但刘毅认为："圣宗没有随父祖葬于医巫闾山，而是卜近上京而葬，列于太祖、太宗之后，顺次排列，应该是受到汉化因素的影响，有表达明正朝廷统系，宣示人皇王家族正统的意义。"[⑤]的确，契丹的壮大，伴随着家族势力的发展，契丹人有很强的家族观念，皇帝也不例外，他们的成长与家族势力的

---

① 董新林、塔拉、虘立君：《内蒙古巴林左旗辽代祖陵考古发掘的新收获》，《考古》2008年第2期，第3页。
② 张松柏：《辽怀州怀陵调查记》，《内蒙古文物考古》1984年刊，第69页。
③ 彭善国：《辽庆陵相关问题刍议》，《考古与文物》2008年第4期，第76页。
④ 耿雪：《辽代显陵乾陵核心区锁定》，《中国社会科学报》2016年2月1日第1版。
⑤ 刘毅：《辽代皇陵制度的影响》，见中国社会科学院考古研究所、内蒙古自治区文物考古研究所、巴林左旗旗委人民政府编《东亚都城和帝陵考古与契丹辽文化国际学术研讨会论文集》，科学出版社2016年版，第364页。

强弱有紧密的关联，他们当上皇帝之后虽然成为统御国家的最高统治者，但他们与家族的牵系仍然存在，他们死后也要回归家族的墓地。从契丹人强烈的家族观念来看，辽圣宗自己选择死后归葬地确实是特例，刘毅的解释有一定的道理，辽圣宗汉化程度较高，思想观念发生变化，或有进一步加固其家族政治地位的意图。

每一个朝代都有自己的核心区域，这个核心区域的确定往往与经济、政治和文化等诸多因素相关。审视辽代所谓的"内地"，以及契丹皇帝捺钵营地、归葬地，辽西地区无疑在辽朝具有特殊重要的地位。这一方土地是契丹游牧经济的根基，承载着其民族历史文化，是他们心目中的家园。

第二节　辽代辽西地区的人口流动

一、辽立国前后人口流动频繁：以平州为例

契丹建国前后，人口流动频繁，有因动荡局势自发流动者，更多是军事征伐活动驱动。对此，宋人的言论也有反映，比如李焘的《续资治通鉴长编》记载，宋真宗景德初年宋辽通好，宋有安阳人名陈贯者曾上言："寇数犯塞，驱掠良民数十万，今乘其初通，宜出内府金帛以赎之，彼嗜利，必归吾民，自河之北戴德泽无穷矣。"[①]这里宋人陈贯所说的"数十万"人被契丹军驱掠并不是一个准确的数字，但契丹开疆拓土造成的大量人口迁徙则是事实。在此以平州为例作具体探讨。

平州（治今河北卢龙县），燕地重镇，它先于幽云十六州归入辽朝的版图。平州是一个濒临渤海的节度州，军号辽兴军，依《辽史·地理志》，平

---

① 李焘：《续资治通鉴长编》卷 59 "真宗景德二年"，中华书局 2004 年版，第 1323 页。

州为辽太祖天赞二年（923）攻取，统辖二州（营州、滦州）、三县（卢龙县、安喜县、望都县）。据谭其骧主编《中国历史地图集》，其统辖范围包括今天河北省秦皇岛南部的北戴河区、卢龙县、抚宁县、昌黎县和滦县，还包括唐山东部的开平区、古冶区、迁西县、迁安市、滦南县和乐亭县。平州地处陆海交通的咽喉地带，是东北与中原濒海沿线交通的枢纽，在军事上为重要关塞所在，榆（也写作"渝"）关在其境内，正是这样的交通和军事地位决定了辽代平州的不平凡。

10世纪初，中原动荡，契丹迅速崛起，为了拥有广土众民，耶律阿保机统领或指挥辽军四出征伐。幽燕之地，自然成为辽军攻伐的目标，平州首当其冲。自辽太祖元年（907）至辽太宗天显三年（928），辽军先后与多股势力就平州归属进行较量，包括燕地刘氏集团、晋王李氏势力，以及后唐的军队，平州最终得以为辽朝所有。[①]正因为平州为多方争夺的焦点，在辽朝立国前后，平州人口北迁、南奔，流动频繁。

（一）辽太祖元年至辽天显三年（907—928）迁离平州的人口

1. 辽太祖元年随刘守奇北迁的平州人口

辽太祖元年（后梁开平元年，907），燕地刘氏内乱，刘仁恭被儿子刘守光囚禁，刘守光自称节度使。当时身为平州刺史的刘守奇（《资治通鉴》言其是刘守光之弟，《辽史》称其是刘守光兄）为避免被迫害，"奔契丹"[②]。《辽史》对此事的记载是："刘仁恭子守光囚其父，自称幽州卢龙军节度使。秋七月乙酉，其兄平州刺史守奇率其众数千人来降，命置之平卢城。"[③]平卢城，位于今辽宁省朝阳市。刘守奇的"北奔"，所带平州数千人，是一次较大规模的人口迁徙。

① 吴凤霞：《辽朝经略平州考》，《社会科学辑刊》2015年第4期，第111-112页。

② 司马光：《资治通鉴》卷266"后梁纪一·太祖开平元年"，中华书局2011年版，第8792页。

③ 脱脱等：《辽史》卷1《太祖纪上》，中华书局2016年版，第3页。

2. 辽太祖五年、六年及天赞二年契丹攻克平州或有一定量平州人口北迁

辽太祖五年（后梁乾化元年，911）八月甲子，刘守光即皇帝位之日，契丹人南下，攻掠平州，史载："契丹陷平州""燕人惊扰"[1]。辽太祖六年（后梁乾化二年，912），七月，辽太祖命令其弟剌葛"攻平州"，十月戊寅，"剌葛破平州"[2]。这两年发生的"陷""破"平州，战果如何史书未及，但可以推断契丹军队并没有据守平州，应该是旋得旋失，按照当时契丹军队攻伐的惯例，可能会掳掠人口和财物，所以辽太祖五年、六年的辽朝军事进攻平州或有一些平州人被掠至辽朝的控制区。辽天赞二年（后唐同光元年，923）正月，"大元帅尧骨克平州，获刺史赵思温、裨将张崇"[3]。这一次辽朝的军事行动肯定不只是俘获赵思温与张（希）崇，也当有一些量平州兵民北迁。

3. 天显元年随卢文进迁入后唐的平州人口

据《旧五代史》卢文进本传，卢文进是范阳人，年轻时为刘守光的骑将，晋王李存勖攻击燕地，他归降晋王，在晋王爱弟李存矩手下，岐沟关兵变时李存矩被杀，他被拥立为领袖。然而，卢文进事实上并没有立足之地，他领兵先后攻新州（治今河北涿鹿县）、武州（治今河北张家口市宣化区）都没能攻克，在周德威命将追讨的危急时刻，转而率众投奔契丹。《资治通鉴》有关记事中所记兵变大致与《旧五代史·卢文进传》相同，但更明确地强调："文进帅其众奔契丹。"之后，在后梁均王贞明三年（917）七月的记事中又提及："文进常居平州。"[4]联系前后记载，可以推知，卢文进奔契丹带领的兵众应被安置在平州。换言之，卢文进统领其众奔契丹，一时间使平州的人口有所增加。另外，从史书的相关记载看，作为辽军南进的据点，

---

① 司马光：《资治通鉴》卷268"后梁纪三·太祖乾化元年"，中华书局2011年版，第8865页。

② 脱脱等：《辽史》卷1《太祖纪上》，中华书局2016年版，第6页。

③ 脱脱等：《辽史》卷2《太祖纪下》，中华书局2016年版，第20页。关于赵思温入辽的时间，《辽史》纪、传有不同的记载，王善军在其所著《世家大族与辽代社会》一书中有考证，认为《辽史·太祖纪》所记为正确的，即辽太祖天赞二年（923）。

④ 司马光：《资治通鉴》卷270"后梁纪五·均王贞明三年"，中华书局2011年版，第8940页。

平州逐渐汇聚了较多的武装力量，有"奚骑"①、契丹兵②，更多的是汉军。需要说明的是，卢文进"守平州"时，平州并没有完全被辽朝控制，平州依然为辽朝与晋王势力争夺的区域。辽天赞二年（923），辽朝再一次"克平州"，表明在卢文进据守期间平州曾被晋王集团攻取。也可能是这样一种情况，卢文进等仅据守平州的部分地区，晋王集团也占有部分地区，因为晋王在其地设有刺史。辽朝直到天赞二年二月才确定平州为卢龙军，正式设置节度使。卢文进自归辽朝，主要据守平州，他理所当然地成为辽代卢龙军节度使。辽天显元年（后唐天成元年，926），在后唐方面的积极争取之下，卢文进选择投奔后唐，《旧五代史》关于其奔后唐所带的人口有两处提到，两处所说的人口数并不一致。其中，一处所记为约数，称明宗即位的第二年，"文进自平州率所部十余万众来奔"，一处所记为准确的数字，称其遣使上奏表有言："臣十月十日，决计杀在城契丹，取十一日离州，押七八千车乘，领十五万生灵，十四日已达幽州"。③宋人马令《南唐书》、陆游《南唐书》，还有明人陈霆《唐余纪传》和清人吴任臣《十国春秋》都有《卢文进传》，关于卢文进归后唐所带人口皆记为"数万"④。在卢文进为辽朝军将的十年间，他多数时候驻扎在平州，天赞二年后，他成为辽代平州的军政长官，他率众南奔后唐所带具体人数，无论说是十余万口还是数万口，在当时都是大规模的人口迁徙，平州人口因此锐减。

4. 天显三年随张希崇南归后唐的平州人口

卢文进离开平州，长期积聚在平州的人口财物被其带走绝大部分，辽朝遭受重大损失。辽朝对平州重新作了安排，"契丹以希崇继其任，遣腹心总

① 司马光：《资治通鉴》卷270"后梁纪五·均王贞明三年"提道："文进常居平州，帅奚骑岁入北边，杀掠吏民。"（中华书局2011年版，第8940页）
② 薛居正等：《旧五代史·卢文进传》遣使上唐明宗表中提道："臣十月十日，决计杀在城契丹，取十一日离州……"（中华书局1976年版，第1296页）
③ 薛居正等：《旧五代史》卷97《晋书·卢文进传》，中华书局1976年版，第1295、1296页。
④ 参见傅璇琮、徐海荣、徐吉军主编：《五代史书汇编》，杭州出版社2004年版，第5341页、5535页、5717页、3732页。

边骑三百以监之"①，由于发生大规模的叛逃，平州局势动荡在所难免，《旧五代史》后唐明宗天成三年（辽太宗天显三年，928）正月记事中又见"契丹陷平州"②的记载。也正是在这一年的闰八月，平州守将张希崇效法卢文进，"遂以管内生口二万余南归"③，平州又一次流失两万多人。

概言之，从辽太祖元年至辽太宗天显三年的二十年间，平州人口至少流失十几万。其中，规模较大的人口外迁有三次：一次是由刘守奇带领北迁至契丹控制区，另外两次分别由卢文进和张希崇带领南迁后唐控制的燕、赵之地。此外，每一次的平州争夺战，平州人口都有所减损，只是无法确知其人数。当然，平州人口的外流是以日积月累汇聚的人口为基础的，五代辽初，平州确实也不断吸纳来自周邻各地的人口，若考虑陆续进入平州的人口，其人口流动则更加频繁。

（二）平州流动人口的基本类别

综合审视平州外迁人口，大致可分为两大类。

一类为军将及其家属和士兵。辽太祖元年（907），刘守奇带往平卢城的人口，可以肯定是他的家属和他所统领的士兵。虽然刘守奇本人很快又离开平卢城而"奔河东"④，但是绝大多数跟随刘守奇北迁的平州人留在了平卢城，这从辽人石刻资料可得印证。近年在辽宁省朝阳市西大营乡出土有刘守奇的后嗣子孙多人的墓志，包括其子刘承嗣的墓志、其孙刘宇杰的墓志和其重孙刘日泳的墓志。⑤

天赞二年（923），辽朝"克平州"俘获后唐平州刺史赵思温与其裨将张希崇。他们二人本为后唐镇守平州，此次被俘可能也带着他们统领的兵众。

---

① 薛居正等：《旧五代史》卷88《晋书·张希崇传》，中华书局1976年版，第1147页。
② 薛居正等：《旧五代史》卷39《唐书·明宗纪五》，中华书局1976年版，第534页。
③ 薛居正等：《旧五代史》卷88《晋书·张希崇传》，中华书局1976年版，第1148页。
④ 司马光：《资治通鉴》卷266"后梁纪一·太祖开平元年"，中华书局2011年版，第8792页。
⑤ 《刘承嗣墓志》《刘宇杰墓志》《刘日泳墓志》，周阿根校注：《辽代墓志校注》，天津古籍出版社，2022年，第24-27页、105-107页、267-270页。

据王恽所作《卢龙赵氏家传》，赵思温归辽之后，他统领汉军参与攻伐渤海的战争，因为他作战英勇，辽太宗即位后任命他为保静军节度使。保静军为建州（治今辽宁朝阳县西南）的军号。后来赵思温又参与援助石敬瑭的战争，"加特进检校太尉、中书门下平章事、燕京留守、卢龙军节度使、管内观察处置等使"。会同二年（939），赵思温去世，安葬于昌平县五华山。①但赵思温入辽后安家于建州，其后嗣子孙的墓志出土对此有所反映。赵匡禹（赵思温的孙子）的墓志言其开泰八年（1019）薨于"建州之私第"，又言"葬于州之南白汤口，从先茔"②。赵匡禹的儿子赵为幹也有墓志，他们父子的墓志均在今辽宁省朝阳县台子乡山嘴子村南白道子山下发现，从这些墓志的内容和发现地看，赵思温降辽当是带着家属的。另外，有学者认为，赵思温至少是带着后晋八防御军中一部分降辽的。③

天显元年（926），卢文进奔后唐，在他带走的十几万或数万人口中，可以肯定会有一定量的兵将。卢文进本人在神册二年（后梁贞明三年，917）"帅其众"投奔契丹时，他所统率的所谓"众"，应是和他一起发动兵变的兵士，《新五代史》称之为"山北兵"④，人数多少史书并未提及。在将近十年（917—926）的时间里，辽朝主要以卢文进为经略燕地的前锋，他统领的汉兵既有其入辽时带来的，也有在历次战争中招抚和俘获的。后来，他南归后唐一下子带走那么多人口和物资，如果他没有控制一定量的军队是办不到的。从史书关于"文进及将吏四百人见赐"⑤看，听命于卢文进的兵众至少应达万人，甚至数万人。至于张希崇，天显三年（928），他离开平州时带走两万余口，其中当有一部分汉兵。《新五代史·张希崇传》记载："希崇因与其麾下谋走

---

① 王恽：《卢龙赵氏家传》，见李修生主编《全元文》（第六册）卷181，江苏古籍出版社1998年版，第337—338页。
② 赵濬：《赵匡禹墓志》，周阿根校注：《辽代墓志校注》，天津古籍出版社2022年版，第307页。
③ 赵旭峰：《辽代汉军的社会地位和历史作用》，《云南民族大学学报》2010年第2期，第111页。
④ 欧阳修：《新五代史》卷72《四夷附录·契丹传》，中华书局1974年版，第887页。
⑤ 王钦若：《册府元龟》卷166《帝王部·招怀四》，中华书局1960年版，第2005页。

南归。其麾下皆言兵多，不可俱亡，惧不得脱，因劝希崇独去"①，可见，张希崇统领的兵众也不少。《旧五代史》其本传称之为"部曲"②。张希崇能够在辽朝加强监控的情况下南奔后唐，统领一定数量的汉兵（或部曲）至为关键。

另一类为农民、手工业者。刘守奇匆匆北迁，所带数千人应以士兵为主，由于他带着家属，也应有一些家奴，是否还带着其他民众已难确知。辽太祖五年（911）、辽太祖六年（912）的契丹"破平州"，若有所俘掠也应有农民或手工业者，辽上京临潢府下辖的州县在辽初就安置大量战争掠得的人口。比如，龙化州，"唐天复二年，太祖为迭烈部夷离堇，破代北，迁其民，建城居之。明年，伐女直，俘数百户实焉"③。天显元年（926），卢文进南归所带走的人口很复杂，兵占一部分，大量的应该还是农民或手工业从业者。从"卢文进招诱幽州亡命之人，教契丹为攻城之具，飞梯、冲车之类，必陈于城下"④的记载看，在当时动荡的局势下，一些流徙的幽州等地的手工业匠人为其所用。史载："（卢）文进常居平州，帅奚骑岁入北边，杀掠吏民。晋人自瓦桥运粮输蓟城，虽以兵援之，不免抄掠。契丹每入寇，则文进帅汉卒为乡导，卢龙巡属诸州为之残弊。"⑤从这条记载看，在卢文进效力辽朝期间，辽朝以卢文进为先锋对燕、赵之地多次用兵，可以推测，当时卢文进参与的战事所掳掠的人口也当有一部分安置在平州。因为自辽太祖天赞二年（923）起，辽朝已将平州视为其版图的一部分，史书也有"以定州俘户错置其地"⑥的记载。可以说，辽初的平州是战争掠得人口的汇聚地之一，它也成为一个移民州。可以断定，卢文进所带走的人口绝大部分为平州的平民，他们中有原平州本地住户，可能更多的是卢文进在据守平州的十年间积

---

① 欧阳修：《新五代史》卷47《张希崇传》，中华书局1974年版，第528页。
② 薛居正等：《旧五代史》卷88《晋书·张希崇传》，中华书局1976年版，第1148页。
③ 脱脱等：《辽史》卷37《地理志一》，中华书局2016年版，第505页。
④ 薛居正等：《旧五代史》卷28《庄宗纪二》，中华书局1976年版，第389–390页。
⑤ 司马光：《资治通鉴》卷270"后梁纪五·均王贞明三年"，中华书局2011年版，第8940页。
⑥ 脱脱等：《辽史》卷40《地理志四》，中华书局2016年版，第568页。

极招抚的人口，包括燕赵流徙之民，也有战争掠夺来的卢龙巡属诸州之民。史书还记载，后唐镇州，"又奏文进所率归业户口蠲免税租三年，仍每口给粮五斗"①，可见农民占有一定比例。正是由于卢文进南奔后唐时带走了大量的人口和财物，所谓"所率降户孳畜人口在平州西守尾约七十里"②，到两年后张希崇归后唐时，他掌控的人口已经很有限，所谓"以管内生口二万余南归"，也是既有兵，又有民，也是以兵裹挟着民众南迁。

可以断定，平州在五代辽初是一个燕赵民众移居的重要地区，其中，农民、手工业者居多，兵将、官吏也有一些，其地契丹人较少，而且多为军将，也有一些奚兵，为数不多。

（三）平州人口迁徙的原因

五代辽初，导致平州人口迁徙的原因较多，人为原因尤其突出，具体如下：

其一，守将归属决定人口迁徙。上述所提及的三次大规模的平州人口迁徙均直接受到守将归属的影响。实际上，刘守奇、卢文进、张希崇率众离开平州的原因还是不完全相同的。刘守奇决定北迁，是遭到来自亲兄弟刘守光的威胁。《旧五代史·高从诲传》提及："守奇以兄守光夺父位，亡入契丹。"③《册府元龟·总录部》与之大体同："守奇以兄守光夺父政亡入虏中。"④1970年在辽宁省朝阳市西大营子乡西涝村发现的刘守奇儿子刘承嗣的墓志，言其"家国有亢龙之悔"⑤。也可以说是家族内部的内乱导致衰败，刘守奇被迫离开平州，以寻求契丹辽朝的保护。卢文进离开平州的原因也不简单，有对旧二的情感因素，还与后唐外交和契丹管理政策有关联。卢文进当年参与兵变，背叛晋王，试图据城自守而不得，陷入被追讨的狼狈境地，在不得已的境遇下投奔契丹，入辽十年，常居平州，他本是范阳人，平州在

---

① 王钦若：《册府元龟》卷 166《帝王部·招怀四》，中华书局 1960 年版，第 2005 页。
② 王钦若：《册府元龟》卷 166《帝王部·招怀四》，中华书局 1960 年版，第 2005 页。
③ 薛居正等：《旧五代史》卷 133《世袭·高从诲传》，中华书局 1976 年版，第 1753 页。
④ 王钦若：《册府元龟》卷 879《总录部·计策二》，中华书局 1960 年版，第 10423 页。
⑤ 冯珌：《刘承嗣墓志》，周阿根校注：《辽代墓志校注》，天津古籍出版社 2022 年版，第 25 页。

他看来为"朔漠之地"，与其家乡风俗不同，时间一长免不了思亲思乡，他给后唐明宗的上表中言及他的情感："顷以新州团练使李存矩，提衡群邑，掌握恩威，虐黎庶则毒甚于豺狼，聚赋敛则贪盈于沟壑，人不堪命，士各离心，臣即抛父母之邦，入朔漠之地。几年雁塞，徒向日以倾心；一望家山，每销魂而断目。"①当然，后唐明宗对其归后唐是做了一番争取工作的，史载："初，文进为契丹守平州，帝即位，遣间使说之，以易代之后，无复嫌怨。文进所部皆华人，思归，乃杀契丹戍平州者，帅其众十余万、车帐八千乘来奔。"②卢文进南归后唐，从某种意义上讲是后唐外交的胜利，对辽朝而言，则是统治与管理新占领区经验不足而导致的不利后果。辽初，辽朝管理人才缺乏，不得不赋予降附的汉人官吏、将领以较大的权力。而且，卢文进在平州为节度使三年（923—926），虽然他身边有契丹将领，但人数较少，这从卢文进离开以后辽朝加强对其继任者张希崇的监控可知，所谓"遣腹心总边骑三百以监之"。正是卢文进拥有专擅一方军政的大权，才使他在叛离时能带走众多人口和大量财物而没有遇到阻滞。张希崇的情况与卢文进还有些不同，张希崇本是据守平州的周德威的部下，阿保机南攻平州时被俘，他原是幽蓟之人，入辽后受到重用，卢文进南归之后，他成为平州卢龙军节度使，尽管辽朝鉴于卢文进的叛离已加强了对平州汉官的监控，但平州契丹官员和骑兵所占比例仍然不大，契丹皇帝"渐加宠信"的张希崇拥有很多部曲，他有意向重返故乡，便召集汉人部曲中的杰出者商议："我陷身此地，饮酪被毛，生不见其所亲，死为穷荒之鬼，南望山川，度日如岁，尔辈得无思乡者乎！"③可见，张希崇叛辽主要原因在于他不习惯平州的生活，思乡心理日益加重，卢文进的南奔也给他一定的启示和示范作用，于是他决然率领管控的兵民步卢文进后尘而离开平州。

---

① 薛居正等：《旧五代史》卷 97《晋书·卢文进传》，中华书局 1976 年版，第 1295-1296 页。

② 司马光：《资治通鉴》卷 275 "后唐纪四·明宗天成元年"，中华书局 2011 年版，第 9119 页。

③ 薛居正等：《旧五代史》卷 88《晋书·张希崇传》，中华书局 1976 年版，第 1148 页。

其二，战争与统治政策的因素引发人口迁徙。平州处于幽燕的东北，是契丹军队经辽西傍海道南进的必经之地，也是辽朝南下攻掠指向的重要目标，因此，在辽朝建立前后，被掠至东北或避战乱自发北迁的平州人都属于战争移民，只是这部分人到底有多少，史无记录。1983年，辽宁省朝阳市凌源宋杖子乡二十里堡村北山上出土一墓志，志文称墓主人张建立为"平州卢龙县破卢里人"，对于其入辽则言："奈边境多虞，因滋向化，身浴沐先皇眷泽，遍历诸难。"[①]显然，张建立就是为避战乱从平州北迁的。在当时多方势力争衡的背景下，一些统治者的统治政策不得人心，也会使其地民众背井离乡逃往他处，史载："刘守光暴虐，幽、涿之人多亡入契丹。"[②]可以肯定，他们是为寻找安生之地自愿迁离的人。

总之，五代辽初，平州流失人口数量比较大，从去向看，既有北逃至辽境的，更有南奔后唐的；从迁徙者的意愿看，他们有的是出于自愿，大多数是被官兵胁迫，尤其是平州守将的离叛是其地人口迁徙的主因，明显具有军事迫迁性质，这与辽代北方人口迁移的特点一致。[③]究其根源，与当时各方势力极力扩充实力密切相关。为了在军事争衡中取得优势，各方势力都积极引诱他方握有重兵的将领和官员，招降纳叛是当时政权普遍采用的手段。对于领兵的将领和地方军政长官而言，他们也往往以所统领的军民谋求个人的前途和利益，并不在意忠义气节。其实，无论是刘守奇，还是卢文进，他们出于保全自我的目的，都曾数次离叛。刘守奇奔契丹不久，又带少量随从投奔太原晋王李存勖，后来又投奔后梁。[④]卢文进在石敬瑭当皇帝后，因后晋

---

① 《张建立墓志》，周阿根校注：《辽代墓志校注》，天津古籍出版社2022年版，第22页。

② 欧阳修：《新五代史》卷72《四夷附录·契丹传》，中华书局1974年版，第886页。

③ 韩光辉：《辽代中国北方人口的迁移及其社会影响》，《北方文物》1989年第2期，第72-79页。

④ 薛居正等：《旧五代史》卷133《世袭·高从诲传》记载："保义本姓刘，名去非，幽州人……守奇以兄守光夺父立，亡入契丹，又自契丹奔太原，去非皆从之。庄宗之伐燕也，守奇从周德威引军前进……德威书其功，密告庄宗，言守奇心不可保。庄宗召守奇还计事，行次土门，去非说守奇曰：'公不施寸兵下郡郡，周公以得非己力，必有如簧之间，太原不宜往也。公家于梁，素有君臣之分，宜往仅之，介福万全矣。'守奇乃奔梁，梁以守奇为沧州留后，以去非为河阳行军司马。"（第1753-1754页）

与契丹交好，使他"居不自安"，后晋天福元年（936）十二月，他又率领其部众投奔南唐。[①]张希崇虽然未再次出奔，但也因后晋与契丹结盟，任职边城灵武，郁郁不得志，卒于任上。因此，五代辽初平州人口的北奔南迁有其必然性，在那个多股势力纷争的时代，平州作为东北与中原交通的要塞之地，其与"虏帐千余里"[②]的距离，至幽州城三日的行程[③]，也使各方势力对其地守将的掌控并不容易。当时军事将领的权力很大，平州的人口常常不由自主随着守将的归属而迁徙。应该说，平州人口的迁徙反映了那个风云变幻的历史阶段动乱频发的历史特点，因而颇具典型性，从中可见当时人口流动之一斑。平州处于辽西与中原的衔接点上，辽代二百余年整个辽西地区更是汇聚了大量的来自其他区域的人口。

二、辽代辽西人口的汇聚

根据《辽史》的相关记载，辽代向辽西地区移民主要集中在两个时间段：辽朝建国前后至辽世宗朝的五十年（901—951）与辽圣宗耶律隆绪统治的时期（982—1031）。

（一）辽建国前后辽西移民

辽朝建国前后的五十年（901—951），移民活动多由战争引发。迁往辽西的人口大多来自辽朝军事征服的地区，也有因河北、河东战乱而自发北迁者。《新五代史·四夷附录》就提及幽、涿之人因为刘守光暴虐而逃入契丹。大多数情况如平州一样是以强制性移民为主。就移民的来源看，契丹本土的四面八方都有，北边的室韦、于厥，西边的奚，东北部的女真，更多的是从东边的渤海之地和南边的幽燕之地迁来的渤海人和汉人。辽西地区在辽立国前后成为各族人口的汇聚地。

---

① 薛居正等：《旧五代史》卷97《晋书·卢文进传》，中华书局1976年版，第1296页。
② 王钦若：《册府元龟》卷879《总录部·计策二》，中华书局1960年版，第10423页。
③ 卢文进上后唐明宗表提到十一日离州，十四日已达幽州。

　　史载，唐天复元年（901），契丹痕德堇可汗任命耶律阿保机为本部夷离堇，负责征讨，"连破室韦、于厥及奚帅辖剌哥，俘获甚众"①。这些俘获的室韦、于厥、奚人当被掠至契丹本土（主要是西拉木伦河流域）。唐天复二年（902），"以兵四十万伐河东代北，攻下九郡，获生口九万五千"；唐天复三年（903），又"伐女直，下之，获其户三百"②。对于这两年耶律阿保机领兵征伐所俘获人口的安置，《辽史·地理志》"龙化州"条有提及："唐天复二年，太祖为迭烈部夷离堇，破代北，迁其民，建城居之。明年，伐女直，俘数百户实焉。"③另见于记载的还有：神册六年（921）十一月癸卯，"下古北口。丁未，分兵略檀、顺、安远、三河、良乡、望都、潞、满城、遂城等十余城，俘其民徙内地。"④较早归附辽朝的蓟州玉田人韩知古家族的定居地就在辽上京地区，这从其家族墓地位于内蒙古赤峰市巴林左旗白音勿拉苏木白音罕山可以推知。⑤《王用仁墓志》记载其烈祖王经于辽初北归辽朝，"奉诏于建州营创私第"⑥。建州，辽朝建置较早的节度州，最初建州在今辽宁朝阳市西九十里大凌河南岸之木头城，因常有水患，辽圣宗迁建州于大凌河北三十里今大平房乡黄花滩。⑦

　　辽灭渤海后，将渤海人西迁是其重要的战略措施。据史载，天显元年（926），辽太祖率军平定渤海后赐耶律倍为人皇王主政渤海，辽太祖班师回契丹故地时，有"以大諲譔举族行"的记载，之后"卫送大諲譔于皇都西，筑城以居之"⑧。这是对渤海国贵族的迁徙，当时迁往辽西的渤海民户人数

---

① 脱脱等：《辽史》卷1《太祖纪上》，中华书局2016年版，第2页。
② 脱脱等：《辽史》卷1《太祖纪上》，中华书局2016年版，第2页。
③ 脱脱等：《辽史》卷37《地理志一》，中华书局2016年版，第505页
④ 脱脱等：《辽史》卷2《太祖纪下》，中华书局2016年版，第19页。
⑤ 韩知古之子韩匡嗣、韩匡嗣妻子秦国太夫人、韩匡嗣子（韩德昌、韩德威、耶律隆祐）、韩德威子耶律遂正、韩德昌子耶律遂忠、耶律遂正子耶律宗福和耶律元佐的墓志均出土于巴林左旗白音勿拉苏木白音罕山。
⑥ 李温如：《王用仁墓志》，周阿根校注：《辽代墓志校注》，天津古籍出版社2022年版，第387页。
⑦ 盖之庸：《内蒙古辽代石刻文研究》，内蒙古大学出版社2002年版，第245页。
⑧ 脱脱等：《辽史》卷2《太祖纪下》，中华书局2016年版，第24-25页。

更多。据蒋金玲统计，辽太祖统治时期上京道安置渤海人共有1州13县，即长泰县、定霸县、保和县、潞县、宣化县、咸宁县、怀州、扶余县、显理县、长宁县、义丰县、永安县、长乐县、临河县；中京道安置渤海人的州县是黔州、盛吉县、严州。[①]这些州县全部位于辽西地区。辽朝灭亡后晋后，曾将后晋宗室北迁至建州（治今辽宁朝阳县西南木头城子镇）。[②]其实，当时北迁的后晋人还有很多，1987年发现于北京市房山区石楼村的《杨瀛神道碑》记载，五代初年著籍真定藁城的杨氏家族为当时北迁的大族，"辽忌其枝叶浸大，分置临潢、平卢、辽东"[③]。其中，临潢、平卢都属于辽西地区。《大金崔尚书小娘子史氏墓志铭》也记载："史氏其先本东莱人也，自五代伪晋之末迁于北方，由是遂居白霫焉。"[④]元好问撰《沁州刺史李君神道碑》提及李楫的远祖本官于汴梁，石晋之乱，"流寓辽之北京，是为大定府"[⑤]。白霫、大定府都处于辽中京道境内。

当然，比较早就被占领的交通沿线地带因临近契丹腹心地区也成为移民安置地，比如，辽西走廊卢龙—平刚—柳城道沿线、傍海道沿线。[⑥]霸州（治今朝阳市）、泽州（治今平泉市西南）、黔州（治今北票市南）位于卢龙—平刚—柳城道交通线上，锦州（治今锦州市）及其下辖的严州（又写作岩州，治今兴城市西南）则在傍海道上。前述已提及，辽太祖元年（907），刘守奇率领平州数千人来降时，就被安置于平卢城（今朝阳市）。[⑦]虽然刘守奇归附契丹不久又逃归晋王李存勖，但他离开时已迁于平卢城的数千人大

---

① 蒋金玲：《辽代渤海移民的治理与归属研究》，吉林大学硕士学位论文，2004年，第10—11页。

② 《晋出帝北迁记》，赵永春辑注：《奉使辽金行程录》（增订本），商务印书馆2017年版，第6页。

③ 贾益：《杨瀛神道碑》，王新英辑校：《全金石刻文辑校》，吉林文史出版社2012年版，第507页。

④ 《大金崔尚书小娘子史氏墓志铭》，王新英辑校：《全金石刻文辑校》，吉林文史出版社2012年版，第3页。

⑤ 元好问：《沁州刺史李君神道碑》，狄宝心校注：《元好问文编年校注》，中华书局2012年版，第859页。

⑥ 关于辽西走廊这两条廊道的走势参见崔向东《辽西走廊变迁与民族迁徙和文化交流》（《广西民族大学学报》2012年第4期）一文。

⑦ 脱脱等：《辽史》卷1《太祖纪上》，中华书局2016年版，第3页。

多并没有能够带走，发现于辽宁省朝阳地区的其后人的墓志可以为证。[1]至于霸州及其所统辖州县的移民，《辽史·地理志》"兴中府"条提及："太祖平奚及俘燕民，将建城，命韩知方择其处。乃完葺柳城，号霸州彰武军，节度。"《辽史·地理志》"兴中县"条也载："太祖掠汉民居此，建霸城县。重熙中置府，更名。"[2]这两处记载表明霸州（后升为兴中府）及其倚郭县霸城县（后改兴中县）早在辽太祖时即因安置奚、燕民、汉民而建置。至于泽州则是以"太祖俘蔚州民"[3]为基础而建，黔州在辽太祖平渤海时就将俘户安置于那里，后来建为州[4]。辽太祖时已认识到辽西傍海道的重要，锦州便是以汉俘建州[5]。

需要注意的是，辽世宗耶律阮统治的天禄年间（947—951）移民的安置地主要选在医巫闾山地区，宜州（治今辽宁义县）及其所统辖的弘政县是辽世宗"以定州俘户"建置[6]；显州（治今北镇市）及其所统辖的奉玄县（《辽史》写作奉先县）、归义县、康州均是迁移渤海户建置[7]。显州的建置可能考虑到了耶律倍曾为东丹王的经历及有关渤海移民的治理。当然，医巫闾地区也是辽西、辽东的交通要冲。可见，辽代建国前后五十年间向辽西地区移民主要集中在辽上京及其附近，以及通往中原与辽东的交通要道上。

（二）辽圣宗耶律隆绪统治时期的辽西移民

辽圣宗统治时期（982—1031），又是辽朝向辽西地区移民的高峰期。这

---

[1] 刘守奇的儿子刘元嗣墓志、其孙刘宇杰墓志、其曾孙刘日泳墓志均出土于辽宁朝阳县西大营子乡。甚至刘守奇当年昌开辽时带走的儿子的后人在辽太宗时也入辽，可能也定居于霸州，《刘从信墓志》出土于朝阳市区西南半拉山镇北。

[2] 脱脱等：《辽史》卷39《地理志三》，中华书局2016年版，第550页。

[3] 脱脱等：《辽史》卷39《地理志三》，中华书局2016年版，第548页。

[4] 脱脱等：《辽史》卷39《地理志三》，中华书局2016年版，第551页。

[5] 脱脱等：《辽史》卷39《地理志三》，中华书局2016年版，第552页。

[6] 脱脱等：《辽史》卷39《地理志三》，中华书局2016年版，第551页。据余蔚研究认为宜州条称"兴宗以定州俘户建州"有误，"兴宗"应是"世宗"，《中国行政区划通史·辽金卷》，复旦大学出版社2012年版，第287页。

[7] 脱脱等：《辽史》卷38《地理志二》，中华书局2016年版，第525–526页。

一时期发生的移民活动情况更加复杂。

统和初年，辽有东征之举，征伐的对象是女真。《辽史·圣宗纪》统和四年春正月的记事提到："甲戌，观渔土河。林牙耶律谋鲁姑、彰德军节度使萧闼览上东征俘获，赐诏奖谕。丙子，枢密使耶律斜轸、林牙勤德等上讨女直所获生口十余万、马二十余万及诸物。"[1]从耶律斜轸等所献俘获的数量看，此次为较大规模的军事行动，只是人口安置地并没有记录。统和年间，宋辽之间的军事较量也引发人口的迁徙，史书提及统和七年（989）的宋辽易州之战，易州军民被迁至燕京[2]，属于就近安置。《刘文用墓志》记载："皇辽统和初，孝成皇帝尚幼，太后称制。时宋人不轨，亲戎南下，拔数十城，居民北向，分处幽蓟间，公家内焉，留于顺州。"[3]后来因刘文用之父刘保信为官中京，又定居大定县。也就是迁入辽西之地。也有记载提及内迁边民之事，如统和十五年（997），"徙梁门、遂城、泰州、北平民于内地"[4]。此处之"梁门"应指"梁门口塞"，位于今河北徐水，五代后周设置，北宋初为静戎军治[5]；"遂城"，也是宋辽边地的一个城，治今河北徐水西二十五里遂城，北宋属于广信军[6]；"泰州"，应为五代后唐天成三年所置的州城，治今河北保定清苑[7]。"内地"自然指辽朝腹心之地辽西地区。2016年辽宁省朝阳市龙城区七道泉子镇水泉村出土一方墓志，即《刘知古墓志》，其志文提到："刘公皇曾祖讳化，记家本洛阳人也，归义大契丹国承天皇太后。寻徙柳城。"[8]

辽圣宗统和二十五年（1007）建中京后，辽中京地区有移民置州、县之

① 脱脱等：《辽史》卷11《圣宗纪二》，中华书局2016年版，第127页。
② 脱脱等：《辽史》卷12《圣宗纪三》，中华书局2016年版，第143页。
③ 王宗儒：《刘文用墓志》，周阿根校注：《辽代墓志校注》，天津古籍出版社2022年版，第529页。
④ 脱脱等：《辽史》卷13《圣宗纪四》，中华书局2016年版，第161页。
⑤ 史为乐主编：《中国历史地名大辞典》，中国社会科学出版社2005年版，第2457页。
⑥ 史为乐主编：《中国历史地名大辞典》，中国社会科学出版社2005年版，第2599页。
⑦ 史为乐主编：《中国历史地名大辞典》，中国社会科学出版社2005年版，第2031页。
⑧ 韩长国：《刘知古墓志》，周阿根校注：《辽代墓志校注》，天津古籍出版社2022年版，第489页。

举措，其情形主要有两种情况。一种情况是迁徙其他地区人口以充实中京，或将中京周边州县改隶中京管辖，以增加中京管控人口的数量。比如，"徙辽东豪右以实中京"。《辽史·大公鼎传》记载："大公鼎，渤海人，先世籍辽阳率宾县。统和间，徙辽东豪右以实中京，因家于大定。"[1]长兴县，"以诸部人居之'[2]；恩化县，开泰中渤海户置[3]；惠和县，圣宗迁上京惠州民，括诸宫院落帐户置[4]。其结果是一些汉人、渤海人、"诸部人"进入辽中京。此外，还有重新调整行政区划。其中，开泰二年（1013），通过行政手段增加归属中京的州县数量。史载，富庶县，"开泰二年析京民置"；劝农县，"开泰二年析京民置"；文定县，"开泰二年析京民置"；升平县，"开泰二年析京民置"；神水县，"开泰二年置"；金源县，"开泰二年析京民置"；[5]等等。对于辽中京建设过程中的移民，宋人也有耳闻，路振称："常欲迁幽蓟八军及沿灵河之民以实中京，民不堪命，虏知其不可，遂止。"[6]可见，不仅仅辽东地区、辽上京及辽中京周边人口迁往辽中京大定府管辖之地，当时还曾想调动幽蓟之人，只是未获得民众的认可而作罢。太平十年（1030），大延琳叛乱已被平定，出于防范的目的，一些渤海人户被迁至辽上京地区，易俗县（治今巴林左旗林东镇波罗城西北）、迁辽县（治今巴林左旗林东镇波罗城东北）、渤海县（治今巴林左旗波罗城附近）便是为安置渤海民而设置的州县，同时，辽西走廊傍海道沿线也安置了一些辽东州县民户，比如迁州（治今山海关）、润州（治今秦皇岛海阳镇）和海阳县（治今秦皇岛海阳镇）。[7]另一种情况是安置战争俘户。开泰年间（1012—1021），辽朝征伐高丽，为安置俘户，于中京地区新建高州（治今赤峰市东

---

① 脱脱等：《辽史》卷105《能吏传·大公鼎传》，中华书局2016年版，第1608页。
② 脱脱等：《辽史》卷39《地理志三》，中华书局2016年版，第546页。
③ 脱脱等：《辽史》卷39《地理志三》，中华书局2016年版，第547页。
④ 脱脱等：《辽史》卷39《地理志三》，中华书局2016年版，第547页。
⑤ 脱脱等：《辽史》卷39《地理志三》，中华书局2016年版，第546页。
⑥ 路振：《乘轺录》 赵永春辑注：《奉使辽金行程录》（增订本），商务印书馆2017年版，第20页。
⑦ 脱脱等：《辽史》卷39《地理志三》，中华书局2016年版，第553-554页。

北）①，高州属县三韩县也以迁来俘户建置："辰韩为扶余，弁韩为新罗，马韩为高丽。开泰中，圣宗伐高丽，俘三国之遗人置县。"另外，大定县，"以诸国俘户居之"②。辽圣宗朝的移民活动，也有非强制性迁移者，来州（治今辽宁绥中西南前卫镇）的建置就是安置归附的女真五部。③但这种情况比较少。

大体上说，辽圣宗以后大规模的移民活动减少了，辽兴宗、辽道宗、天祚帝统治时期仅见有零星移民至辽西的记载。比如，元好问为王庭筠所作《墓碑》提及王庭筠太爷爷王叔宁，"迁白霤"④。以往移民带给辽西地区的影响逐渐显现出来。

需要说明的是，为了加强对北部的乌古、辽东的渤海人、南部的汉人等地的控制，辽朝也迁移了一些原住辽西地区的契丹、奚、汉人进入这些地区，比如，辽太祖领兵平定渤海，将耶律倍及其皇弟迭剌留在那里管理东丹国。会同三年（940），辽太宗诏令北、南院徙三石烈户迁至水草肥美的乌古部。⑤根据《辽史·营卫志》的相关记载，辽太宗下诏迁往乌古部的三个石烈是隶属于五院部的瓯昆石烈、乙习本石烈和隶属于六院部的斡纳阿剌石烈。⑥这三个石烈显然原本活动在辽西地区，被北迁至乌古部所在的"海勒水之地"⑦。乌古人活动的地区位于辽朝上京道的北部，对于辽太宗诏令上述三个石烈迁徙至乌古人地区，林荣贵认为："通过迁居和不同族的相互杂居，削弱了乌古的独立意识。嫡系契丹族的迁入，也加强了辽廷对乌古的监护作用。"⑧程妮娜认为："将契丹民户迁到乌古腹地，不仅有助于辽朝对乌古人的控制，而且可以西面监视敌烈人的动向，东面掌握黄头室韦人的状况，

---

① 脱脱等：《辽史》卷 39《地理志三》，中华书局 2016 年版，第 547 页。

② 脱脱等：《辽史》卷 39《地理志三》，中华书局 2016 年版，第 546 页。

③ 脱脱等：《辽史》卷 39《地理志三》，中华书局 2016 年版，第 553 页。

④ 元好问：《王黄华墓碑》，狄宝心校注：《元好问文编年校注》，中华书局 2012 年版，第 1338 页。

⑤ 脱脱等：《辽史》卷 4《太宗纪下》，中华书局 2016 年版，第 52 页。

⑥ 脱脱等：《辽史》卷 33《营卫志下》，中华书局 2016 年版，第 436—437 页。

⑦ 脱脱等：《辽史》卷 33《营卫志下》，中华书局 2016 年版，第 436—437 页。

⑧ 林荣贵：《辽朝经营与开发北疆》，中国社会科学出版社 1995 年版，第 52 页。

又能够与南面契丹内地遥相呼应。当然仅靠几个石烈的契丹民户是不足以承担此重任的，其后，辽朝又在西北边陲建城驻兵，以加强对这一地区的控制。"[1]显然，两位学者都看到了辽太宗迁徙契丹五院部、六院部的三个石烈的政治目的，就是使契丹人渗透至乌古人地区以实现稳固该地区统治的目的。

三、辽西地区移民的分布特点

在辽代迁往辽西地区的人口中，汉、渤海等族从事农业、手工业的人口占绝对的多数，他们集中分布在辽上京、辽中京及大小凌河流域。吴松弟依次按照汉族、契丹族、奚族、渤海族、女真族、其他民族或部族的顺序论述了辽代东北地区的人口迁移，他指出："由于一部分州县缺乏户口数字，无法全面准确地反映汉人在东北分布状况，但仍可看出大概。辽代汉人在东北分布极为广阔……不过，以人数论，显然以三个区域最多，一是今内蒙古巴林左旗境内，二是今辽宁省中西部，三是今内蒙古宁城县及其附近地区。"[2]吴先生所说的汉人移民人数较多的这三个区域都属于辽西地区。辽朝灭亡渤海国后，对渤海遗民实行强制性迁移，移民活动集中在辽太祖、太宗时期，渤海人多迁往上京道、东京道安置，辽圣宗太平九年（1029）东京地区的渤海人大延琳率众反辽，一年后这次规模较大的反叛被平定，为了监视参与反叛的渤海人，分化其势力，辽圣宗朝将他们中大部分人迁入中京道和上京道。对于前后移入辽西的诸族及其比重，谭其骧先生早在20世纪30年代就有论及，他讲："当时塞内外之民族被契丹武力所劫徙，以处于阴山辽水间者，不下二十余种。其中以汉人为最多，渤海、党项（按即指西夏）次之，吐浑、女直、奚、乌古、高丽等又次之。"[3]可以确定的是，辽西地区民族

---

[1] 程妮娜：《辽朝与古敌烈地区属国、属部研究》，《中国史研究》2007年第2期，第89页。

[2] 吴松弟：《中国移民史》第四卷《辽宋金元时期》，福建人民出版社1997年版，第66—67页。

[3] 谭其骧：《辽代"东蒙"、"南满"境内之民族杂处——满蒙民族史之一页》，《长水集》上册，人民出版社2011年版，第259页。

构成因为俘掠人口的迁入而日趋复杂。此外，奚族本来就生活在辽西地区，尤其是辽中京地区为奚族聚居之地，但在辽朝，奚人居住的区域也发生了较大的改变，有被迁出辽西地区的，即使留居辽西的奚人，活动区域往往也有所变化，分化奚人力量也是辽朝民族迁徙的一个重要内容。契丹人长期生活在辽西地区，但为了控驭全国，也有一些契丹兵将和部族迁往其他地方，即使在辽西区域内活动也会因军事驻防、为官而发生一些调整，迁徙也在所难免。因此，辽代辽西地区的移民表现在空间上的变动性较为突出，出于有效监控移民的考虑，就区域内多民族分布形式看，呈现出小范围内聚居、大范围杂居的交错分布格局。

虽然辽朝迁往辽西的各族人口在数量上无法进行准确的统计，但可以肯定人数高达几十万。[1]根据上述两个时间段的移民安置地的选择，不难看出辽朝统治者移民至辽西的目的前后有别。辽太祖、太宗时期的移民辽西，既有巩固军事进攻的成果，也有开发契丹腹心地区的意图，辽世宗统治时期的移民活动指向性更强一些，旨在充实耶律倍家族领地——医巫闾地区，这可能与当时契丹贵族政治斗争关系密切。到辽圣宗统治时期，最初移民的目的仍然是充实"内地"，统和二十五年建中京后，移民的重点转变为"实中京"，辽中京及其统辖州县的建置显示出辽朝对奚地控制的加强。其时移民对象比较复杂，有"汉户""渤海户"，也有女真人、高丽人。移民的目的有经济建设的考虑，更有稳固区域统治的目的，而尤以稳定统治为重点，着力于加强对辽西地区奚地奚民管控的同时，也兼顾对辽东渤海人反抗力量的削弱。值得重视的是，移民的汇聚使辽西区域社会呈现出空前繁荣的景象。

---

① 谭其骧先生在其所撰《辽代"东蒙""南满"境内之民族杂处——满蒙民族史之一页》一文中曾根据《辽史·地理志》的记述统计辽代上京道的俘户、迁户（除去三县不明及以契丹本户置者）约有八万余户。当然上京道一些州县不在本文所限定的辽西地区，如长春州、泰州等。如果再加上辽中京道和东京道的显、乾、懿州的移民，辽代整个辽西地区接纳移民大约有七八十万人。

第三节　辽西行政区划与经济结构的变化

一、"城郭相望"局面的形成

辽朝建立之前，辽西地区早已有郡县之设。但无论是从府州县的数量上，还是统治者对所建州县的重视程度上，以往朝代均无法与辽朝相比拟。元代史官对于辽朝在辽西、辽东地区行政建置与有效管理方面的贡献给予了充分肯定。《辽史·百官志》"南面方州官"序有这样一段评论："辽东、西，燕、秦、汉、唐已置郡县，设官职矣。高丽、渤海因之。至辽，五京列峙，包括燕、代，悉为畿甸。二百余年，城郭相望，田野益辟。冠以节度，承以观察、防御、团练等使，分以刺史、县令，大略采用唐制。"①这里所说"辽东、西"显然是指辽河的东、西，其中，也包括本书所指的辽西地区。的确，从行政建置看，辽代辽西地区兴建府州县城邑，规模空前，可视为辽朝积极开发与建设辽西地区的具体表现之一。有学者从考古学的视角考察辽中京道范围内城邑，统计城址达78处，按照其规模分为四类：府、方州（节度州、刺史州、观察州）、县以及头下州等。②这么多城址的确定也证明，元代的史官所讲的"城郭相望，田野益辟"③并非虚言。

辽代辽西地区之所以在行政建置和管理方面取得突出成绩，与辽代最高统治者把辽西视为立国的根本之地有直接的关系。辽太祖、太宗统治时期，辽上京是核心区域，四方俘民被陆续迁徙至其地。据余蔚考证，有辽一代，上京道曾先后出现的统县政区有：京府一，方州二十二，城一。京府，即上

---

① 脱脱等：《辽史》卷48《百官志四》，中华书局2016年版，第906页。
② 任冠：《辽中京道城址的考古学观察》，《故宫博物院院刊》2016年第2期，第66页。
③ 脱脱等：《辽史》卷48《百官志四》，中华书局2016年版，第906页。

京临潢府；方州有祖、怀、庆（原黑河州）、通化、泰、长春、乌、永、义、慈、仪坤、龙化、降圣、饶、丰（原澄州）、唐、泉、渭、镇北、莫、新（原杏埚城）、惠州；城为周特城。①其中，上京临潢府及其下辖十县（临潢县、长泰县、定霸县、保和县、潞县、易俗县、迁辽县、渤海县、兴仁县、宣化县）、祖州及其下辖的二县（长霸县、长宁县—咸宁县）一城（越王城）、怀州及其下辖二县（扶余县、显理县）、庆州及其下辖三县（玄德县、孝安县、富义县）、永州及其下辖的三县（长宁县、义丰县、慈仁县）、仪坤州及其下辖的二县（广义县、来远县）、龙化州及其下辖的龙化县、降圣州及其下辖的永安县、饶州及其下辖的三县（长乐县、临河县、安民县）、丰州（澄州）、莫州、泉州、头下渭州等，这些位于辽西地区的州县，绝大多数是辽代安置移民陆续建置的。

濒临渤海的平州在辽初成为辽军所指向的目标。从辽太祖五年（911）至辽太宗天显三年（928），辽朝先后与多股势力（燕地刘氏集团、晋王李氏势力和后唐军队）展开较量，经过多次的战争交锋，最终完全控制平州。平州虽然只是一个节度州，统辖的区域并不大，但其下辖的二州、三县却也都是以汉族移民为基本人口而陆续建置的。其中，安喜县，"太祖以定州安喜县俘户置"；望都县，"太祖以定州望都县俘户置"；滦州"太祖以俘户置"；滦州属县义丰县为"世宗置县"；营州，"太祖以居定州俘户"。②宋宣和七年（1125），许亢宗一行使金，他们途经滦州、望都县，在其所作《宣和乙巳奉使金国行程录》中对滦、平、营州的历史有述及："滦州古无之。唐末天下乱，阿保机攻陷平、营。刘守光据幽州，暴虐，民不堪命，多逃亡依阿保机为主，筑此以居之……民既入契丹依阿保机，即于所居处创立县名，随其来处乡里名之，故有'望都''安喜'之号。"③可见，平州及其

---

① 余蔚：《中国行政区划通史·辽金卷》，复旦大学出版社 2012 年版，第 141 页。
② 脱脱等：《辽史》卷 40《地理志四》，中华书局 2016 年版，第 568–570 页。
③ 许亢宗：《宣和乙巳奉使金国行程录》，赵永春辑注：《奉使辽金行程录》（增订本），商务印书馆 2017 年版，第 214 页。

下辖的滦州、营州的人口多是幽燕之民，所建置的州县依其乡里之名证实了这一点。

辽世宗短暂的统治，也力图伸张自己的意志，强化自己的根基，表现在移民安置地的选择上，他试图把耶律倍家族的领地医巫闾地区建设得更好，所以天禄年间的多民置州主要集中在那里，因此有显州及其下辖的三州（嘉州、辽西州、康州）二县（奉先县、归义县）之建置。辽圣宗统治时期，加强对奚、渤海等势力较为强大的民族群体的管理成为辽朝为政的重点，原奚地成为朝廷重点关注和着力发展区域，于是有了辽中京及其统辖州县的建置，迁徙汉户、渤海户等实中京的移民活动得以开展。

辽朝前前后后的统治者都把建设的重点地区定为辽西，正是政策的导向作用，有力地推进了辽西地区在辽代的发展。"城郭相望"的局面，也为宋人使辽的使者记录下来。只是在宋人的眼中，辽代的州城还是太小了。[①]对于辽人在辽西地区的建城，现代学者也给予充分的肯定，王明荪指出："辽代随其建国与扩张，淹有东北与蒙古地区，除其它北方民族外，并接收渤海与汉人及其文化，筑城及移民为辽代城市化之重要政策，即长城以北之城市化为辽代之显著特色。"[②]可以明确的是，因为安置移民而设置城邑，同时接纳渤海、汉人文化，对于提升区域社会发展有积极影响。

二、辽上京、中京、兴中府、宜州等京府州城的建置

（一）上京的建设及其地位

由上一章可知，契丹族自见诸史书记载，其活动的主要区域就在辽西地区。从辽朝的行政建置看，辽朝辽西地区既有部族制，又有京府州县之制。

---

① 许亢宗《宣和乙巳奉使金国行程录》有言："出榆关以东，山川风物与中原殊异。所谓州者，当契丹全盛时，但土城数十里，民居百家，及官舍三数椽，不及中朝一小镇，强名为州。经兵火之后，愈更萧然。自兹以东，类皆如此。"[赵永春辑注：《奉使辽金行程录》（增订本），商务印书馆2017年版，第215页。]

② 王明荪：《东北日蒙地区金代之政区及其城市发展》，《史学集刊》2005年第3期，第73页。

其中，五京（上京临潢府、东京辽阳府、南京析津府、中京大定府、西京大同府）中的上京（治今内蒙古巴林左旗林东镇南）、中京（治今内蒙古宁城县西大明镇）为辽朝在辽西地区新增设的行政建置和新建的城市。尽管辽朝皇帝不经常居留京府，他们依然保持契丹民族渔猎骑射的传统，有所谓“四时捺钵”，但辽代五京城邑的建置，其意义仍然非同凡响，而且捺钵营地的选择也围绕京府之地，尤其是辽上京和中京及其州县的陆续建置，对北方经济发展的贡献值得肯定，对于民族融合和文化交流也都有促进作用。当然，辽上京、中京的军事作用也不容忽视。对此，已有许多学者作过比较深入的探讨。①可以肯定的是，由于“四时捺钵”的运作几乎贯穿辽朝始终，使辽上京和中京都不是严格意义上的京都，但是它们也分担了辽朝廷很多重要的功能。

---

① 关于辽代政治中心的讨论迄今为止还没有达成共识，大体上说，辽史研究的学者多主张辽代的政治中心在捺钵、斡鲁朵或行朝，而历史地理的研究者则认为辽代的上京为前期的政治中心，中京为后期的政治中心。比如傅乐焕认为：“辽代政治中心，不在汉人式的五京，而在游牧式的捺钵。”（《辽史丛考》，第94页）陈述认为辽代的京城不是其政治中心，也不是全国的司令台，它也不是全国的经济中心。（《契丹社会经济史稿》，第109页）在杨若薇看来，辽朝政治中心不在固定的京城而在游动的斡鲁朵中。（《契丹王朝政治军事制度研究》，第153页）康鹏认为：“与中原帝制王朝所不同的是，辽朝始终没有固定的中央政府所在地，五京之中的任何一个京城都不是真正意义上的国都。辽朝的政治中心在于四时捺钵，中央政府总是跟随皇帝四处游移。……可以肯定的是，五京虽非国家的政治中心，但却是我们理解辽朝地方统治制度的关键所在。在笔者看来，五京很可能是该地区的军事中心或财政中心，辽朝正是通过五京来统治不同的地域和不同的民族，这在汉人以及渤海人聚居的南京、西京、东京地区表现得尤为明显。”（康鹏：《辽代五京体制研究》，北京大学博士学位论文，2007年，第1页）肖爱民提出“行朝”为辽朝的政治中心，所谓“行朝”是指按照季节变化在草原上进行迁徙移动的中央政府——朝廷。（《辽朝政治中心研究》，第151页）陈晓伟认为：“四季营地才是真正的‘国都’，其所发挥的政治作用远远胜于城邑。”（《捺钵与行国政治中心论》，《历史研究》2016年第6期）谭其骧在1980年发表的《辽后期迁都中京考实》一文中指出：“辽朝一代二百一十年（916—1125年），前期九十年的都城虽然确是在上京临潢府（故址今内蒙古巴林左旗南波罗城），但后期一百一十多年，即圣宗统和二十五年（1007年）以后，尽管没有正式宣布过迁都，事实上的都城却已移在中京大定府（故址今内蒙古宁城县西大名城），上京临潢府变成了旧都，也是一个陪都。”（《辽后期迁都中京考实》，《中华文史论丛》1980年第2辑，第43页）余蔚认为：“辽的首都，是皇帝结束不定期的捺钵和巡游之后，回归的目的地，因为他的家庭成员的很大一部分，以及政府的很大一部分在首都，他的物资储备、供应中心在首都。他不仅仿照中原的统治机构和方式，统治着定居的农业族民众，并且，即使对契丹、奚等游牧族，辽政权也以近似于中原皇朝的中央集权方式，强有力地组织起来。它主要依赖游牧族契丹的武力来维持统治，但早已超越了一般的草原政权在统治纯游牧人群的情况下通常采用的离部落联盟不远的那种方式，在新的政治结构之下，与流动的政治中心捺钵之外，辽也需要一个固定的政治中心，行宫虽然不断移动，但是有一个‘向心’的大势。”（《中国行政区划通史·辽金卷》，第41页）

《辽史·地理志》记载："上京，太祖创业之地。负山抱海，天险足以为固。地沃宜耕植，水草便畜牧。金龊一箭，二百年之基，壮矣。"①显然，辽朝上京的选址基于多方面考虑，包括历史基础、自然基础和经济基础。近年考古发掘确认辽上京遗址位于内蒙古自治区巴林左旗林东镇东南。②从自然环境看，辽上京地处大兴安岭山脉南端的一个小盆地中，四面群山环绕。③无疑，上京是具有象征意义的地方，辽太祖创业之地，其时代的人们又往往称其为"西楼"④。辽朝平定渤海之后，更是扩展其郛郭，建宫室，起三大殿，陈列历代帝王御容，每月朔望、节辰、忌日，在京的文武百官要前往祭奠；上京也建有庙堂，供奉辽太祖之父宣简皇帝的遗像，还是举行上皇帝、皇太后尊号以及蕃部朝拜仪式的地方；上京城在布局上经过精心的设计和规划，城中有政府部门、宗教寺庙、贵族宅院，也有同文驿（接待诸国信使）及临潢驿（接待西夏使者），更有市肆交易之所。⑤五代、宋人对辽上京也有描述，比如，《胡峤陷虏记》中记述的"西楼"有邑屋、市肆，交易不用钱而是用布。西楼中有各类人，有从事绫锦诸工作，有宦者，有翰林，有秀才，也有僧、尼、道士，等等，他们都是中原人，并州、汾州、幽州、蓟州人占比较大。⑥薛映在宋真宗大中祥符九年（1016）使辽，他到辽上京临潢府看到昭德、宣政二殿"皆东向"，且"其毡庐亦皆东向"⑦。从宋使的记录可知，上京是当时辽朝商贸活动的重地，也是中原各种出身的人北迁的聚集地之

---

① 脱脱等：《辽史》卷37《地理志一》，中华书局2016年版，第498页。
② 中国社会科学院考古研究所内蒙古第二工作队、内蒙古文物考古研究所：《内蒙古巴林左旗辽上京遗址的考古新发现》，《考古》2017年第1期，第3页。
③ 董新林：《辽上京规制和北宋东京模式》，《考古》2019年第5期，第5页。
④ 薛居正等：《旧五代史》卷108《龙敏传》记载："（后唐）末帝计无从出，问计于从臣。敏奏曰：'臣有一计，请以援兵从东丹王李赞华取幽州路趋西楼，契丹主必有北顾之患。'末帝然之，而不能用。"（中华书局1976年版，第1428页）《旧五代史》卷137《外国列传》记载："天祐末，阿保机乃自称皇帝，署中国官号。其俗旧随畜牧，素无邑屋，得燕人所教，乃为城郭宫室之制于漠北，距幽州三千里，名其邑曰西楼邑，屋门皆东向，如车帐之法。"（中华书局1976年版，第1830页）
⑤ 脱脱等：《辽史》卷37《地理志一》，中华书局2016年版，第498—499页。
⑥ 佚名：《胡峤陷虏记》，赵永春辑注：《奉使辽金行程录》（增订本），商务印书馆2017年版，第9页。
⑦ 薛映：《薛映记》，赵永春辑注：《奉使辽金行程录》（增订本），商务印书馆2017年版，第31页。

一，但其宫殿的建筑和毡庐的朝向凸显的是契丹的理念，"皆东向"，这与宋朝南向不同。近些年来，辽上京遗址的考古发掘，证实辽上京是平地起建的新城，代表了辽朝早期都城规划的理念。[1]辽上京城址由北部的皇城和南部的汉城两部分组成，平面略呈"日"字形，总面积约5平方公里，其中，宫城位于皇城的中部偏东，平面呈长方形，东西宽约740米，南北长约770米。[2]从城市布局上看，无论是皇城还是宫城，还有宫城内的大型建筑的院落，都以东门为正门，城内还有东西向道路，显示出东西向轴线的布局特点。考古发掘还发现，辽上京皇城内西山坡是一处规模庞大的寺院遗址，佛寺分为南、北两组，各有院墙。[3]董新林认为："辽上京皇城东门和宫城东门均为一门三道格局，而皇城和宫城西门均为单门道，可见东门规模大、等级高，体现出帝都的规制。从考古学上首次证明辽上京城曾存在东向为尊的情况，与历史文献记载相一致，极大地推进了对辽上京城址布局的研究。"[4]从文献和考古发掘反映出来的信息看，辽上京虽不是完全意义上的都城，却也不同于一般城市，具有政治、外交、经济、文化的多重功能，不仅继承了唐代都城的理念，也糅合了契丹民族治国思想和文化观念，彰显了其地位的重要。

（二）中京的营建及其功能

辽中京城也是平地起建的新城，位于今内蒙古赤峰市宁城县大明镇南部。[5]对于其营建的情况，《辽史·地理志》作如下记载：

圣宗常过七金山土河之滨，南望云气，有郛郭楼阙之状，因议建都。择良工于燕、蓟，董役二岁，郛郭、宫掖、楼阁、府库、市肆、廊庑，拟神

① 董新林：《辽上京规制和北宋东京模式》，《考古》2019年第5期，第5页。
② 董新林、陈永志、汪盈、左利军、肖淮雁、李春雷：《考古发掘首次确认辽上京宫城形制和规模》，《中国文物报》2015年1月30日第8版。
③ 董新林、汪盈：《辽上京考古发掘新成果和新认识》，《中国社会科学报》2016年9月23日第5版。
④ 董新林、汪盈：《辽上京考古发掘新成果和新认识》，《中国社会科学报》2016年9月23日第5版。
⑤ 董新林：《辽上京规制和北宋东京模式》，《考古》2019年第5期，第11页。

都之制。统和二十四年，五帐院进故奚王牙帐地。二十五年，城之，实以汉户，号曰中京，府曰大定。①

　　这里所记与宋使使辽的相关记载可以相互印证。比如，路振《乘轺录》叙述进入辽中京城所见，称其"外城高丈余步，东西有廊，幅员三十里，南门曰朱夏门，凡三门，门有楼阁"。入朱夏门后，即见宽百余步的街道，街道东西有约三百间廊舍，"居民列廛肆庑下"。"街东西各三坊，坊门相对，虏以卒守坊门，持梃击民，不令出观。徐视坊门，坊中阒地，民之观者无多。又有坊聚车橐驼，盖欲夸汉使以浩穰。三里，第二重城，城南门曰阳德门，凡三间，有楼阁，城高三丈，有睥睨，幅员约七里。自阳德门入，一里而至内门、内圆阃门，凡三门。街道东西，并无居民，但有短墙，以障空地耳。圆阃门楼有五凤，状如京师，大约制度卑陋。东西掖门，去圆阃门各三百余步，东西角楼相去约二里。是夕，宿大同驿，驿在阳德门外，驿东西各三厅，盖仿京师上元驿也。……二十六日，持国信自东掖门入，至第三门，名曰武功门，见虏主于武功殿……虏名其国曰中京，府曰大定府，无属县，有留守、府尹之官，官府、寺丞皆草创未就，盖与朝廷通使以来，方议建立都邑。内城中，止有文化、武功二殿，后有宫室，但穹庐毳幕。"②路振使辽在宋真宗大中祥符元年（1008），即辽圣宗统和二十六年。前一年，统和二十五年（1007）中京建成。从路振所见，辽中京新城的设施还比较简单，官府尚未建完，宫殿数量也少，穹庐毳幕为其宫室，契丹民族特色也有所体现。王曾于大中祥符五年（1012）出使辽朝，其所作行程录对辽中京的记述是："城垣庳小，方圆才四里许，门但重屋，无筑堵之制。南门曰朱

---

① 脱脱等：《辽史》卷39《地理志三》，中华书局2016年版，第545—546页。据点校本二十四史修订本《辽史》的校勘记，本段记述奚王献地及建中京城的时间与《圣宗纪五》和《兵卫志下》不一致，"疑统和二十年献七金山土河川地，二十三年始建城，二十五年中京成"。（《辽史》，中华书局2016年版，第554页）

② 路振：《乘轺录》，赵永春辑注：《奉使辽金行程录》（增订本），商务印书馆2017年版，第18—20页。

夏，门内夹道步廊，多坊门。又有市楼四：曰天方、大衢、通阛、望阙。次至大同馆，其北门曰阳德、闾阖。城内西南隅冈山有寺。城南有园圃，宴射之所。"①王曾所见的辽中京城市建筑较路振时稍多一些，但在他看来还是一个小城。到宋神宗熙宁八年（1075），沈括使辽时，辽中京似乎人气旺些。他讲："中京，西距长兴馆二十里少南。城周十余里，有廛间宫室，其民皆燕、奚、渤海之人。"②综合文献记载和考古发掘的成果，项春松认为，辽代中京城的营建经过了几个阶段：辽圣宗统和二十二年开始酝酿兴工；统和二十四年正月才正式动工兴建；两年后（即1007年）主要工程竣工；开泰年间，城市规模初具；辽兴宗初年，经过近二十年的增筑、续建和扩建，辽中京才成为郛郭楼阁完备的城市。③

辽中京营建于承天太后萧绰摄政的后期，在其营建前后有几件大事值得注意：统和二十年（1002）奚王献七金山土河川地；统和二十三年（1005）正月宋辽签订"澶渊之盟"；宋辽和盟签订的同年，辽朝开始兴建中京城；统和二十五年（1007）中京城初具规模。统和二十三年营建中京当以奚王献地、宋辽议和为前提条件。换言之，契丹辽朝内外局势的转变是辽兴建中京的历史背景。应该说辽圣宗即位之初，辽朝内外局势十分严峻，史称"母寡子弱，族属雄强，边防未靖"④，来自契丹贵族内部的权力斗争和内属部族的强大难制，以及来自外部边防的军事威胁都使萧绰为首的统治集团感到危机四伏。为了应对复杂的局面，萧绰不得不调整用人政策、加强边疆防务、提升各地治安管理，以及逐步扩大朝廷直接控制的州县数量等。史载：统和元年（983）春正月丙子，任命于越耶律休哥为南京留守，仍然赐予他南面行营

① 王曾：《王沂公行程录》，赵永春辑注：《奉使辽金行程录》（增订本），商务印书馆2017年版，第27页。
② 沈括：《熙宁使虏图抄》，赵永春辑注：《奉使辽金行程录》（增订本），商务印书馆2017年版，第99页。
③ 项春松：《辽代历史与考古》，内蒙古人民出版社1996年版，第63页。
④ 脱脱等：《辽史》卷71《后妃·景宗睿智皇后萧氏传》，中华书局2016年版，第1322页。

总管的印绶，"总边事"。①统和元年二月戊子朔，发布禁令，不可以"无故聚众私语"和"冒禁夜行"。②统和元年十一月，又诏谕三京左右相、左右平章事、副留守判官、诸道节度使判官、诸军事判官、录事参军等，"当执公方，毋得阿顺"。强调"诸县令佐如遇州官及朝使非理征求，毋或畏徇。恒加采听，以为殿最"③。这是整肃吏治的举措。同时，由于宋辽关系紧张，统和初年，萧绰与辽圣宗在南京（今北京）驻留的时间较多。统和四年、统和五年、统和六年、统和七年，他们都有比较长的时间居于南京。尽管太平兴国四年（979）宋攻辽失败，但宋太宗赵光义并没有放弃以武力夺取燕云的想法。雍熙三年（辽统和四年，986），他认为辽幼主临朝，内部也不安定，又一次发动了声势浩大的攻辽战争，结果由于萧绰和辽圣宗亲率大军积极应战，辽军上下一心，使宋太宗赵光义的军事计划再次落空，依然以失败收场。此后，宋太宗不再提军事夺取燕云，用心于稳固内部统治，辽朝也专注于内政改革，出现了暂时的相安无事，但两国边界尚不清晰。宋真宗咸平二年（999），辽朝在内部局势趋于平稳后，开始发动攻宋的战争，然而战争呈现的状况却是双方互有胜负。辽统和二十二年（宋景德元年，1004），双方都有了议和的愿望，于是宋辽化干戈为玉帛。"澶渊之盟"结束了双方的战争。从辽中京营建的时间节点看，辽朝于统和二十三年（1005）营建中京确实与宋辽双方签订和议有关系，同时，这时辽朝在萧绰主持下推行的内政改革也初见成效，辽圣宗即位之初所面临的内部危机已大体化解。可以说形势的发展有利于辽朝进一步巩固政权，发展经济。陈述指出："中京营建的时期，有些头下户逐渐由贵族所有转隶于京城，成为政府百姓，另一方面也正在宋辽初结盟好（澶渊之盟）的时期。一〇〇五年（宋景德二年、辽统和二十三年）冬十月，宋廷送来结盟后的第一次岁币。契丹习惯，冬夏捺钵，

---

① 脱脱等：《辽史》卷10《圣宗纪一》，中华书局2016年版，第116页。
② 脱脱等：《辽史》卷10《圣宗纪一》，中华书局2016年版，第117页。
③ 脱脱等：《辽史》卷10《圣宗纪一》，中华书局2016年版，第120页。

接见使节，没有固定地点，宋廷是直接继承中原文化传统的朝廷，仪节周备。契丹政府不愿示人以简朴，接待聘使特别对宋使，最低是营建新都的目的之一。"[1]陈先生从州城性质变化和接待宋使两方面洞察到辽中京兴建的政治意义。刘一的《奚族研究》则从奚王府五帐六节度献七金山、土河川地的时间，推测奚人献地不是出于自愿，很可能是被迫，辽朝选择在奚人地区营建中京，其政治目的就是加强对奚人的控制。[2]康鹏认为："实际上，中京城建立的背景即与契丹对于中原文化的吸收有着密切的关系。随着辽朝对于中原制度的逐步了解，圣宗已不能容忍在国家的中心地区还存在一个拥有半独立地位的奚王府。正是出于进一步加强中央集权的需要，圣宗才采取一系列的措施削弱奚王的权力，最终将其牙帐所在地收归国有，并在此建立一个新的京城。"[3]的确，辽圣宗朝营建中京是其国内局势发展演变过程中推进集权的必然选择，加强对奚地的控制是辽朝贯彻中央集权的一个重要举措，而辽宋和议的达成也成为一个良好的契机，使建京兴城得以提上日程，付诸实施，并成为辽宋双方结束大战后正常外交往来的具有标志意义的事件。

辽中京选址在七金山土河川之地，除了政治与外交的考虑之外，有利于经济开发也应是辽朝掌政者决策的依据。《契丹国志》引用《契丹图志》云："奚地居上、东、燕三京之中，土肥人旷，西临马盂山六十里，其山南北一千里，东西八百里，连亘燕京西山，遂以其地建城，号曰中京。"[4]这里，提及奚地地理环境和人口因素。辽中京营建后农业人口的迁入表明，奚地确实农业基础较好，发展经济是辽营建中京的目的之一。[5]

① 陈述：《契丹社会经济史稿》，生活·读书·新知三联书店1963年版，第89-90页。

② 刘一：《奚族研究》，吉林大学博士学位论文，2014年，第144页。

③ 康鹏：《辽帝国的政治抉择——以中京的建立及其与捺钵之关系为例》，见中国社会科学院考古研究所、内蒙古自治区文物考古研究所、巴林左旗旗委人民政府编《东亚都城和帝陵考古与契丹辽文化国际学术研讨会论文集》，科学出版社2016年版，第153-154页。

④ 叶隆礼撰，贾敬颜、林荣贵点校：《契丹国志》卷22《四京本末》，上海古籍出版社1985年版，第216页。

⑤ 参见韩茂莉：《草原与田园——辽金时期西辽河流域农牧业与环境》，生活·读书·新知三联书店2006年版，第65-77页。

辽中京作为辽代中后期兴建的最为重要的一京，其城垣形制、城市布局和建筑物等主要采用了中原的法式，仿照了宋朝汴京城的营建制度，也结合了契丹的具体实际情况。[①]与辽上京一样，辽中京也承担了政治、经济、军事、外交等诸多功能。值得注意的是，辽五京中的东京、西京、南京都是在旧有州城的基础上改造而成，唯有辽上京、辽中京是新建，这两京又都位于辽西地区，它们的营建便是辽朝统治上层重视辽西区域发展的典型例证。

（三）霸州（兴中府）与宜州、显州、乾州建置的意义

除了辽上京、辽中京之外，辽朝霸州（兴中府）、宜州和显州、乾州的建置同样体现了辽朝统治者开发辽西根本之地的发展方针。但与上京、中京的新建不同，霸州（治今朝阳市）有良好的基础，霸州位于古代东北至中原陆路交通要道上，战国燕、秦以后见于史籍的"柳城"，即曹操北征乌桓曾到达的"柳城"，其城址位于今朝阳南袁台子一带[②]，前燕慕容皝曾以"柳城之北，龙山之西"建立"龙城"，历史上称为"和龙城"[③]。北魏在其地设置营州（治和龙城，即今朝阳市），隋朝在其地置有柳城郡，唐时改柳城郡为营州总管府。辽初，在旧柳城地建置霸州，《辽史·地理志》记载其建置状况有言："太祖平奚及俘燕民，将建城，命韩知方（古）择其处。乃完葺柳城，号霸州彰武军，节度。"[④]就州城建筑而言，霸州为"完葺柳城"而成。其实，在霸州建置之前，由于燕地刘氏集团内乱，后梁太祖开平元年（907），刘守奇率其众数千人北奔契丹，耶律阿保机"置之平卢城"。这个平卢城一般认为就是指唐玄宗时所建平卢节度使的治所营州城。[⑤]可见，霸州是辽朝较早安置移民的地方。霸州管辖的州县，主要建置于辽太祖和辽圣

---

① 李逸友：《辽代城郭营建制度初探》，见陈述主编《辽金史论集》第三辑，书目文献出版社1987年，第59-67页。

② 王绵厚、朴文英：《中国东北与东北亚古代交通史》，辽宁人民出版社2016年版，第74页。

③ 王绵厚、朴文英：《中国东北与东北亚古代交通史》，辽宁人民出版社2016年版，第154页。

④ 脱脱等：《辽史》卷39《地理志三》，中华书局2016年版，第550页。

⑤ 余蔚：《中国行政区划通史·辽金卷》，复旦大学出版社2012年版，第280页。

宗两位皇帝统治时期。其中，霸城县为辽太祖出征掠汉民而建；黔州原是太祖安置渤海俘户之处；盛吉县是辽太祖平渤海俘获兴州盛吉民而置[①]；安德县，"统和八年析霸城东南龙山徒河境户置"；象雷县，"开泰二年以麦务川置"；闾山县，"开泰二年以罗家军置"[②]。当然，黔州置州是后来的事情，所谓"安帝置州，析宜、霸二州汉户益之。初隶永兴宫，更隶中京，后置府，来属"[③]。安帝，点校本二十四史修订本校勘者认为是辽穆宗，同时又指出依《武经总要》，黔州又有耶律德光初置之说。[④]值得注意的是，霸州升为兴中府是辽兴宗重熙年间行政区划调整的结果。至于霸州升府的时间，史书记载不一，《辽史·地理志》记载为重熙十年（1041），《金史·地理志》称重熙十一年（1042），余蔚结合石刻资料，推断当为重熙十二年（1043）[⑤]。辽兴宗是一位守成的皇帝，霸州升府算是其时比较大的行政变革。霸州自辽初就是汉族大族主要移居地之一，辽中期其地位更是不同于其他的州，史载：统和中，其节度使，"制置建、霸、宜、锦、白川等五州。寻落制置，隶积庆宫。"[⑥]一些石刻资料也反映出霸州彰武军节度使不同于其他节镇的地位，开泰六年，知彰武军节度使事韩绍基所任官职有"建、霸、宜、白川、锦等州制置使"[⑦]，《耶律遂正墓志》也提到，他曾"移彰武军节度五州制置使"[⑧]。陈俊达认为以霸州彰武军为中心的军事区划（即辽西路），在辽中后期逐渐成为与中京路平行的高级军事区划。[⑨]

从前的柳城，本是东北重镇，是东北地区经济文化发达的地区，因此辽

---

① 脱脱等：《辽史》卷 39《地理志三》，中华书局 2016 年版，第 550-551 页。

② 脱脱等：《辽史》卷 39《地理志三》，中华书局 2016 年版，第 551 页。

③ 脱脱等：《辽史》卷 39《地理志三》，中华书局 2016 年版，第 551 页。

④ 脱脱等：《辽史》卷 39《地理志三》校勘记 [二六]，中华书局 2016 年版，第 558 页。

⑤ 余蔚：《中国行政区划通史·辽金卷》，复旦大学出版社 2012 年版，第 281 页。

⑥ 脱脱等：《辽史》卷 39《地理志三》，中华书局 2016 年版，第 550 页。

⑦ 《朝阳东塔经幢记》，阎凤梧主编：《全辽金文》，山西古籍出版社 2002 年版，第 732 页。

⑧ 《耶律遂正墓志》，周阿根校注：《辽代墓志校注》，天津古籍出版社 2022 年版，第 195 页。

⑨ 陈俊达：《辽朝军事区划体系研究——兼论辽代"道""路"诸问题》，《史学集刊》2022 年第 3 期，第 63 页。

朝在其地移民置州有利于使北迁汉民安居乐业，收到因俗而治的效果。《辽史》关于霸州在辽朝前期发展面貌的记述较少，但辽代石刻资料反映出许多汉族大族安家于霸州。《刘承嗣墓志》称其于保宁二年十月葬于霸州西原十五里。刘承嗣为刘守奇之子，其墓志于1970年出土于辽宁朝阳西大营乡西涝村下梨树沟西山洼南坡。①后来刘承嗣之子刘宇杰也归葬于霸州归化县积善乡余庆里。②刘宇杰之子刘日泳"薨于兴中府南和州私宅"③，其墓志与其祖父刘承嗣的墓志同时出土。刘守奇的儿子、孙子、重孙都葬在霸州（或兴中府），说明当年刘守奇北奔确实被安置在旧营州之地，平卢城所在地就是后来的霸州。刘守奇逃离后，其子孙和带去的数千人就留居于那里，成为霸州汉人大族中的一支。韩知古后人的墓志也证实，韩家也定居于霸州④，也就是说韩知古不仅在旧柳城的基础上修建了霸州城，还把家安在那里，子孙后代不管到哪里死后都愿葬在霸州祖坟。另外，耿崇美、耿延毅及其夫人耶律氏的墓志都证明耿氏家族最初定居地也是霸州，因其家族墓地就在霸州西北二十里。正是很多汉族大族安家于霸州，霸州又有悠久的历史，交通便利，经济状况良好，辽兴宗重熙年间将其由州而升为散府，显示出辽朝中后期对其所在区域的关注提升了，同时也表明它名副其实地成为辽西地区大、小凌河流域的区域军政中心。

医巫闾山西麓宜州的建置与管理也与辽代经略辽西有关。史书关于宜州建置的信息比较少，且有矛盾。1930年在义县双山出土的两块墓志则反映出

① 冯纪：《刘承嗣墓志》，周阿根校注：《辽代墓志校注》，天津古籍出版社2022年版，第26—27页。
② 王用极：《刘宇杰墓志》，周阿根校注：《辽代墓志校注》，天津古籍出版社2022年版，第106页。
③ 刘湘：《刘日泳墓志》，周阿根校注：《辽代墓志校注》，天津古籍出版社2022年版，第268页。
④ 韩瑜为韩知古的孙子，其墓志言其在统和五年攻长城□受伤而死，"寻载灵柩而归，权厝于霸州之私第。"又提及："以统和九年岁次辛卯十月丙寅朔八日癸酉，改葬于霸州之西青山之阳，礼也。"（郝云：《韩瑜墓志》，周阿根校注：《辽代墓志校注》，天津古籍出版社2022年版，第74—75页）韩樀为韩知古的曾孙，韩瑜之子，言其重熙五年薨于燕京，于重熙六年二月十七日，葬于柳城白崖山之朝阳，其墓志解放前出土于辽宁朝阳县。（李万：《韩樀墓志》，周阿根校注：《辽代墓志校注》，天津古籍出版社2022年版，第221—222页）另，韩知古的五世孙韩瑞的墓志也发现于辽宁朝阳市也拉皋乡褚杖子村西。（宋雄：《韩瑞墓志》，周阿根校注：《辽代墓志校注》，天津古籍出版社2022年版，第447页）

宜州当为耶律倍及其子永康王重要驻留地。这两块墓志便是辽代张正嵩和其第五子张思忠的墓志。其中，《张正嵩墓志》记载，张氏本河间人，自张正嵩之父张谏始入辽，张谏最初在耶律倍身边承担师傅之职事，所谓："时让国皇帝在储君，时携笔从事。虽非拜傅，一若师焉。"之所以张谏能够"携笔从事"，主要在于他学问好，"学备张车，才盈曹斗"。他也有为政的能力，"自后让皇入汉，天授潜龙，公为王府郎中，重元臣也。天授帝龙飞，公授密直学士，转给事，除朔州顺义军节度使、检校太保。到任后，甘雨随轩，灵珠赴浦，民谣五袴，家给千箱。袁扇风清，庾楼月朗。滋王泽也，增民事也。公蒞勤得替，匪败政也"[1]。天授皇帝是辽世宗耶律阮的尊号，这段所记反映的史实是：让国皇帝耶律倍出奔后唐后，张谏仍在永康王府任职，而永康王耶律阮当上皇帝后，他曾任枢密院直学士、给事等官，大概都是备顾问、应对、掌诰命奏事等职事，后任朔州顺义军节度使，利国惠民，颇有政绩。张正嵩为张谏第三子，任职朔州，为朔州顺义军节院使。张正嵩四十八岁病逝，葬于"□山之阳原"[2]。张正嵩的儿子张思忠一生任职多地，于重熙七年（1038）十二月十四日"薨于崇义军南双山之私第"。在第二年二月十七日"陪葬于其亡父之营次"[3]。从张氏父子墓发现于义县双山及《张思忠墓志》提到的"崇义军南双山之私第"看，张氏家族大概自张谏入辽就定居于宜州。因为按理张谏入辽后安家处应在其工作地，而最初他在耶律倍身边做事，后来在永康王府任职，宜州应是耶律倍王府及后来永康王府所在。考虑到契丹人在辽代仍然保持游猎习俗，宜州当是耶律倍家族领地内重要城邑。而后来耶律倍于大同元年（947）归葬于医巫闾山，也应与其家族活动区域有关。早在契丹部落联盟时代，契丹人虽然不定居，但契丹各部往往

---

① 赵衡：《张正嵩墓志》，周阿根校注：《辽代墓志校注》，天津古籍出版社2022年版，第45-46页。
② 赵衡：《张正嵩墓志》，周阿根校注：《辽代墓志校注》，天津古籍出版社2022年版，第46页。
③ 柴德基：《张思忠墓志》，周阿根校注：《辽代墓志校注》，天津古籍出版社2022年版，第236-237页。

有固定的活动区域，称之为"分地"①，或称"牧地"②，实际就是私属的领地。耶律倍的次子娄国的头下州间州（治今辽宁阜新县东85里豆芽窝铺镇烧锅屯城址）也近于医巫闾山③，也是耶律倍的分地在医巫闾地区的一个佐证。《辽史·王郁传》记王郁因从征渤海有功而被任命为崇义军节度使，即任宜州军政长官，并记他后来在宜州去世④。从王郁任宜州崇义军节度使于辽平渤海之后的时间节点看，宜州的建置在当时或有辅翼耶律倍统治辽东渤海之地的战略目的。辽世宗即位后，十分重视医巫闾地区的管理和建设。前述《辽史·地理志三》提到宜州隶积庆宫，积庆宫是辽世宗的斡鲁朵，表明在辽世宗统治时期宜州成为隶宫州城。而且，据《辽史·营卫志上》所记，辽世宗斡鲁朵户的构成也包括宜州户。⑤辽世宗朝继续起用有管理经验的汉臣管理宜州。《刘承嗣墓志》记载："（天禄）二年，迁司徒。乔联邦教，有益时雍。奉宣宜霸州城，通检户口桑柘。不茹不吐，廉善廉能。"⑥从这一记载可知，刘承嗣在辽世宗天禄二年为整顿宜州、霸州经济秩序作出了重要贡献，也表明宜州至辽世宗朝已初具规模。辽穆宗朝，宜州变化未见记载。辽景宗朝，受中晚唐、五代节度使世袭任职传统的影响，王郁之孙王裕被任命为崇义军节度使，当然其任职宜州也可能考虑到其家族在宜州的影响力，以及他本人的才能。辽圣宗朝玉田韩氏是朝廷倚重的汉族大族。韩匡嗣的长子韩德

---

① 《辽史》卷32《营卫志中》记载："《旧志》曰：'契丹之初，草居野次，靡有定所。至涅里始制部族，各有分地。'"（第427页）陈述先生认为合族分地是契丹古老的传统，涅里"始制部族"，应该是指帮助阻午可汗整理部落，并不意味着部族"分地"的开始，在整理之前，他们的牧地不可能没有畛域，只是整理之后比较固定一些，或者是一种合法的承认。而且，这种固定的居地直接和生产生活（夏营冬营）相连。（陈述：《契丹军制史稿》，《辽金历史与考古》第三辑，辽宁教育出版社2011年版，第1页）

② 比如，《辽史》卷37《地理志一》"头下军州"条提到："丰州，本辽泽大部落，遥辇氏僧隐牧地。"第508页。

③ 《辽史》卷37《地理志一》"头下军州"条提到："间州，罗古王牧地，近医巫闾山。"中华书局2016年版，第508页。向南先生认为罗古王就是娄国，译音致歧，娄国为耶律倍的第二子，见向南：《辽代医巫闾地区与契丹耶律倍家族的崛起》，《社会科学辑刊》1994年第1期，第101页。

④ 脱脱等：《辽史》卷75《王郁传》，中华书局2016年版，第1370页。

⑤ 脱脱等：《辽史》卷31《营卫志上》，中华书局2016年版，第412页。

⑥ 冯珧：《刘承嗣墓志》，周阿根校注：《辽代墓志校注》，天津古籍出版社2022年版，第25页。

源和七子韩德凝也都曾出任过宜州军政长官。随着辽朝对州县管理的日益加强，辽景宗、辽圣宗朝宜州的文化建设也呈现出新的面貌。宜州逐渐成为佛教文化昌盛之地。辽朝中后期，随着东京道州城建置的增多，辽朝对辽东之地的统治越来越稳固，位于医巫闾山西麓的宜州的军事防御功能有所分解，尤其是显州（治今辽宁省北镇市北镇街道北镇庙）、乾州（治今辽宁北镇市内观音阁街道观音洞）作为奉陵州建置之后。

在辽代新建的州县中，显州、乾州的建置同样具有重要意义。辽代显州是辽世宗耶律阮为奉祀其父耶律倍而建置的奉陵州。医巫闾地区早在北魏时期就有契丹人活动，辽初曾是东丹王耶律倍经常活动的地方。向南根据《辽史·地理志》和《显州北赵太保寨白山院舍利塔石函记》的相关记载认定医巫闾地区就是耶律倍家族的领地。[1]因此，当辽太宗朝耶律倍灵柩北归时自然而然就将其埋葬于医巫闾山。辽世宗即位后十分重视医巫闾地区的发展，显州及其所辖州县的建置过程中迁入辽东一些民户，尤以渤海民户为主。比如，显州，"迁东京三百余户以实之"[2]。显州统辖的州县也如此：奉先县，是辽世宗所建，"析辽东长乐县民"；山东县，是辽穆宗分割渤海永丰县民以之陵户；归义县，辽世宗初置显州时渤海民自来助役，"因籍其人户置县"；康州也是辽世宗置，迁徙渤海率宾府人户。[3]辽圣宗又因埋葬其父景宗皇帝于医巫闾山，而又置一奉陵州——乾州，乾州统辖一州（海北州）和四县（奉陵县、延昌县、灵山县、司农县），也都是陆续移民或并其他州县而置。医巫闾地区随着埋葬辽代皇族人物的增多，其重要性日益凸显，耶律倍、世宗耶律阮、景宗耶律贤之后又有承天太后萧绰、大臣韩德让、辽圣宗的亲弟弟耶律隆庆等入葬于医巫闾山。显州、乾州作为沟通辽西、辽东的必经之地，辽代皇帝的谒陵活动及辽代东征高丽都需要经过那里。辽末，显

① 向南：《辽代医巫闾地区与契丹耶律倍家族的崛起》，《社会科学辑刊》1994年第1期，第101页。
② 脱脱等：《辽史》卷38《地理志二》，中华书局2016年版，第526页。
③ 脱脱等：《辽史》卷38《地理志二》，中华书局2016年版，第526页。

州俨然成为医巫闾地区的区域交通中心，《辽史·地理志》记载一些头下军州便是参照显州定其位置。①辽末，显州、乾州又成为各方势力争夺的目标之一。实际上，在辽圣宗统和初年，显州的军事地位就已经确立，统和四年（986），辽宋交战之际，辽圣宗诏令平州节度使有"铠甲阙，则取于显州之甲坊"②，显州那时已成为武器存储之地。显州的重要性从辽军守卫战失利的后果看亦可证实，天庆七年（1117），金军在蒺藜山（位于辽宁阜新蒙古族自治县西北乌兰木头山③）大败辽募集的怨军之后，便进攻显州，依《金史·斡鲁古勃堇传》，金人攻下显州，"乾、懿、豪、徽、成、川、惠等州皆降"④。

由上述可以明确，辽代的辽西地区分布着重要的京府州城，它们的兴建体现了辽朝的发展方略，当然也是辽朝集中安置移民的结果，而移民更为辽朝经济发展提供了助力。

三、经济结构多元化与经济的发展

（一）移民区经济结构的渐趋多元

从前地广人稀的辽西地区在辽代陆续涌入大量的人口，各族人民为生业而努力劳作，也因移民使辽西地区经济结构发生了新变化。

辽朝建立以前，西辽河流域主要为游牧民族契丹人和奚人活动的舞台。契丹族早期的经济结构，畜牧业居于主导地位。从北魏至唐末，畜牧业一直都是契丹社会的经济支柱。马、杂畜是其财富的象征，牧场犹如农耕民族的田地一样是其畜牧业的基地，不可或缺。某种程度上可以说，畜牧业最初是辽朝立国的根本。史载，辽太祖时定州王处直遣子王郁向契丹辽朝请援兵，述律后就谏阻说："我有羊马之富，西楼足以娱乐，今舍此而远赴人之急，

① 脱脱等：《辽史》卷37《地理志一》，中华书局2016年版，第507-508页。
② 脱脱等：《辽史》卷11《圣宗纪二》，中华书局2016年版，第128页。
③ 邱树森主编：《辽金史辞典》，山东教育出版社2010年版，第751页。
④ 脱脱等：《金史》卷71《斡鲁古勃堇传》，中华书局2020年版，第1738页。

我闻晋兵强天下，且战有胜败，后悔何追？"①这里述律后所说的"羊马之富"反映的就是辽所依仗的畜牧经济十分昌盛。元朝史官对于契丹辽朝建国的原因也有这样一段总结："契丹旧俗，其富以马，其强以兵。纵马于野，弛兵于民。有事而战，骟骑介夫，卯命辰集。马逐水草，人仰湩酪，挽强射生，以给日用，糗粮刍荛，道在是矣。以是制胜，所向无前。"②显然，在元代史官看来，契丹立国的根本在于其骑兵的所向披靡，而游牧经济为契丹骑兵及契丹社会运转提供了有效的支撑。随着辽军的四出征伐，疆域不断得以拓展，经过辽朝前期和辽圣宗朝的移民，辽西人口构成和经济结构也随之发生较大的变化。《辽史·地理志》记述上京城有言：

> 其北谓之皇城，高三丈，有楼橹。门，东曰安东，南曰大顺，西曰乾德，北曰拱辰。中有大内。……南曰临潢府，其侧临潢县。县西南崇孝寺，承天皇后建。寺西长泰县，又西天长观。西南国子监，监北孔子庙，庙东节义寺。又西北安国寺，太宗所建。寺东齐天皇后故宅，宅东有元妃宅，即法天皇后所建也。其南具圣尼寺，绫锦院、内省司、麹院，赡国、省司二仓，皆在大内西南。八作司与天雄寺对。南城谓之汉城，南当横街，各有楼对峙，下列井肆。东门之北潞县，又东南兴仁县。南门之东回鹘营，回鹘商贩留居上京，置营居之。西南同文驿，诸国信使居之。驿西南临潢驿，以待夏国使。驿西福先寺。寺西宣化县，西南定霸县，县西保和县。西门之北易俗县，县东迁辽县。③

这段文字所记述的上京城有寺庙，有住宅，有官署，有井肆，也有回鹘商贩居留的回鹘营，周邻府县相依，呈现出城市生活面貌。临潢府附近的

---

① 欧阳修：《新五代史》卷72《四夷附录》，中华书局1974年版，第888页。
② 脱脱等：《辽史》卷59《食货志上》，中华书局2016年版，第1025页。
③ 脱脱等：《辽史》卷37《地理志一》，中华书局2016年版，第499页。

县有潞县、宣化县、定霸县、保和县、易俗县、迁辽县等，或是迁徙中原汉人建置，或是迁徙渤海人建置。《胡峤陷虏记》对西楼的描述大体与《辽史》记载相同。他也提到邑屋市肆，以及绫锦诸工作、身份职业各异的各色人等，他称他们多数是并、汾、幽、蓟之人。[1]辽中京道的情形与上京道相类似，对于其地的经济状况，宋人王曾使辽所作《行程录》记述说："居人草庵板屋，亦务耕种，但无桑柘；所种皆从垄上，盖虞吹沙所壅。山中长松郁然，深谷中多烧炭为业。时见畜牧牛、马、橐驼，尤多青羊、黄豕，亦有挈车帐，逐水草射猎。食止麋粥、秒糒。"[2]苏颂在熙宁十年（1077）十月至元丰元年（1078）正月第二次使辽，途经奚地，作诗《牛山道中》，描述所见："农夫耕凿遍奚疆，部落连山复枕冈。种粟一收饶地力，开门东向杂夷方。田畴高下如棋布，牛马纵横似谷量。赋役百端闲日少，可怜生事甚茫茫。"其原注提及："耕种甚广，牛羊遍谷。问之皆汉人佃奚土，甚苦输役之重。"[3]显然，中京道经济发展至王曾出使的宋大中祥符五年（1012），已呈多元态势。

可以肯定，辽朝多种经济格局的形成是长期发展的结果，其经济结构的变化为积渐而成，有一个过程。从阿保机祖父生活时代开始至辽代建立之后，不同从业者的移入加速了这一变化。陈述先生认为："契丹社会的产业，在阿保机的父亲一辈，开始有桑麻织组、城邑版筑和铁冶鼓铸；在阿保机的祖父一辈开始有稼穑。"[4]阿保机建国以后，随着汉人、渤海人陆续进入"内地"，以及一些农业区的并入，辽朝农业、手工业所占比重开始增大，辽朝也不时推行重视发展农业的政策，但各产业的地位和相互关系是根据民

① 佚名：《胡峤陷辽记》，赵永春辑注：《奉使辽金行程录》（增订本），商务印书馆2017年版，第9页。
② 王曾：《王沂公行程录》，赵永春辑注：《奉使辽金行程录》（增订本），商务印书馆2017年版，第27页。
③ 苏颂：《牛山道中》，见赵永春辑注：《奉使辽金行程录》（增订本），商务印书馆2017年版，第87页。
④ 陈述：《契丹社会经济史稿》，生活·读书·新知三联书店1963年版，第3页。

族与区域而定的。对此，陈述先生指出："就全国而言，农业不是唯一的产业。在国家基本的契丹族人中也不以农业为主要的生产。一面发展游牧，一面提倡重农，并不是政策上的转变，而是对于不同地区的不同要求。耕地牧场的分别需要，没有形成对立，而是彼此结合互相补充的。"①陈述从经济发展总的格局阐述了其农业与畜牧业的兼容，而这种兼容使辽朝兼具"行国""城国"双重特征，足以支撑其与周邻政权持久地抗衡。对此，宋神宗有所论及："唐明皇晚年逸豫，以致祸乱。如本朝无前世离宫别馆、游豫奢侈之事，非特不为，亦无余力可为也。盖北有强敌，西有黠羌，朝廷汲汲枝梧不暇。然二敌之势所以难制者，有城国，有行国。自古外裔能行而已，今兼中国之所有，比之汉、唐尤强盛也。"②

（二）畜牧业、农业、手工业、商业的发展

契丹立国后，随着农业人口的大量进入，辽西区域内农业经济的比重有明显的增加，但畜牧业仍然在很长一段时间居于主导地位，因为辽代立国前辽西畜牧业基础深厚。何天明指出："早在北魏时期，契丹各部即游牧于密云、和龙以北（约今天内蒙古赤峰市及其以西的广大地区）……唐末，契丹骑兵不断进入幽蓟地区寇掠，主要意图之一是要得到幽、蓟塞外的草场作为牧地。显然，这时契丹的牧地正在由北向南扩展。"③辽朝建立后，畜牧业发展有了更好的条件，宋使王曾使辽在古北口外不时可以看到杂畜，种类较多。沈括熙宁八年（1075）使辽，深入至契丹皇帝驻牧的永安山（今内蒙古巴林右旗白塔子废城西北瓦尔漫汗山），他描述当地人们的生活时写道："永安，地宜畜牧，畜宜马、牛、羊，草宜荔梃、枲耳，谷宜粱、麦，而人不善艺。四月始稼，七月毕敛。地寒多雨，盛夏重裘。七月陨霜，三月释冻。其人剪发，妥其两髦。行则乘马，食牛羊之肉酪，而衣其皮，间啖麦

---

① 陈述：《契丹社会经济史稿》，生活·读书·新知三联书店 1963 年版，第 35 页。
② 李焘：《续资治通鉴长编》卷 328 "神宗元丰五年"，中华书局 2004 年版，第 7899—7900 页。
③ 何天明：《试论辽代牧场的分布与群牧管理》，《内蒙古社会科学》1994 年第 5 期，第 45 页。

粥。"①从沈括的记述看，永安山附近是以畜牧业为主的，虽有农田，但人们并不擅长耕种，人们的衣食也仰仗畜牧经济提供。苏颂于熙宁十年（1077）第二次使辽所作《辽人牧》，有诗句"牧羊山下动成群，啮草眠沙浅水滨"②。苏辙于宋元祐四年（1089）使辽，他所作《出山》诗反映出燕山以北辽代各族的生活状况：

出山

燕疆不过古北阙，连山渐少多平田。

奚人自作草屋住，契丹骈车依水泉。

橐驼羊马散川谷，草枯水尽时一迁。

汉人何年被流徙，衣服渐变存语言。

力耕分获世为客，赋役稀少聊偷安。

汉奚单弱契丹横，目视汉使心凄然。

石瑭窃位不传子，遗患燕蓟逾百年。

仰头呼天问何罪，自恨远祖从禄山。③

　　苏颂、苏辙前后所见辽西地区的景象均反映出畜牧生活方式在契丹辽朝的普遍存在。甚至小凌河流域的畜牧业也有一定的规模，贾师训在辽道宗朝任锦州永乐令时，有州帅以其家牛羊驼马"配县民畜牧"，"日恣隶仆视肥瘠动撼人取钱物，甚为奸扰"，告发者达三百人④，说明这位州帅拥有的牛羊驼马的数目不小。当然，辽朝二百余年畜牧业在其经济发展中所占的比重前

① 沈括：《熙宁使虏图抄》，赵永春辑注：《奉使辽金行程录》（增订本），商务印书馆2017年版，第94—95页。
② 苏颂：《辽人牧》，赵永春辑注：《奉使辽金行程录》（增订本），商务印书馆2017年版，第89页。
③ 苏辙：《奉使契丹二十八首》之《出山》，赵永春辑注：《奉使辽金行程录》（增订本），商务印书馆2017年版，第128页。
④ 杨□：《贾师训墓志》，周阿根校注：《辽代墓志校注》，天津古籍出版社2022年版，第485页。

后不同。何天明认为王曾使辽所见到的畜牧业发展情况当属辽朝中期，那时古北口以北仍然是契丹牧场分布最多的地区。[1]张国庆把辽朝的畜牧业发展分成两个时期，他认为辽朝前期（916—982）契丹辽地主要以畜牧经济为主，畜牧业经济呈上升态势，牧场遍布草原各处，有南境燕北"塞下"等处的牧马基地、大漠南北的官营"群牧"牧场、契丹皇帝四时"捺钵"地牧场、潢水和土河两河流域的"斡鲁朵""诸抹"群牧牧场、散布于辽朝各地的诸部族牧地、上京周边地区契丹官贵的私人牧场等，其中，辽西地区既有"斡鲁朵""诸抹"群牧牧场，也有诸部族牧场，还有官贵的私人牧场，牧场的类型比较多样；辽朝中后期（983—1125），畜牧业经济的繁盛巅峰已经过去，出现必然的衰势，位于辽西地区的各种类型的牧场也都出现了不同程度的变化，大致说来，契丹皇帝四时"捺钵"地牧场还比较稳定，除了春捺钵牧场偏北一些，在长春州附近的"鸭子河泺"（今吉林前郭尔罗斯附近的查干泡子），夏捺钵固定在"永安山"一带（今内蒙古巴林右旗北境的大兴安岭南麓）、秋捺钵在"庆州"一带（今内蒙古巴林右旗北部）、冬捺钵在"广平淀"（今内蒙古翁牛特旗、巴林右旗、阿鲁科尔沁旗和开鲁县接壤的西辽河下游一带）。但"斡鲁朵""诸抹"群牧的牧场有变化，诸部族牧地有迁移和析分，有一些迁到西北、东北接近辽朝的边疆地方，契丹官贵的私人牧场也有缩小。[2]从古人的记述和今人的研究看，辽代辽西地区的畜牧业发达，虽然后期有转衰的趋势，但辽西地区始终都是辽代主要畜牧业基地。

辽代辽西地区无疑是契丹族统治者最为重视的腹心区域，也是辽代优先发展的地区。辽朝以契丹皇帝为首的统治集团积极致力于经济建设，因此当地的农业、手工业、商业都得到了迅速的发展。其中，辽西地区的农业开发，是辽代经济发展颇为引人瞩目的现象，目前相关的研究已有清晰的认识。辽西地区本有农业基础，尤其是大、小凌河和滦河流域，这在上一章有

---

① 何天明：《试论辽代牧场的分布与群牧管理》，《内蒙古社会科学》1994年第5期，第46页。

② 张国庆：《辽代牧、农经济区域的分布与变迁》，《民族研究》2004年第4期，第85—87、89—91页。

所提及。唐末辽初随着契丹四出征伐，农业人口陆续进入辽西，带动了西拉木伦河和老哈河流域及医巫闾地区的农业发展。陈述认为，辽代新开辟的农业耕地主要是在头下城的形式下出现的"插花田"①，他指出："契丹在农业上取得一定的成就，表现在燕云农业区的恢复和新垦区（头下州）的庄园渐趋安定。"②燕云的并入使辽朝的农业区扩大，而头下州的创建使得农业经济渗透到了辽朝的腹心之地，增加了农牧互补。据余蔚研究，可以明确辽朝境内曾先后出现过45个头下州③，除了6州（骧州、康州、肃州、圆州、随州、和州）之外，其余39州中有26州位于辽西地区，它们是徽州（治今辽宁阜新县北83里的旧庙镇四家子村西古城址）、豪州（治今辽宁彰武县西110里堡子乡小南洼村城址）、横州（治今辽宁彰武县东38里苇子沟乡土城子村古城址）、丰（澄）州（约在内蒙古敖汉旗）、顺州（治今辽宁阜新县东49里大巴镇杜代营子村五家子屯城址）、闾州（治今辽宁阜新县东85里豆芽窝铺镇烧锅屯城址）、松山州（治今内蒙古巴林右旗东南137里益和诺尔苏木）、豫州（治今内蒙古扎鲁特旗西北165里格日朝鲁苏木恩格敖包西北）、全州（治今内蒙古巴林左旗西北100里碧流台镇四方城）、义州（治今内蒙古赤峰市元宝山区小五家回族乡大营子村）、黑河州（治今内蒙古巴林右旗东南24里大阪镇友爱古城）、灵安州（治今内蒙古库伦旗西南108里扣河子镇黑城子村）、遂州（治今辽宁彰武县东北70里四合城乡大伙房村土城屯城址）、福州（治今内蒙古库伦旗南37里先进苏木一带）、宁州（治今内蒙古扎鲁特旗西北162里格日朝鲁苏木恩格敖包略东北）、渭州（治今辽宁彰武县西北90公里四堡子乡韩家杖子村城子地城址）、卫州（治今辽宁阜新县北55里旧庙镇他不郎营子古城址）、茂州（治今辽宁凌海市金城镇的东南）、懿州（治今辽宁阜新县东北90里平安地镇土城子村古城）、骦（懂）州（治今辽宁阜新

---

① 陈述：《契丹社会经济史稿》，生活·读书·新知三联书店 1963 年版，第 23 页。
② 陈述：《契丹社会经济史稿》，生活·读书·新知三联书店 1963 年版，第 34—35 页。
③ 余蔚：《中国行政区划通史·辽金卷》，复旦大学出版社 2012 年版，第 141—415 页。

县东39里大巴镇半截塔村古城址）、穆州（治今辽宁阜新市西南71里乌龙坝镇细河堡村古城址）、晖州（治今辽宁阜新市西一带）、禄州（治今辽宁阜新市东北一带）、榆州（治今辽宁凌源市西14里城关镇十八里堡古城址）、白川州（初治今辽宁北票市西南33里四角坂古城，后徙北票市东北76里黑城子镇黑城子古城）、睦（成）州（治今辽宁阜新市西北50里红帽子乡西红帽子村古城址）。这些头下州并不是同时建置的，但又绝大部分分布在相对集中的区域。同时，除了头下城，辽朝新建的方州也大多数位于辽西地区。从辽朝方州的建置时间看，主要在灭渤海及得燕云之后，辽朝所控制的务农人口迅速地增加，推广州县制以安置移民成为当时辽朝统治者明智的选择。这既有利于社会的稳定，又可带动辽西地区农业、手工业和商业的发展，一举两得。据余蔚的统计，辽朝境内的州县，在天赞末年（925）至会同元年（938）十余年间，增长了五倍以上。他认为："经过太宗的经营，契丹的州、县分布，已从临潢周边的小区域，向南推进到潢河、土河上游，出现了大片相连的密布州县的区域。"①这使辽西地区农业占比得到显著提升。韩茂莉从经济发展的角度对辽代农业开发的区域性予以探讨，她认为，辽朝自立国开始，其农业开发区就呈现出区域性集中的态势，先后形成三个农业集中开发区，即西拉木伦河流域、医巫闾山北端、辽中京周围，而且在每一个农业集中开发区内，农田的分布是插花式的（她认同陈述先生的表述，称为"插花地"，即农田与非农业用地相间分布），其农业人口基本不是土著居民，他们分别来自中原及渤海等地，被集中安置在州城附近。②可以说因为灭渤海和得燕云地区，辽西成为人口汇聚地，也成为辽代农业重点开发区。

文献史料对中京道和东京道显州、乾州等地的经济发展情况也有所反映，似乎桑麻等经济作物种植比较多。路振《乘轺录》记载："沿灵河有灵、锦、显、霸四州，地生桑、麻、贝、锦，州民无田租，但供蚕织，名曰

---

① 余蔚：《中国行政区划通史·辽金卷》，复旦大学出版社2012年版，第114-115页。
② 韩茂莉：《辽金农业地理》，社会科学文献出版社1999年版，第37-83页。

'太后丝蚕户'。"①《辽史》《金史》也有记载印证路振的这一说法，《辽史·圣宗纪》提及统和元年辽圣宗的显州之行，有以显州岁贡绫锦分赐左右的记述。②《金史·太宗纪》也载：天会三年（1125）七月，"南京帅以锦州野蚕成茧，吞其丝绵来献"③。金初，锦州出现野蚕成茧的地方很可能就是辽代植桑养蚕的蚕场。辽朝迁徙汉、渤海等族人口进入辽西地区，其中有些有技艺的人已在其中，他们的特长是辽朝发展所需要的，他们也确实带动了辽西地区手工业的发展。《旧五代史·卢文进传》记载："未几，文进引契丹寇新州，目是戎师岁至，驱掳数州士女，教其织纴工作，中国所为者悉备，契丹所以强盛者，得文进之故也。"④《辽史·地理志》记饶州辖县长乐县的情况，言其地人口以迁徙的渤海户为基础，提及四千户中有一千户"纳铁"⑤。这则史料反映出迁徙人口中有冶铁户。《辽史·地理志》"泽州"条提及："太祖俘蔚州民，立寨居之，采炼陷河银冶。"⑥说明迁至泽州的蔚州民主要从事银冶采炼。前述提到宋使王曾所见古北口外的中京地区，有从事农耕生产的，也有手工业者，更有游牧民。王曾还言及中京城内有市楼、馆驿、寺庙、囿圃（宴射之所），商业及文化娱乐等活动都有其固定的场所。李万撰写于开泰九年（1020）的《耿延毅墓志》，提及耿延毅于开泰八年（1019）病逝前曾"求医于中京贵德坊"⑦，而《程延超墓志》记述程延超的长子任职中京留守绫锦院使⑧，这些记载充分证明，服务于民众的一些行业的从业者在中京有规范的管理。考古资料也印证辽代辽西地区的农业和手工业的进步，通辽、赤峰、朝阳、锦州、阜新、葫芦岛、平泉等地都发掘出辽

---

① 路振：《乘轺录》，赵永春辑注：《奉使辽金行程录》（增订本），商务印书馆2017年版，第20页。

② 脱脱等：《辽史》卷10《圣宗纪一》，中华书局2016年版，第120页。

③ 脱脱等：《金史》卷3《太宗纪》，中华书局2020年版，第58—59页。

④ 薛居正等：《旧五代史》卷97《卢文进传》，中华书局1976年版，第1295页。

⑤ 脱脱等：《辽史》卷37《地理志一》，中华书局2016年版，第506页。

⑥ 脱脱等：《辽史》卷39《地理志三》，中华书局2016年版，第548页。

⑦ 李万：《耿延毅墓志》，周阿根校注：《辽代墓志校注》，天津古籍出版社2022年版，第170页。

⑧ 《程延超墓志》，周阿根校注：《辽代墓志校注》，天津古籍出版社2022年版，第174页。

代农具、陶瓷器、金属制的生产、生活用具，它们是辽朝辽西地区农业和手工业发展水平的实物证据。[①]另外，上京和中京有"市肆"，辽西各地出土的辽代货币以及发现的辽代窖藏货币，表明商业在辽西地区的存在。需要说明的是，畜牧业本来就是辽西契丹、奚人的主要生产行业，在辽西的契丹人对传统的坚守使他们始终是畜牧业发展的主力，一些奚人可能转向定居而从事农业生产。前述提及苏辙《出山》诗，有"奚人自作草屋住，契丹骈车依水泉"的诗句，描述的是过燕山之后所见的奚人、契丹人的生活情形，但也从侧面反映了他们的生产状况。

综上，辽代移民开发辽西地区总体上看对区域社会发展有积极的推动，"城郭相望，田野益辟"的局面前所未有，经济结构多元化既有利于区域经济发展，又促进了各族人民相互依存，也加强了彼此之间的联系，使辽代成为我国古代辽西地区最为辉煌的发展时期。只是这种大发展的势头在辽代之后的金元两朝减慢了，这当与不同政权区域发展定位密切相关。

---

① 参见《中国文物地图集》之《辽宁分册》《内蒙古分册》《河北分册》。

第三章　金代辽西行政建置与移民构成的变化

12世纪初，女真人在历史舞台上十分活跃，他们在反辽战争中，力量不断壮大，仅用十年时间就占领了辽朝的绝大部分领土，且很快具备了与宋抗衡的实力，将中原也纳入金朝版图。金朝也是多民族的政权，在金朝行政区划的调整中，辽西之地被赋予新的内容，辽西的移民也呈现出不同于辽朝的新特点。

第一节　金军攻取辽西地区

一、女真反辽之初的军事胜利

天庆四年（1114）九月，辽朝北部的女真部族在其首领完颜阿骨打的带领下举兵反辽，女真诸路集结兵力二千五百人，聚会于来流水（即涞流河，今黑龙江省与吉林省交界之拉林河①），他们所申明的反辽理由是："世事辽国，恪修职贡，定乌春、窝谋罕之乱，破萧海里之众，有功不省，而侵侮是加。罪人阿疎，屡请不遣。今将问罪于辽，天地其鉴佑之。"②女真兵众向辽界进发后，首先遭遇以耶律谢十为统帅的辽军，结果初战告捷。宁江州（治今吉林松原市北33里伯都乡伯都村古城）之战，女真军又以少胜多，士气大

① 史为乐主编：《中国历史地名大辞典》，中国社会科学出版社2005年版，第1250页。
② 脱脱等：《金史》卷2《太祖纪》，中华书局2020年版，第26页。

振。辽军虽然组织力量进行抵抗，但辽军步骑数量虽多，战斗力却不强。此后，女真军所向披靡，先后于出河店（今黑龙江省肇源县西南一带[1]）、斡邻泺（今吉林省前郭尔罗斯境内、拉林河以西[2]）、宾州（治今吉林农安县东北红石垒110里靠山镇广元店古城）、咸州（治今辽宁开原市东北17里老城镇）等地打败辽军。数月间，女真兵满万，于是在众将拥戴下，完颜阿骨打于天庆五年（1115）正月初一即皇帝位，建国号大金，改元收国。

金朝建立后，黄龙府（治今吉林农安县）及其附近首先成为金军攻取的目标，耶律章奴和高永昌先后叛辽，辽朝忙于应对内乱，金军趁机连下数地。史载，金军在达鲁古城（治今吉林扶余市北10里前城子）、黄龙府、白马泺（其地不详）、护步答冈（今吉林乾安一带[3]）、沈州（治今辽宁沈阳市）、东京（治今辽宁辽阳市区）等战中取胜。[4]从收国二年（1116）正月戊子金太祖完颜阿骨打所下诏书可知，随着占领地区的扩大，四方来降者众多，有契丹、奚、汉、渤海、系辽籍女真、室韦、达鲁古、兀惹、铁骊等诸部官民，新兴的金政权迅速发展成为多民族的政权。天辅元年（辽天庆七年，1117）正月，春州（治今吉林省白城市东南55里德顺乡城四家子古城）、泰州（治今黑龙江省泰来县西北56里塔城子镇古城）又被金军攻下。至此，辽朝已丧失上京道北部和东京道大部分地区。

二、金军攻取辽西的几次战役

（一）蒺藜山、显州之战

金军进入辽西的第一场大战为蒺藜山（位于辽宁阜新蒙古族自治县西北

---

① 邱树森主编：《辽金史辞典》，山东教育出版社2010年版，第146页。
② 邱树森主编：《辽金史辞典》，山东教育出版社2010年版，第809页。
③ 邱树森主编：《辽金史辞典》，山东教育出版社2010年版，第996页。
④ 参见脱脱等：《辽史》卷28《天祚皇帝纪二》，中华书局2016年版，第372-374页。《金史》卷2《太祖纪》，中华书局2020年版，第28-32页。

乌兰木头山①）之战。在这场战役中，辽金双方都投入较多的兵力，但史书所记失之过简，综合《辽史》《金史》《契丹国志》的相关记载，蒺藜山之战发生在天辅元年（辽天庆七年，1117）十二月，辽军参战人数约二万八千人，军事统帅是耶律淳（《金史》称耶律捏里），金军参战人数大约二万人，斡鲁古领兵一万，迪古乃和娄室领兵一万。辽军多为临时招募而来，"自宜州募者谓之前宜营，再募者谓后宜营，前锦、后锦者亦然，有乾营、显营，又有乾显大营、岩州营"。这些招募于医巫闾地区州城的怨军装备不全，未及作战就有显乾大营、前锦营的怨军因"时寒无衣，劫掠乾州"，耶律淳领兵至蒺藜山后，命令大军就粮司农县（治今辽宁阜新县东北67里左右务欢池镇附近），本想领轻骑二千人奔赴显州去处置作乱的怨军，行至懿州（治今辽宁阜新县东北90里平安地镇土城子村古城），得到金军到来的消息，不得已匆忙应战，结果大败。②这场战役辽军的失败有兵员素质低下、人心不齐的因素，也有指挥官应变不力的因素。《金史·斡鲁古勃堇传》记载耶律捏里在蒺藜山之战前曾有与金军和议之举。蒺藜山一战，辽军的失败，使军事重镇显州的处境岌岌可危。本来在蒺藜山之战之前，金军就已把显州列为攻击的目标，"斡鲁古等攻显州，知东京事完颜斡论以兵来会，即以兵三千先渡辽水，得降户千余，遂薄显州"。蒺藜山胜利后，斡鲁古等乘胜围显州，攻其城西南，"军士神笃踰城先入，烧其佛寺，烟焰扑人，守陴者不能立，诸军乘之，遂拔显州"。辽方显州的失守直接影响医巫闾地区其他州城的归属，"乾、懿、豪、徽、成、川、惠等州皆降"③。

辽金之间的军事较量从一开始金军就占据优势。随着金军控制区域越来越大，辽上京（治今内蒙古巴林左旗南1里波罗城）、辽中京（治今内蒙古宁城县西34里大明镇城址）成为金朝攻取的目标。天辅二年（1118），双方使

① 邱树森主编：《辽金史辞典》，山东教育出版社2010年版，第751页。

② 叶隆礼撰，贾敬颜、林荣贵点校：《契丹国志》卷10《天祚皇帝上》，上海古籍出版社1985年版，第111页。

③ 脱脱等：《金史》卷71《斡鲁古勃堇传》，中华书局2020年版，第1738页。

者往来频繁，大概双方都有划域而治的想法，具体是哪一方首先提出议和，《辽史·天祚皇帝纪》和《金史·太祖纪》的记载并不一致。《辽史·天祚皇帝纪》在天庆七年记事中提到："是岁，女直阿骨打用铁州杨朴策，即皇帝位，建元天辅，国号金。杨朴又言，自古英雄开国或受禅，必先求大国封册，遂遣使议和，以求封册。"①《辽史·天祚皇帝纪》天庆二年以后采自《契丹国志》者甚多②，这段所记当是《契丹国志》相关记载的概述。《金史·太祖纪》未提请求封册之事，仅言自天辅二年二月癸丑朔，辽使者耶律奴哥等来议和，金也派使者如辽，双方议和活动持续至天辅四年初，最终辽金双方也没有达成和议。值得注意的是，辽金双方和谈中，金朝也想得到一些土地，史载，天庆八年（1118）正月丁亥，"遣耶律奴哥等使金议和"。二月，耶律奴哥带着金朝君主的"复书"从金朝控制区返回，"复书"中金朝一方提出的条件是："能以兄事朕，岁贡方物，归我上、中京、兴中府三路州县；以亲王、公主、驸马、大臣子孙为质；还我行人及元给信符，并宋、夏、高丽往复书诏、表牒，则可以如约。"③从金太祖完颜阿骨打这个"复书"的内容看，辽上京、中京、兴中府三地是刚刚建立的金政权想要争取的地方。倘若真有这一"复书"，说明当时以完颜阿骨打为首的金朝统治者尚没有十足的把握灭亡辽朝，因此他们想通过与辽朝和谈争取最大的利益。但两年的和谈并没有达成金朝预想的结果，只是通过持续两年的和谈使金朝的军队得到了休整，金朝对已占领地区的统治也得到了巩固，这些为金

---

① 脱脱等：《辽史》卷28《天祚皇帝纪二》，中华书局2016年版，第376页。

② 冯家昇：《〈辽史〉源流考》，《冯家昇论著辑粹》，中华书局1987年版，第126页。

③ 脱脱等：《辽史》卷28《天祚皇帝纪二》，中华书局2016年版，第376-377页。从内容和文字表述看，《辽史·天祚皇帝纪》主要来源于《契丹国志》（冯家昇《〈辽史〉源流考》有具体的对比），但关于天庆八年阿骨打的复书涉及的内容却不同，提到的要求中有"割辽东、长春两路"，而不是"归我上、中京、兴中府三路州县"。《宋会要辑稿》关于阿骨打求辽封册是这样讲的："先是，女真陷契丹五十余城，据辽东、长春两路，遂用杨朴策求契丹封册，天祚遂立阿骨打为'东怀皇帝'。女真云：（虽）[唯]称我'大金皇帝兄'即已，不然，我提兵取上京矣。既而女真破上京，又陷中京，天祚自燕京奔云中，留宰相张琳、李处温与燕王守燕京。"（见《宋会要辑稿·蕃夷道释》郭声波点校本，四川大学出版社2010年版，第99页）从天庆八年后，金军的军事行动看，当时所要当是上京、中京、兴中府等地，而不应该是辽东、长春州。

军再战积蓄了力量。

（二）上京城之战

　　金朝深入辽西地区的第二场大战是攻克辽上京。金太祖完颜阿骨打很清楚军事进攻要比和谈更能得到他想要的结果，即周邻政权对金政权的认可。在蒺藜山之战后，南宋便派马政带着国书与金朝接触，与金朝商议分割辽地。这是宋朝对金军征辽军事胜利的肯定。天辅四年（1120）五月，金太祖完颜阿骨打再次出发征辽，由于辽上京要比此前金军进攻的任何一地军政地位都重要，战前金人也做了较为充分的准备，派宗雄先前往辽上京，派降者马乙至城中布告金太祖谕令，申明降者抚恤。这次战役，金太祖亲自统率军队，兵临城下时，再次诏告辽上京官民"不欲残民"，但辽上京官民"恃御备储蓄为固守计"。在劝降不成之后，金太祖亲自临城督战，"自旦及巳，阇母以麾下先登，克其外城，留守挞不野以城降"[1]。挞不野投降，也可能是此前诏谕工作起了一定的作用。金军攻克辽上京当日，金太祖即赦上京官民。需要说明的是，辽上京道统辖区域较广，金军仅仅攻克了上京城，其下辖州县仍然还是辽土，因此，攻克上京城后，金太祖接纳宗幹等群臣进谏，没有进一步深入"敌境"，以免陷入困境，而且很快班师北去，仅分部分兵力攻庆州（治今为蒙古巴林右旗北151里索博日嘎苏木白塔子村古城）。尽管如此，辽上京城被金太祖率军攻陷，辽人大为震惊。由于守城的上京留守挞不野降金，辽朝很快又任命北府宰相萧乙薛兼上京留守[2]，《辽史·天祚皇帝纪》还记载：保大元年正月，萧德恭任中书门下平章事兼判上京留守事[3]。辽上京被金攻下后而设的上京留守已不能驻扎上京城，所管辖事务也难以与此前上京留守相比，或仅仅寄寓恢复之望而已。

---

① 脱脱等：《金史》卷2《太祖纪》，中华书局2020年版，第36页。
② 脱脱等：《辽史》卷101《萧乙薛传》，中华书局2016年版，第1582页。
③ 脱脱等：《辽史》卷29《天祚皇帝纪三》，中华书局2016年版，第384页。

（三）中京及北安州之战

金朝进军辽西地区的第三场大战是攻克辽中京及北安州等地。在金军攻陷辽上京后大约一年的时间里，金军并没有发动大规模的攻辽战争，天辅五年（1121）四月，宗翰奏请金太祖兴师追击辽天祚帝，宗翰有言："我朝兴师，大业既定，而根本弗除，后必为患。"金太祖认同他的说法，"即命诸路戒备军事"①。因时方暑月，并没有发兵。天辅五年（1121）十一月，宗翰再次请求："诸军久驻，人思自奋，马亦壮健，宜乘此时进取中京。"②当时群臣又以时方寒为由不同意用兵，金太祖这次没有听从群臣意见，而是采纳了宗翰的建议。十二月辛丑，金太祖任命忽鲁勃极烈完颜杲为内外诸军都统，任命完颜昱、宗翰、宗幹、宗望、宗磐等为副都统。从这个军事统帅的阵容看，这次对辽进攻动用了精兵强将。据《完颜娄室神道碑》，完颜娄室、完颜希尹、耶律余睹都参加了攻中京及附近奚部的战争。③战前，金太祖连下两道诏书给诸将，其一称："辽政不纲，人神共弃。今欲中外一统，故命汝率大军以行讨伐。尔其慎重兵事，择用善谋，赏罚必行，粮饷必继，勿扰降服，勿纵俘掠，见可而进，无淹师期。事有从权，毋须申禀。"④除了叮嘱诸将慎重军事、宣布军事纪律，赋予他们临事从权的权力之外，所言"今欲中外一统"，表明金朝统治者已萌生灭亡辽朝的愿望。此后金朝的军事行动确实可以为证。另一诏书称："若克中京，所得礼乐仪仗图书文籍，并先次津发赴阙。"⑤在这道诏书中，金太祖对攻下辽中京满怀信心，且强调要承继辽朝留下的文化遗产。天辅六年（1122）正月，由都统完颜杲率领的大军先后攻克高州（治今内蒙古赤峰市东北87里太平地乡哈剌木头村遗址）城、

---

① 脱脱等：《金史》卷74《宗翰传》，中华书局2020年版，第1799页。
② 脱脱等：《金史》卷74《宗翰传》，中华书局2020年版，第1799-1800页。
③ 王彦潜：《完颜娄室神道碑》记载："皇弟辽王杲统诸军以平中京，王为先锋，至□山，败其节度使雅思之兵三千。偕完颜希尹、耶律余笃等帅师徇地奚部，所向辄克。"（王新英辑校：《全金石刻文辑校》，吉林文史出版社2012年版，第220-221页）
④ 脱脱等：《金史》卷2《太祖纪》，中华书局2020年版，第38页。
⑤ 脱脱等：《金史》卷2《太祖纪》，中华书局2020年版，第38页。

恩州（治今内蒙古喀喇沁旗东64里西桥镇七家村城址）城、回纥城（治今内蒙古宁城县北小城子镇一带），然后，没太费力气便攻下辽中京，并将泽州（治今河北平泉市西南22里南五十家子乡会州城村）攻克。因为辽人并无斗志，不战而溃。金军攻克中京后，"分兵屯守要害之地"①，宗翰率领偏师攻北安州（治今河北隆化县城北偏隆化镇下洼子村土城子古城），与娄室、徒单绰里合兵，大败奚王霞末②。《金史·银术可传》记载："银术可与习古乃、蒲察、胡巴鲁率兵三千，击奚王霞末于京西七十里，霞末弃兵遁。"③依此，辽中京西奚王霞末统领的军队被金军击败，霞末逃遁。《金史·太祖纪》的记载未言奚王霞末逃遁，称"奚部西节度使讹里剌以本部降"④。至此，金军控制辽西大部分地区。但金朝在辽西的统治尚不稳定，辽遗民多有逃匿山林者。天辅六年十月，金太祖所发布的诏令可以印证这一事实，其诏曰："朕屡敕将臣，安辑怀附，无或侵扰。然愚民无知，尚多逃匿山林，即欲加兵，深所不忍。今其逃散人民，罪无轻重，咸与矜免。有能率众归附者，授之世官。或奴婢先其主降，并释为良。其布告之，使谕朕意。"⑤

（四）高州、建州、兴中府之战

金军占领辽西地区的第四场战役为高州、建州、兴中府等州府的争夺战。金军攻克辽中京后，军队大体分为三线作战。一些主要将领为追击辽天祚帝继续西行，比如完颜杲、完颜宗翰、完颜昱、完颜宗望等，他们攻下辽西京（治今山西大同市）。金太祖为首的军队南下攻伐燕京（治今北京市区），迫使辽代知枢密院左企弓、虞仲文等奉表降附。而辽西地区的大小凌河流域也在不断上演攻防战。天辅六年（1122）八月，完颜浑黜统率的金军与昭古牙、契丹九斤为首的守卫辽土的武装力量约六万人在高州展开激战。

① 脱脱等：《金史》卷76《杲传》，中华书局2020年版，第1848页。
② 脱脱等：《金史》卷74《宗翰传》，中华书局2020年版，第1800页。
③ 脱脱等：《金史》卷72《银术可传》，中华书局2020年版，第1762页。
④ 脱脱等：《金史》卷2《太祖纪》，中华书局2020年版，第38页。
⑤ 脱脱等：《金史》卷2《太祖纪》，中华书局2020年版，第40—41页。

结果后者败北，但金军在这场大战中也有伤亡，比如，银术可的弟弟完颜麻吉便于高州之战战死。[①]天辅七年（1123）正月，辽代平州、宜州（治今辽宁义县）、锦州（治今辽宁锦州市）、乾州（治今辽宁北镇市内观音阁街道观音洞）、显州（治今辽宁北镇市北镇街道北镇庙）、成州（治今辽宁阜新市西北50里红帽子乡西红帽子村古城址）、川州（治今辽宁北票市东北76里黑城子镇黑城子古城）、豪州（治今辽宁彰武县西110里四堡子乡小南洼村城址）、懿州（治今辽宁阜新县东北90里平安地镇土城子村古城）等州城相继降附金朝。在这些处于兴中府附近的州城都纷纷降金的形势下，天辅七年二月初，兴中府降附。《金史·太祖纪》记载："二月乙酉朔，命撒八诏谕兴中府，降之。"受命诏谕兴中府的撒八虽然完成了诏谕的使命，但兴中府尚有军民不认可金朝的统治，所以兴中府降金不足一个月，又与宜州一起"复叛"[②]，《辽史》言"复城守"[③]。此后，直到金天会二年（1124）十月，兴中府才真正归金朝统辖，这中间有一年零九个月的时间。辽金双方围绕着兴中府的归属，不时有军事行动，最终，金朝以强大武力作后盾屡败坚持抵抗的兴中府军民，迫使兴中府归附。

实际上金朝攻取兴中府并不容易。当兴中府"复叛"时，金朝已经控制辽朝绝大部分领土，辽天祚皇帝西奔云内州（治今内蒙古托克托县东北65里古城镇）、西夏，穷途末路，自顾不暇，根本无法顾及大凌河流域的这一散府。"复城守"的兴中府完全是地方势力在苦苦抗争，遥辇昭古牙统领的军队、契丹九斤统领的军队及兴中尹集合民众约数万人在捍卫自己的家园。《金史》的相关记载也反映，遥辇昭古牙的部族在建州（治今辽宁朝阳市西南60里大平房镇黄花滩古城址）据守，契丹九斤同样是坚决抗金的辽兴中府抵抗力量中的一个统帅人物，兴中尹道温也是抱定为国而死的地方官员，他

---

① 脱脱等：《金史》卷2《太祖纪》，中华书局2020年版，第40页。
② 脱脱等：《金史》卷2《太祖纪》，中华书局2020年版，第42页。
③ 脱脱等：《辽史》卷29《天祚皇帝纪三》，中华书局2016年版，第388页。

们在兴中府周围形成了一股抵御金军的势力。《金史·太祖纪》天辅七年四月的记事提及："契丹九斤聚党兴中府作乱，擒之，九斤自杀。"[1]而昭古牙所领军队则在金太宗天会二年（1124）闰三月遭到重创，《金史·太宗纪》在闰三月记事中讲："是月，斜野袭遥辇昭古牙，走之，获其妻孥群从及豪族。"[2]在天会二年八月又提到："六部都统挞懒击走昭古牙，杀其队将曷鲁燥、白撒曷等。又破降骆驼山、金源、兴中诸军，诏增给银牌十。"[3]根据《金史·地理志》，金源县（治今辽宁建平县东北102里喀喇沁镇）境内有骆驼山。也就是说，金兵是在金源县附近打败了兴中府诸军。《金史·挞懒传》对于当时发生在兴中府、建州的战争所记稍详："辽外戚遥辇昭古牙部族在建州，斜野袭走之，获其妻孥及官豪之族。挞懒复击之，擒其队将曷鲁燥、白撒葛，杀之，降民户千余，进降金源县。诏增赐银牌十。又降遥辇二部，再破兴中兵，降建州官属，得山砦二十，村堡五百八十。阿忽复败昭古牙，降其官民尤多。昭古牙势蹙亦降，兴中、建州皆平。诏第将士功赏，抚安新民。"[4]这里提到的"兴中、建州皆平"，据《辽史·天祚皇帝纪》和《金史·太宗纪》，建州降金在天会二年（辽保大四年，1124）九月，兴中府降金则已是天会二年十月了。实际上，金朝参与高州、建州、兴中府争夺战的武装力量不算少，据统计，大致有阇母及其所统率的军队、挞懒及其所统领的军队、斜野及其所统领的军队、阿忽及其所统领的军队、宗望及其统领的军队、斜卯阿里及其所领八谋克兵、石家奴及其所领猛安兵、黄掴敌古本及其所领的兵等[5]，可以说金朝动用了其精兵强将才将高州、建州、兴中府完全控制。

（五）平州争夺战

金朝控制辽西的第五场大战为平州的争夺战。辽代平州（治今河北卢

---

① 脱脱等：《金史》卷2《太祖纪》，中华书局2020年版，第43页。

② 脱脱等：《金史》卷3《太宗纪》，中华书局2020年版，第56页。

③ 脱脱等：《金史》卷3《太宗纪》，中华书局2020年版，第57页。

④ 脱脱等：《金史》卷77《挞懒传》，中华书局2020年版，第1875–1876页。

⑤ 吴凤霞、王彦力：《辽金争夺兴中府及其影响》，《渤海大学学报》2014年第2期，第34–35页。

龙县）是节度州，统辖二刺史州（营州、滦州）、三县（卢龙县、安喜县、望都县），其地理位置十分重要。余蔚探讨辽代行政区划已注意到平州的特别："平州辽兴军节度使辖区，是辽境内一个极为特殊的区域，首先，以三州之地，成为军政、民政事务直隶中央的区域。而在辽后期，在财政上也是自成一区，为辽末财政分区'契丹八路'之一……又有称平州为'军'者：'平州自入契丹别为一军。'此处所谓'军'，与'路'不同，是指节度使辖区。平、营、滦三州的第二个特殊性即在于，平州路以一个节度使辖区，得与诸路并列。"①据《辽史》有限的记载，平州除了以一节度州行政上不受京府管辖而归朝廷直辖的特殊之处之外，更是驻军重地，始终为辽朝实施军事控制的地区。辽末，平州也是辽、金、宋多方极力争取的要地。耶律淳称帝后与天祚帝共存分治时，平州名义上归属于耶律淳统辖②，但实际上平州在耶律淳保大二年（1122）三月称帝前后已失控。据《宋史·张觉传》，张觉（《辽史》《三朝北盟会编》作张毂③）本是辽代平州辽兴军节度副使，镇民杀其节度使萧谛里，他出面来收拾残局，所谓"拊定乱者"，"州人推领州事"。可见，张觉并不是辽朝廷任命的节度使，而是在动乱中被州民推举的平州实际的长官。也可以说他已经成为辽金鼎革之际趁乱称雄的人物。当时耶律淳选派时立爱做平州的军政长官，但实权依然掌握在张觉手中。《时立爱墓志铭》记载：

辽主播迁，大臣议欲立秦晋国主于燕都。公独昌言，以为不可，既立亦不称贺，遂出为诸行宫提辖、制置使，权辽兴尹兼汉军都统，累官至太子

---

① 余蔚：《中国行政区划通史·辽金卷》，复旦大学出版社 2012 年版，第 85 页。
② 脱脱等：《辽史》卷 29《天祚皇帝纪三》记载："（耶律淳）于是肆赦，自称天锡皇帝，改元建福，降封天祚为湘阴王，遂据有燕、云、平及上京、辽西六路。天祚所有，沙漠已北，西南、西北路两都招讨府、诸蕃部族而已。"（中华书局 2016 年版，第 386 页）
③ 在元修《辽史》《金史》《宋史》时就发现文献有关张觉名字的记载不一致，脱脱等：《金史》卷 133《叛臣·张觉传》记载："张觉亦书作毂，平州义丰人也。"（中华书局 2020 年版，第 3001 页）本书非引用之处，依据《金史》一律写作张觉。

少师。天辅七年岁癸卯，太祖武元皇帝尽平辽国，南收燕壤。公方据平山重镇，乃集将吏共议所附，议者皆曰："统十万之众，据三州之地，士卒乐用，粟帛粗给，尚可以坚守岁月以待外援。"公曰："不然。大辽失政固非一日，河决鱼烂焉能复全。兄以神武之师，飙击电扫，所向无前，天命人心皆归有德，执迷一己而帖祸三州。"乃率其众纳款于燕。武元嘉之，超授同中书门下平章事、诸行宫都部署。升辽兴府为南京，以副张觉为副留守。未几，归燕于宋，车驾北还，公由东道复至平山。值张觉逆命，既戕杀四宰相，次欲害公。旧部曲及父老悉叩头而请曰："时公仁政被此深矣，甘棠犹不可剪，安忍推刃耶。"觉迟疑未决，公遂逃归故里，杜门索居。①

　　《时立爱墓志铭》撰成于金熙宗皇统三年（1143），时任翰林学士承旨的宇文虚中受命撰写，关于时立爱在辽金更迭之际的处境应该是清楚的。从《时立爱墓志铭》看，时立爱在辽末本为朝官，任宣徽南院使，因在守燕的大臣们拥立耶律淳当皇帝问题上发表了反对的意见，并在耶律淳称帝后不称贺而被排挤出朝，当然，任命他为"权辽兴尹兼汉军都统"可能也考虑到他早年曾为平州马城县令。但当时平州虽名义上仍归辽统辖，实际已处于相对独立的状态，所以时立爱到平州的处境很尴尬。《宋史·张觉传》记载："燕王淳死，觉知辽必亡，籍丁壮五万人，马千匹，练兵为备。萧后遣时立爱来知州。拒弗纳。"②怎样"拒弗纳"？《三朝北盟会编》关于张毅的记述也有提及："燕王死，预知辽国必亡，尽籍管内丁壮充军，得五万人，马千匹，选将练兵聚粮。毅招延士大夫有才者参与谋议，潜为一方之备。萧太后尝差太子少保时立爱知平州，始到任，张毅虽外示尊礼，而内实不容。立爱察其有异志，常称疾不出，毅依旧知军州事。"③也就是说萧德妃派时立爱知平州，为张觉所不

---

① 宇文虚中：《时立爱墓志铭》，王新英辑校：《全金石刻文辑校》，吉林文史出版社 2012 年版，第 46 页。

② 脱脱等：《宋史》卷 472《张觉传》，中华书局 1977 年版，第 13735 页。

③ 徐梦莘：《三朝北盟会编》卷 17 "政宣上帙十七"，上海古籍出版社 2008 年版，第 119 页。

容，时立爱根本无法插手平州事务，不得已称疾不出，平州事务仍旧由张觉打理。这则史料也说明张觉已不听从萧德妃的命令，事实上已成为割据势力。

对于平州，金人也很看重，最初关注平州的军事统帅是善战的宗翰，《辽史·天祚皇帝纪》记载："金帅粘罕入燕，首问平州事于故参知政事康公弼。公弼曰：'毂狂妄寡谋，虽有乡兵，彼何能为？示之不疑，图之未晚。'金人招时立爱赴军前，加毂临海军节度使，仍知平州。既而又欲以精兵三千先下平州，擒张毂。公弼曰：'若加兵，是趣之叛也。'公弼请自往觇之。毂谓公弼曰：'辽之八路，七路已降，独平州未解甲者，防萧幹耳。'厚赂公弼而还。公弼复粘罕曰：'彼无足虑。'金人遂改平州为南京，加毂试中书门下平章事，判留守事。"①应该说，天辅七年（1123）金朝升平州为南京，既是基于其地理位置的重要，也有笼络张觉之意愿，意欲达到不战而得平州的目的。对此，《金史·张觉传》所记金太祖派刘彦宗及斜钵传给张觉的招谕可为证明，其招谕言："平山一郡今为南京，节度使今为留守，恩亦厚矣。或言汝等阴有异图，何为当此农时辄相扇动，非去危就安之计也。"②当时张觉虽然接受金朝授予他的官职，但金朝并没有派兵派官吏入驻平州，平州仍是处于较为独立的状态。正因为如此，张觉也成为当时各方势力争取的对象。燕人劝张觉反金，有言称："宰相左企弓不谋守燕，使吾民流离，无所安集。公今临巨镇，握强兵，尽忠于辽，必能使我复归乡土，人心亦惟公是望。"③燕人的话使张觉犹豫不决，于是他召集诸将领商议，诸将和翰林学士李石都赞同反金归宋。当然，张觉之所以在辽末仍然有割据一方的企图，就是他手中握有"带甲万余"④。金军进攻营、

---

① 脱脱等：《辽史》卷29《天祚皇帝纪三》，中华书局2016年版，第388页。
② 脱脱等：《金史》卷133《叛臣·张觉传》，中华书局2020年版，第3002页。
③ 脱脱等：《辽史》卷29《天祚皇帝纪三》，中华书局2016年版，第390页。
④ 张毂身边的翰林学士李石(后改名李安弼)劝宋燕山帅臣王安中接纳张毂投附时称："平州带甲万余，毂有文武材，可用为屏翰；不然，将为肘腋之患。"见脱脱等：《辽史》卷29《天祚皇帝纪三》，中华书局2016年版，第391页。

平，史书的记载在时间上并不一致，《辽史·天祚皇帝纪》记载为保大四年（1124）秋七月，"阇母闻平州附宋，以二千骑问罪，先入营州。毅以精兵万骑击败之……"①《金史·太祖纪》则记载阇母攻伐张觉之战发生在天会元年（1123）的九、十月份，而宗望代替阇母领兵讨张觉是在天会元年的十一月，直到天会二年（1124）五月，才攻克南京（即平州）②。《三朝北盟会编》记阇母入营州是在宋宣和五年（1123）六月，七月斡离不（宗望）围平州，张觉逃奔燕京。可见各书所依据的史料不同。但共同点是营平之战持续时间较长，金朝夺取营、平、滦三州颇费周折。《三朝北盟会编》引《北征纪实》对于张觉（毅）叛金附宋而引发的营平之战及参与各方也有所记述，其文为：

张毅既得中国助，适中其所欲，俄复遣李石同其弟来，我乃以平州为泰宁军，封毅节度使，遣人以泰宁军牌及敕书及毅之诰命诏书与之。毅大喜，乃提亲兵远出拜迎，不虞金人皆谍知之，忽举大兵径以掩毅，毅不克入平州，因来奔燕山，而我之敕书诰命皆为金人所得。始毅之母妻家属皆寓营州，及金人破营州，先得其母妻等，而毅之弟初逐毅走燕山也，才一夕闻已得其母，遂亟奔金人，然怀中携上御笔，笔金花笺手诏赐毅者，用是又为金人所得，故其后执以借口者此尔。金人围平州，日夕攻击，平州因奉毅之从弟及姪以守，我但悚视而莫敢救也。金人又移檄曰："中国既盟矣，我来讨叛臣当饷我粮。"又不得已因运粮以给之。平州既不降，斡离不者以十万大兵时攻时守，逾半年，率我馈饷平州食既尽，但遗数千人因溃围而走，终不降金人。金人既得平营滦三州，始来索毅。③

从这段记述看，营、平之战涉及的不仅仅是辽朝割据势力张觉与金朝的

① 脱脱等：《辽史》卷29《天祚皇帝纪三》，中华书局2016年版，第391页。
② 脱脱等：《金史》卷3《太宗纪》，中华书局2020年版，第54—57页。
③ 徐梦莘：《三朝北盟会编》卷18"政宣上帙十八"，上海古籍出版社2008年版，第131页。

较量，宋朝也参与其中，而且宋朝处于尴尬的境地，明明是争夺营、平的一方，却因为与金人有盟约，不得不为金军提供粮饷。最终的结果是营、平、滦及其傍海道沿线州城全部归属金朝。

综合《金史》的相关记载，营、平之战的战况大体可以明了。天会元年张觉据平州叛，金朝先派著名将领阇母自锦州出发征讨张觉，阇母至润州，击走张觉军，追击至榆关（在今河北山海关），并派遣俘虏持书招降张觉，六月又败张觉兵于营州（治今河北昌黎县）东北，想要乘胜取南京（平州）。但"时方暑雨"，不利于作战，阇母领军退守海边地，并命"仆虺、蒙刮两猛安屯润州，制未降州县，不得与觉交通"。九月，阇母又在新安、楼峰口等地打败张觉军，但十月阇母军与张觉军战于兔耳山（位于今河北抚宁县西①），阇母军却大败。金朝不得不换帅，派遣更善于作战的宗望以阇母军讨伐张觉。天会二年（1124）正月，宗望及将士攻克南京（平州），张觉兵败后奔宋，入于燕京。②但不久都统张敦固又领南京（平州）军民"乘城拒守"③。直到天会二年五月，阇母才领军再克南京（平州），杀都统张敦固。④此后，为了控制傍海道，金人在其沿线多安置戍守的军队。史载：天会二年十月丙寅，"诏有司运米五万石于广宁，以给南京、润州戍卒。"⑤

至金太宗天会初年，辽西地区已被金朝完全控制，金朝占领辽西地区是其军事进攻的胜利，其实也是其在辽西始终推行安民政策的结果，对于其军事进攻的同时推行抚安新民的政策，将在后面详细论述，此不赘言。

① 邱树森主编：《辽金史辞典》，山东教育出版社2010年版，第374页。
② 金将阇母、宗望领兵讨伐张觉的经过参见《金史》卷3《太宗纪》、《金史》卷71《阇母传》、《金史》卷133《张觉传》，中华书局2020年版，第54-55页、1744页、3002页。
③ 脱脱等：《金史》卷78《刘彦宗传》，中华书局2020年版，第1882页。
④ 脱脱等：《金史》卷3《太宗纪》，中华书局2020年版，第56-57页。
⑤ 脱脱等：《金史》卷3《太宗纪》，中华书局2020年版，第57页。

第二节　金代辽西行政建置的调整

一、金朝前期、中期辽西的路府州县

金朝占领辽西地区后，最初沿用辽朝京府州县之名，临时命官或军帅管理地方之事。随着局势的稳定，金朝逐步对其地的行政建置予以调整。

（一）金朝前期、中期上京——临潢府路行政沿革

1.天辅四年至天眷元年的上京临潢府及其附近州县

金太祖完颜阿骨打于天辅四年（1120）四月亲自统领军队攻下辽上京城，但仅攻下一城而已，并没有深入。由于金军攻取辽上京后仍沿袭辽制称上京，致使《金史》之《太祖纪》与《太宗纪》关于"上京"所指比较混乱，既有辽上京又有金上京。[①]其时辽金双方正处于军事争衡的关键时期，金朝尚无暇对刚刚占领的辽上京的行政建置进行重新布局，一依辽朝之旧，称呼也依旧。根据《金史·卢彦伦传》的记载，在金大军压境之下，辽上京留守挞不野出降，但当金太祖班师北还后，上京城一度发生动乱，挞不野又叛金，与挞不野一起出降的卢彦伦率领所部驱逐挞不野，尽杀城中的契丹。辽朝也不甘心丧失上京城，曾派耶律马哥领兵攻取临潢，卢彦伦带领城中人据守七个月，直到金朝援军到，才得以解除围困。卢彦伦降金后的官职为"夏州观察使，权发遣上京留守事"[②]。另有辽临潢府长泰人毛子廉，天辅四年他接受辛斡特剌、移剌窟斜的招谕，率领二千六百户降金。天会三年（1125），他被任命为上京副留守，直到天眷中期调任燕京麴院都监，宗幹对其有功而降职颇为不平，质问宰相说："卢彦伦何不除此职？子廉之功十

[①] 许子荣：《〈金史〉天眷元年以前所称"上京"考辨》，《学习与探索》1989年第2期，第141页。
[②] 脱脱等：《金史》卷75《卢彦伦传》，中华书局2020年版，第1823–1824页。

倍彦伦，在临潢十余年，吏民畏爱如一日，谁能及此。"①需要说明的是，金初关于沿用辽制而称上京路及其统辖州县的情况，史书记载十分简略，甚至连永州、祖州、怀州等攻取情况也没有提及，其中，稍有提及的是庆州和龙化州。庆州是在金太祖攻下辽上京班师北回时分兵攻取的，龙化州则是不战而得，在金军攻上京之前的天辅二年（辽天庆八年，1118），张应古等四人率众降金。②从《金史·地理志》所记，金初，临潢府大概直接统辖仅二县，即临潢县和长泰县。金朝还对原辽上京统辖的诸州予以合并，祖州、怀州均归庆州统辖，而且天会八年（1130）曾给祖州和怀州改名，祖州改为奉州，怀州奉陵军改为奉德军。庆州下辖一县：孝安县（后改为庆民县）。

2.天眷元年至天德二年由上京改称的北京及其附近州县

据《金史·地理志》，天眷元年（1138），金朝下令改称原辽上京为北京，其改名的原因在《金史·熙宗纪》天眷元年八月记事中有提及："以京师为上京，府曰会宁，旧上京为北京。"③天德二年（1150），金朝又改称北京为临潢府路。也就是说，从金熙宗天眷元年至海陵王天德二年，原辽上京临潢府改称北京，这个北京的情况史书少有记载。在原辽上京改称北京的十二年间，皇统三年（1143），金朝对行政州县作过一次调整，由原辽祖州所改的奉州和怀州奉德军都在这一年被废。庆州下辖的庆民县也被废。原辽永州永昌军改为长宁县，另有临潢县、长泰县隶属于临潢府。

3.天德二年至大安年间临潢府路及其附近州县

天德二年，由辽上京改称的北京又一次更名，不再带京号，而直接称为临潢府路。这个临潢府路作为行政建置大概存在六十余年④，即从海陵王天

---

① 脱脱等：《金史》卷75《毛子廉传》，中华书局2020年版，第1826页。
② 脱脱等：《辽史》卷28《天祚皇帝纪二》，中华书局2016年版，第378页。
③ 脱脱等：《金史》卷4《熙宗纪》，中华书局2020年版，第81页。
④ 中华书局点校本《金史》卷24《地理志上》校勘记[四三]指出"大定后罢路"可能有误，认为："'大定'疑为'大安'之误。按，临潢路，世宗、章宗时未罢，纪传中屡见，章宗以后不见。"（中华书局2020年版，第625页）

德二年到卫绍王大安年间（1209—1213），《金史》纪传多次将其与原辽中京改称的北京路并称，比如，《金史·世宗纪》大定四年九月记事中提到："己丑，上谓宰臣曰：'北京、懿州、临潢等路尝经契丹寇掠，平、蓟二州近复蝗旱，百姓艰食，父母兄弟不能相保，多冒鬻为奴，朕甚闵之。可速遣使阅实其数，出内库物赎之。'"①《金史·章宗纪》记："（承安二年九月）壬寅，遣官分诣上京、东京、北京、咸平、临潢、西京等路招募汉军，不足则签补之。"②《金史·纥石烈志宁传》提及纥石烈志宁征讨撒八之乱是与都统白彦敬带领"北京、临潢、泰州三路军"③。《金史》纪传中也提及多人任职临潢府路。比如，大定初年，仆散浑坦参与平定移剌窝斡叛乱有功，一度被任命为临潢尹④；夹谷查剌在大定十年前后曾被任命为临潢尹兼本路兵马都总管⑤；金章宗朝完颜承晖也曾历官知临潢府⑥。此时期临潢府下辖的县增至五个，除了临潢县、长泰县、长宁县之外，卢川县和宁塞县为金章宗朝设置，其中，卢川县是承安二年以黑河铺升，先是隶属于全州，后来归属临潢府；宁塞县，为泰和元年五月置。⑦需要说明的是，临潢府路作为金朝的边防前线，此时期设置有边堡，遣人戍守。《金史·世宗纪》大定五年正月记事有："乙卯，诏泰州、临潢接境设边堡七十，驻兵万三千。"⑧大定二十一年四月记事中又讲："增筑泰州、临潢府等路边堡及屋宇。"⑨《金史·地理志》对于大定年间在泰州和临潢府增置边堡的情况记述更详细，涉及增筑遇到的困难及解决措施的讨论。王明荪指出边堡属于军事性之大小城镇，部分

① 脱脱等：《金史》卷6《世宗纪上》，中华书局2020年版，第151页。
② 脱脱等：《金史》卷10《章宗纪二》，中华书局2020年版，第265页。
③ 脱脱等：《金史》卷87《纥石烈志宁传》，中华书局2020年版，第2051页。
④ 脱脱等：《金史》卷82《仆散浑坦传》，中华书局2020年版，第1961页。
⑤ 脱脱等：《金史》卷86《夹谷查剌传》，中华书局2020年版，第2046页。
⑥ 脱脱等：《金史》卷101《承晖传》，中华书局2020年版，第2358页。
⑦ 脱脱等：《金史》卷24《地理志上》，中华书局2020年版，第603页。
⑧ 脱脱等：《金史》卷6《世宗纪上》，中华书局2020年版，第152页。
⑨ 脱脱等：《金史》卷8《世宗纪下》，中华书局2020年版，第199页。

为猛安谋克，以及诸乣（军）之屯驻地。①

（二）金朝前期、中期中京路——北京路行政沿革

1.天辅六年至贞元元年的中京路及其管辖州县

金朝前期、中期原辽中京道辖区也有一定的调整和变化。天辅六年
（1122），金军攻下辽中京大定府及其附近的一些州县。当时沿袭辽时旧
称，仍称中京大定府，原属于辽朝中京道的泽州、北安州、高州、兴中府
等，先后被金军控制，于是金初至金中期就有了沿袭辽旧的一个行政区域中
京路。金太祖、太宗时期，正处于战争时期，中京仅见军事统帅，如中京都
统。金熙宗统治时期已可见任命中京留守一职，如耶律怀义②、忽覩③、完颜
亮④，而萧恭⑤、田毅⑥都曾任过同知中京留守事。海陵王天德年间，宗宪⑦、
完颜雍⑧、宗雅⑨、高桢⑩、完颜亨⑪等都曾为中京留守。需要说明的是，虽
然金朝在金初一段时间内仍然用中京的名号，但对其府州县却作了一些调
整。比如，一些州被废为县，如泽州废为神山县（治今河北平泉市西南22里
南五十家子乡会州城村）、松山州废为松山县（治今内蒙古赤峰市西南50里
城子乡城子村古城址）、恩州废为恩化镇（治今内蒙古喀喇沁旗东64里西
桥镇七家村城址）、惠州废为惠和县（治今辽宁建平县北130里二十家子镇
周家湾）、榆州废为和众县（治今辽宁凌源市西南4里城关镇十八里堡古城
址）、潭州废为龙山县（治今辽宁喀喇沁左翼蒙古族自治县西南60里白塔子

① 王明荪：《东北内蒙古地区金代之政区及其城市发展》，《史学集刊》2005年第3期，第71页。
② 脱脱等：《金史》卷81《耶律怀义传》，中华书局2020年版，第1941页。
③ 脱脱等：《金史》卷120《世戚·忽覩传》，中华书局2020年版，第2757页。
④ 脱脱等：《金史》卷5《海陵纪》，中华书局2020年版，第103页。
⑤ 脱脱等：《金史》卷82《萧恭传》，中华书局2020年版，第1955页。
⑥ 脱脱等：《金史》卷89《孟浩传附田毅传》，中华书局2020年版，第2103页。
⑦ 脱脱等：《金史》卷70《宗宪传》，中华书局2020年版，第1716-1717页。
⑧ 脱脱等：《金史》卷6《世宗纪上》，中华书局2020年版，第137页。
⑨ 脱脱等：《金史》卷76《太宗诸子传》，中华书局2020年版，第1843页。
⑩ 脱脱等：《金史》卷84《高桢传》，中华书局2020年版，第2010页。
⑪ 脱脱等：《金史》卷77《亨传》，中华书局2020年版，第1869页。

镇白塔子村古城址）、高州废为三韩县（治今内蒙古赤峰市东北87里太平地乡哈拉木头村遗址）、武安州废为武安县（治今内蒙古敖汉旗东55里丰收乡白塔子村古城址）、乾州废为闾阳县（治今辽宁省北镇市内观音阁街道观音洞），等等。①兴中府所辖州县也同样有所调整，具体情况是金初兴中府只辖两县：兴中县和永德县。《金史》没有提及原隶属于辽兴中府的营丘、象雷、闾山县，很可能入金后废置。辽兴中县是倚郭县，金朝因之。永德县，在辽时，有安德州（有倚郭县、安德县），是辽中京十三州之一，金朝不见有安德州而将安德县归兴中府，金世宗大定七年（1167）改为永德县。皇统三年（1143），建州划归兴中府。建州本是辽昭古牙部族所在地，归附金朝在天会二年（1124），据余蔚考证，建州在金初仍为节度州，大概在皇统三年（1143）东北政区大调整时降为刺史，成为兴中府的支郡。②建州统县一，即永霸县。宜民县归属于兴中府较晚，在辽时宜民县本属川州，辽川州为节度州，金初大概降为刺史州，大定六年（1166）原川州所辖宜民、同昌二县归属懿州，承安二年（1197）复置川州，为懿州支郡，宜民、同昌又隶属于川州，泰和四年（1204）川州又被废，宜民县改属兴中府。③这些州县绝大多数是皇统三年（1143）进行的调整。调整后，金中京管辖二府（大定府、兴中府）、六州（利州、建州、义州、锦州、宗州、懿州）、二十九县（大定县、长兴县、富庶县、松山县、神山县、惠和县、金源县、和众县、武安县、阜俗县、龙山县、三韩县、兴化县、山东县、闾阳县、兴中县、永霸县、宜民县、同昌县、弘政县、开义县、永乐县、安昌县、兴城县、来宾县、海阳县、海滨县、顺安县、灵山县）。④贞元元年（1153）三月，海陵王迁都燕京，并改燕京为中都，府曰大兴，汴京为南京，中京为北京。⑤至此，

① 参见余蔚：《中国行政区划通史·辽金卷》，复旦大学出版社2012年版，第652-659页。

② 余蔚：《中国行政区划通史·辽金卷》，复旦大学出版社2012年版，第660页。

③ 参见脱脱等：《金史·地理志上》"懿州""宜民"下小注，中华书局2020年版，第601页。

④ 参见余蔚：《中国行政区划通史·辽金卷》，复旦大学出版社2012年版，第652-659页。

⑤ 脱脱等：《金史》卷5《海陵纪》，中华书局2020年版，第112页。

沿袭辽旧而来的中京路变为北京路。

2.贞元元年至大安年间的北京路及其统辖州县

海陵王完颜亮迁都燕京后，由中京改称的北京及其下辖州县在海陵和世宗朝较少变化。北京路行政建置的调整主要发生在金章宗承安、泰和年间。比如承安二年置全州（治今内蒙古翁牛特旗），承安五年升兴化县为兴州（治今河北隆化县隆化镇下洼子村土城子古城），原来广宁府隶属于东京路管辖，泰和元年改隶北京路。①其他大体上沿袭皇统三年以后的州县设置，仅个别州县有所调整。

（三）金代初期、中期平州（一度为南京）及其统辖州县沿革

前述已经提及金初为了争取拥兵自重的张觉，天辅七年（1123）二月升平州为南京，以张觉为南京留守。此后直到天会四年（1126）九月复以南京为平州②，平州称南京仅仅三年多的时间。平州由一个节度州升为南京，又由南京而复为平州，与金初形势的变化有直接的关系。

金朝与北宋订立海上之盟之时，原打算与北宋划域而治，意欲以平州作为其控驭南部的要地。随着金军在攻辽战争中不断取胜、发展壮大，表现在军事上的优势越来越突出，北宋却因夹攻之议未能如约，暴露出军事作战能力的不足。金军独自攻下辽朝大部分领土，这使金朝统治集团信心大增。平州张觉的投宋则直接引发金朝与北宋的矛盾，其结果，北宋不仅没有得到平州，反而使平州问题成为金军攻宋战争中一个重要的借口。由于金军政策的转变，燕京成为更为重要的对抗北宋的军事重镇，平州重新恢复节镇的地位。《金史·韩企先传》有一段文字反映了金初汉官机构中书省、枢密院的不断南移："初，太祖定燕京，始用汉官宰相左企弓等，置中书省、枢密院于广宁府，而朝廷宰相自用女直官号。太宗初年，无所改更。及张敦固伏诛，移置中书、枢密于平州，蔡靖以燕山降，移置燕京，凡汉地选授调发

① 参见余蔚：《中国行政区划通史·辽金卷》，复旦大学出版社2012年版，第652—659页。
② 脱脱等：《金史》卷3《太宗纪》，中华书局2020年版，第62页。

租税皆承制行之。故自时立爱、刘彦宗及企先辈，官为宰相，其职大抵如此。"①显然，广宁府、平州都曾成为金朝管理汉地的军政中心，但都很短暂，具有过渡性质。

金初作为南京的平州大体沿袭辽朝的区划，统辖二州（滦州、营州）和三县（卢龙县、安喜县、望都县）②，刺史州营州统辖广宁县不变，只是天辅七年（1123）升滦州为节度州，统辖义丰、石城、马城、乐亭四县③，但不知何时又降为刺史州。至于平州辽兴府改称兴平府的时间，有学者认为当在平州升南京同时④。金天会四年复为平州以后，金朝对其行政建置陆续有所调整，卢龙依然是倚郭县；皇统二年（1142），废营州，以广宁县归平州直辖，大定二十九年因其与广宁府重名，而更名昌黎县；大定七年（1167），改望都县为海山县，改安喜县为迁安县；大定二十九年（1189），因新安镇置抚宁县。⑤至金章宗朝，金代平州（兴平府）下辖五县（卢龙、抚宁、海山、昌黎、迁安）一镇（建昌）；滦州统辖四县（义丰、石城、马城、乐亭）二镇（榛子镇、新桥镇）。⑥

二、金朝后期北京路的府州县与中都路平州及其属县

金大安年间以后，蒙古崛起，临潢府路也并入北京路，于是，北京路统领四府（大定府、广宁府、兴中府、临潢府）、七节度州（义州、锦州、瑞州、懿州、全州、兴州、泰州）、三刺史州（利州、建州、庆州）及四十二县（大定县、长兴县、富庶县、松山县、神山县、惠和县、金源县、和众县、武平县、静封县、三韩县、阜俗县、龙山县、弘政县、开义县、同昌

---

① 脱脱等：《金史》卷78《韩企先传》，中华书局2020年版，第1889页。
② 脱脱等：《辽史》卷40《地理志四》，中华书局2016年版，第568-570页。
③ 脱脱等：《金史》卷24《地理志上》，中华书局2020年版，第618页。
④ 孙建权：《"辽兴府"存废钩沉》，《中国边疆史地研究》2016年第3期，第74页。
⑤ 脱脱等：《金史》卷24《地理志上》，中华书局2020年版，第617页。
⑥ 脱脱等：《金史》卷24《地理志上》，中华书局2020年版，第617-618页。

县、永乐县、安昌县、神水县、瑞安县、海阳县、海滨县、广宁县、望平县、闾阳县、顺安县、灵山县、兴中县、永德县、兴城县、宜民县、永霸县、安丰县、临潢县、长泰县、卢川县、宁塞县、长宁县、朔平县、兴化县、宜兴县、长春县）[①]，即《金史·地理志》所记北京路的格局，其中，泰州及其统辖的长春县一般认为不属于辽西的范围。由于以木华黎为统帅的蒙古军自贞祐二年（1214）开始进攻辽西地区，金朝北京路的一些州县陆续为蒙古军占领。据《金史·地理志》，贞祐二年四月，临潢府侨置于平州，全州（本治今内蒙古翁牛特旗）也侨置于平州。《金史·完颜合达传》记载："（贞祐）三年，授临潢府推官，权元帅右监军。时临潢避迁，与全、庆两州之民共壁平州。"[②]说明当时侨置于平州的还有庆州。金代兴中府于贞祐三年（1215）归蒙古军控制[③]，永德县大约在那时也由木华黎领导的蒙古军掌控。《元史·史天祥传》提及建州在甲戌年（1214）被攻克。

崇庆二年（1213）以后，中都路平州不再是平静之地。当年八月，纥石烈执中发动政变弑杀卫绍王，迎立金宣宗，掌握军政大权，"尽撤沿边诸军赴中都、平州，骑兵屯蓟州以自重，边戍皆不守矣"[④]。此后，平州和中都成为沿边诸军汇聚之地。事实上，金朝自动放弃了对其北部边地的戍守，且把沿边诸州集中，结果不久引发军变。史载，贞祐三年，驻扎在平州的临潢府和全、庆两州的军兵杀死平州经略使乌林荅乞住，拥完颜合达为帅。蒙古军队也在贞祐三年六月兵临平州城下，派遣平州人黄裳入城招降，平州军事统帅完颜合达领兵迎战，不敌而降。[⑤]从此金朝丧失对平州的控制权。

---

① 脱脱等：《金史》卷24《地理志上》，中华书局2020年版，第598—604页。

② 脱脱等：《金史》卷112《完颜合达传》，中华书局2020年版，第2605页。

③ 宋濂：《元史》卷1《太祖纪》提到："十年乙亥春正月，金右副元帅蒲察七斤以通州降，以七斤为元帅。二月，木华黎攻北京，金元帅寅荅虎、乌古伦以城降，以寅荅虎为留守，吾也而权兵马都元帅镇之。兴中府元帅石天应来降，以天应为兴中府尹。"（中华书局1976年版，第18页）

④ 脱脱等：《金史》卷132《逆臣·纥石烈执中传》，中华书局2020年版，第2995页。

⑤ 脱脱等：《金史》卷112《完颜合达传》，中华书局2020年版，第2605页。

三、北京路（临潢府路、中京路）及中都路平州的猛安谋克

金代始终保有军政合一的地方组织猛安谋克，或者说金代社会中地方行政区划两套体系并存，即州县制与猛安谋克制。王明荪探讨东北内蒙地区金代政区及其城市发展发现，金代省废辽代府州县三级政区为数不少，但考古的调查却表明相应地区的金代城址约为辽朝两倍余，王先生认为金代城址以猛安谋克村寨城与边堡之军城为数甚多。①可以肯定猛安谋克村寨也是金代对辽西地区行政管理的重要组成部分。

随着金朝疆域伸缩和历史发展，猛安谋克制也不断变化，尤其是在原辽地区的推行是比较复杂的。张博泉先生研究认为："猛安谋克由最初的女真族组织扩大为多民族的组织，与金朝统一东北各族、实行'本朝制度'、扩大反辽灭辽的战略部署以及用军事管制的手段处理来附的族人分不开。"②因此金初在反辽战争进行过程中，曾对渤海、契丹、汉人、奚、兀惹等多民族降附的官长授予千户（猛安）、谋克，也就是对他们推行猛安谋克制。对于金朝确立和向新占领区推广猛安谋克制，《金史·兵志》记载：

　　部卒之数，初无定制，至太祖即位之二年，既以二千五百破耶律谢十，始命以三百户为谋克，谋克十为猛安。继而诸部来降，率用猛安、谋克之名以授其首领而部伍其人。出河之战兵始满万，而辽莫敌矣。及来流、鸭水、铁骊、鳖古之民皆附，东京既平，山西继定，内收辽、汉之降卒，外籍部族之健士。尝用辽人讹里野以北部百三十户为一谋克，汉人王六儿以诸州汉人六十五户为一谋克，王伯龙及高从祐等并领所部为一猛安。③

---

① 王明荪：《东北内蒙地区金代之政区及其城市发展》，《史学集刊》2005 年第 3 期，第 72—73 页。
② 张博泉等：《金史论稿》第一卷，吉林文史出版社 1986 年版，第 334 页。
③ 脱脱等：《金史》卷 44《兵志》，中华书局 2020 年版，第 1062—1063 页。

这段记述显系元代史官根据他们掌握的资料归纳而成。《金史·挞懒传》对于在奚部及南路（咸平路）推行猛安谋克的情形有记载，称当时请求设官镇守，金太祖批复依据东京渤海之例设置千户谋克。①但是平州平定后，"恐风俗揉杂民情弗便"，猛安谋克制不再广泛推行，而是"诸部降人但置长吏，以下从汉官之号"②。根据《金史·兵志》，猛安谋克更是金代军事组织，为了保证女真人控制兵柄，金朝也逐步废止或改变在一些民族推行的猛安谋克制。金熙宗统治时期曾两度下达诏令调整汉人、渤海猛安谋克。一次是天眷三年（1140），一次是皇统五年（1145）。从《金史·大臬传》所记内容看，可能天眷三年取消汉、渤海猛安谋克作为地方行政的建置。只是仍有特例，如大臬，依旧为世袭千户。而《金史·兵志》有言："熙宗皇统五年，又罢辽东汉人、渤海猛安谋克承袭之制，浸移兵柄于其国人。"则从军事统帅授予制度角度排除了汉人、渤海人世袭猛安谋克的特权。③大定三年，"诏罢契丹猛安谋克，其户分隶女直猛安谋克"④。张博泉先生认为，大定三年的诏罢契丹猛安谋克，是与从前废罢渤海与汉人猛安谋克有很大不同的。在这次罢废契丹猛安谋克之后，并没有采用州县的组织编制，也没有恢复契丹人原来的社会组织，而是将他们分配至女真人猛安谋克组织之中。目的很明显，既可防范契丹人，又可充实和扩大女真人猛安谋克组织力量。而且并没有废罢所有的契丹猛安谋克，没有参与作乱的契丹人，仍然保持已有组织状况未变。⑤大定九年（1169），完颜思敬又提出契丹人可分隶女真猛安，得到金世宗的批准，大概至此所有契丹猛安谋克分隶于女真猛安谋克之中。⑥

---

① 脱脱等：《金史》卷 77《挞懒传》，中华书局 2020 年版，第 1876 页。

② 脱脱等：《金史》卷 44《兵志》，中华书局 2020 年版，第 1063 页。

③ 张博泉指出："《金史》记载熙宗两次罢辽东汉人、渤海人猛安谋克：天眷三年罢汉、渤海千户谋克，应是罢一般地方猛安谋克为州县；皇统五年又罢辽东汉人、渤海人猛安谋克承袭之制，浸移兵柄于女真人。这次罢的是以军功为权贵而掌军权的世袭猛安谋克。"（《金史论稿》第一卷，吉林文史出版社 1986 年版，第 338 页）

④ 脱脱等：《金史》卷 6《世宗纪上》，中华书局 2020 年版，第 148 页。

⑤ 张博泉等：《金史论稿》第一卷，吉林文史出版社 1986 年版，第 237 页。

⑥ 脱脱等：《金史》卷 70《思敬传》，中华书局 2020 年版，第 1727 页。

因此，金朝前期、中期的临潢府路和中京路（北京路）和后期合二为一的北京路行政组织中有猛安谋克组织，他们具有军事镇戍职能，也有地方行政职能。而且其地的猛安谋克户是包括女真户，也包括契丹户，甚至前期有渤海和汉户。

文献记载可以证实金朝前期临潢府路、北京路存在猛安谋克户。史载，天德二年（1150），金朝对中京、东京、临潢、咸平、泰州等路节镇省并的同时，省并其地存在的猛安谋克。[①]正隆四年（1159）二月，为了征伐南宋，海陵王派遣使者征集诸路猛安部族及州县渤海丁壮当兵，也提到临潢府路和北京路。[②]大定五年，金宋讲和，金世宗对仆散忠义谈及放还猛安谋克兵丁，同样涉及临潢府、北京路。[③]自海陵王贞元迁都，金朝发展重心南移，北京路（包括临潢府路和原中京路）的猛安谋克可能并不多。日本学者三上次男列举北京路的猛安谋克名称有18个：懿州胡土虎猛安、全州烈虎猛安、临潢府路葛吕斜鲁猛安、临潢府路赫沙阿猛安、临潢府路斜剌阿猛安、临潢府路昏斯鲁猛安、泰州路颜河谋克、兴州梅坚河猛安、兴州徒门必罕猛安、兴州宁江速马剌猛安、东北路乌连苦河猛安、东北路猛安、东北路按出虎割里罕猛安、北京路笞柏山猛安、北京路窟白猛安、北京路讹鲁古必剌猛安、北京路猛安、北京路宋阿答阿猛安。[④]张博泉先生进一步补充8个：北京路出团猛安、合扎寿吉斡母谋克、多厐掴山谋克、阇子山猛安、游古河猛安、抹百猛安、东北路扎哈吉屯猛安、拜因阿邻谋克。[⑤]这些猛安谋克不全分布在辽西地区，泰州、东北路便不属于辽西范围。这些猛安谋克不同于金上京路的猛安谋克，上京路的猛安谋克民族构成较为单一，即女真族。北京路的猛安谋

① 脱脱等：《金史》卷44《兵志》，中华书局2020年版，第1063页。
② 脱脱等：《金史》卷129《佞幸·李通传》，中华书局2020年版，第2938页。
③ 脱脱等：《金史》卷87《仆散忠义传》，中华书局2020年版，第2062页。
④ 三上次男著、金启孮译：《金代女真研究》，黑龙江人民出版社1984年版，第487-489页。
⑤ 张博泉等：《金史论稿》第一卷，吉林文史出版社1986年版，第309-315页。

克是女真族为主的多民族的组织，所统领的猛安谋克户也由多民族构成。①
比如，石抹仲温为懿州胡土虎猛安人②，从名字看，他显然是契丹人。《金
史·移剌斡里朵传》提到正隆年间他为同知北京留守事，"会游古河、阄子
山等猛安契丹谋乱"③，明确提及游古河、阄子山猛安的契丹人谋乱。《金
史·世宗纪》大定二年八月乙丑朔的记事提到"奚抹白谋克徐列等降"④，
张博泉先生指出："抹白为奚部族之一，金初诸奚人降后，各置猛安谋克领
之。"⑤金初，奚人为千户（猛安）者《金史》也有记载，《金史·萧王家奴
传》记载：

> 萧王家奴，奚人也，居库党河。为人魁伟多力，未冠仕辽，为太子率府
> 率。天辅七年，都统杲定奚地，王家奴率其乡人来降，命为千户领之。奚王
> 回离保既死，其亲党金臣阿古者犹保撒葛山，王家奴与突撚往讨之，生擒金
> 臣阿古者，降其余众。时平、滦多盗，王家奴以所部屡破贼兵，斩馘执俘，
> 数被赏赉。⑥

从这段记述看，萧王家奴是金朝奚地统领其乡人的猛安。《金史·赵陬
传》记载："赵陬字德固，辽阳人。其妇翁以优伶得幸于辽主，陬补閤门祗
候，累迁太子左卫率。后居滦州。宗望讨张觉，陬踰城出降，授洛苑副使，
为滦州千户。"⑦滦州为平州统辖下的刺史州，赵陬辽时从辽阳迁居滦州，当
是汉人或渤海人，也就是说，金朝平州辖地也曾有猛安谋克。这些猛安谋克
同州县一样隶属于节度使或总管府。

① 张博泉等：《金史论稿》第一卷，吉林文史出版社1986年版，第299页。
② 脱脱等：《金史》卷103《石抹仲温传》，中华书局2020年版，第2410页。
③ 脱脱等：《金史》卷90《移剌斡里朵传》，中华书局2020年版，第2124页。
④ 脱脱等：《金史》卷6《世宗纪上》，中华书局2020年版，第144页。
⑤ 张博泉等：《金史论稿》第一卷，吉林文史出版社1986年版，第314页。
⑥ 脱脱等：《金史》卷81《萧王家奴传》，中华书局2020年版，第1942页。
⑦ 脱脱等：《金史》卷81《赵陬传》，中华书局2020年版，第1943页。

大致说来，就州县制管理体系而言，金代辽西地区的行政区划经历了沿袭辽旧、金前期和中期的调整、金后期定型三个阶段。就猛安谋克村寨的推广看，从金人进入辽西至金末，猛安谋克村寨一直与州县制并行，也有一个随着形势变化不断调整的过程。

第三节　金朝辽西的人口变化

一、迁入辽西的各族人

金代的移民活动有几个时期尤其突出，即金初金太祖、太宗时期，金中期金熙宗、海陵时期，金末金宣宗贞祐以后。张博泉先生认为金代的各族人口大迁徙大调动与女真人的军事行动有关，其特点是整个北方出现各族人口大对流，许多民族卷入其中。[①]辽西地区的各族人口自然也受其扰动。

（一）女真人入辽西

在辽代，系辽籍的女真人多分布在辽东地区[②]，辽西地区仅有来州安置有因饥荒来归附的女真五部[③]。辽末金初，进入辽西的女真人主要是兵将，兵将不能算作严格意义上的移民，但出于加强军事驻防而安置的猛安谋克村寨则具有了移民的性质。《金史·完颜杲传》记载："（天辅）六年正

---

① 参见张博泉等：《金史论稿》第一卷，吉林文史出版社 1986 年版，第 346 页。
② 程妮娜研究认为："系辽籍女真，即著辽籍的女真部落，史籍中又称为'熟女真'。主要散居在辽朝东京道的东部和南部各地，辽朝于这一地区设置的属国、属部建称为大王府。《辽史》记载系辽籍女真地区的大王府有南女直国大王府（在辽东半岛南端）、曷苏馆路女直国大王府（在今辽宁辽阳以南盖州东北一带地区）、鸭绿江女直大王府（在鸭绿江东西地区）、北女直国大王府（在今辽宁铁岭南北到吉林四平一带地区）、黄龙府女直部大王府（在今吉林农安一带地区）、回跋府大王府（在今吉林境内辉发河流域）、女直国顺化王府（在今吉林市以南地区）、长白山女直国大王府（在今长白山中部到朝鲜半岛咸镜南道一带地区）。"程妮娜：《古代中国东北民族地区建置史》，中华书局 2011 年版，第 247 页。
③ 脱脱等：《辽史》卷 39《地理志三》，中华书局 2016 年版，第 553 页。

月，克高、恩、回纥三城，进至中京。辽兵皆不战而溃，遂克中京。获马
一千二百、牛五百、驼一百七十、羊四万七千、车三百五十两。乃分兵屯守
要害之地。驻兵中京，使使奏捷、献俘。"①驻兵是控制新占领地区的重要举
措，金初女真猛安谋克大部分随着战争的进程而流动，有一小部分可能长期
驻扎在辽西要地。《大金国志》记载："（天会十一年）秋，起女真国土人
散居汉地。女真，一部族耳。后既广汉地，恐人见其虚实，遂尽起本国之土
人棋布星列，散居四方。令下之日，比屋连村，屯结而起。"②这里的四方，
自然也包括辽西地区。张博泉先生曾根据民国时在朝阳县枯井中发现的"合
扎寿吉斡母谋克印"推测原在隆州境内今吉林扶余市地的谋克可能迁至今朝
阳县地。③《金史·蒲察斡论传》记载其为上京益速河人，"徙临潢"，天德
初年，"授世袭临潢府路曷吕斜鲁猛安"④。裴满亨祖父裴满虎山可能也是在
天辅年间的军事行动中离开祖居之地，史载："移屯东受降城以御夏人，后徙
居临潢。"⑤所以裴满亨的属籍为临潢府人。《金史·抹然史扢搭传》记载其
为临潢路人，"其先以功授世袭谋克"⑥，可推知抹然家落籍临潢路也应在金
初。仆散揆，其先人为上京人，其父仆散忠义曾为左丞相兼都元帅，他在大定
十五年娶韩国大长公主，得以特授临潢府路赫沙阿世袭猛安。⑦其家可能在那
时迁往临潢府。元代女真人乌古孙泽属籍也为临潢人⑧，可以肯定其先世在金
时已居于那里。《金史·术甲脱鲁灰传》记载其为上京人，但又称："世为北
京路部长。其先有开国功，授北京路宋阿苔阿猛安，脱鲁灰自幼袭爵。"⑨显

---

① 脱脱等：《金史》卷76《杲传》，中华书局2020年版，第1848页。
② 宇文懋昭撰，崔文印校证：《大金国志校证》卷8《太宗文烈皇帝六》，中华书局，1986年，第126页。
③ 参见张博泉等《金史论稿》第一卷，吉林文史出版社1986年版，第311页。
④ 脱脱等：《金史》卷86《蒲察斡论传》，中华书局2020年版，第2045页。
⑤ 脱脱等：《金史》卷97《裴满亨传》，中华书局2020年版，第2271页。
⑥ 脱脱等：《金史》卷93《抹然史扢搭传》，中华书局2020年版，第2197页。
⑦ 脱脱等：《金史》卷93《仆散揆传》，中华书局2020年版，第2193页。
⑧ 宋濂：《元史》卷163《乌古孙泽传》，中华书局1976年版，第3831页。
⑨ 脱脱等：《金史》卷124《忠义四·术甲脱鲁灰传》，中华书局2020年版，第2846页。

然，其家族长期居于北京路。徒单阿里出虎本是会宁葛马合窟申人，"徙懿州"①。另据《金史·选举志》，懿州参加策论进士（女真进士）考试者赴咸平府。②奥屯忠孝，其本传明确称其为懿州胡土虎猛安人。③《金史·宗贤传》提及宗贤在海陵王时曾任"崇义军节度使，兼领北京宗室事"④。崇义军为义州军号，属于北京路州城，说明金北京路确实有女真宗室贵族迁入。《金史·兵志》也记载，贞元迁都时，上京的女真贵族分迁至多地，有迁至中都的，有迁至山东的，有迁至河间的，"阿鲁之族处之北京"⑤，阿鲁就是宗贤。即宗贤家族迁至北京路。他兼领北京宗室事也和他家族落籍那里有关，他是北京路宗室大族的代表人物。元代夹谷唐兀歹，按其墓志铭，其先人本为辽东临潢路女真人。⑥大定二十一年（1181），金世宗曾问宰臣："女直人徙居奚地者，菽粟得收获否？"⑦这句询问也证实有女真人迁居奚地。

另外，还有一些人因任职北京路（临潢府路、中京路）而入居辽西之地，或短期或长期。《金史·熙宗纪》提到北京留守胙王元，《金史·海陵纪》提及北京留守卞，他们都是皇族。胙王元为熙宗的弟弟，卞为太宗孙。⑧完颜永功、完颜永成都曾任过判广宁府事⑨，承晖、乌林荅复皆任过知兴中府事⑩，完颜宗宁、完颜承裕也曾为知临潢府事⑪。任命女真贵族为辽西地区的京府州县

① 脱脱等：《金史》卷132《逆臣·徒单阿里出虎传》，中华书局2020年版，第2981页。

② 脱脱等：《金史》卷51《选举志一》，中华书局2020年版，第1226页。

③ 脱脱等：《金史》卷104《奥屯忠孝传》，中华书局2020年版，第2434页。

④ 脱脱等：《金史》卷66《宗室·宗贤传》，中华书局2020年版，第1667页。

⑤ 脱脱等：《金史》卷44《兵志》，中华书局2020年版，第1063页。

⑥ 李庭：《寓庵集》卷6《故宣授陕西等路达鲁花赤夹谷公墓志铭》，上海古籍出版社2002年版，第336页。

⑦ 脱脱等：《金史》卷47《食货志二》，中华书局2020年版，第1122页。

⑧ 脱脱等：《金史》卷59《宗室表》，中华书局2020年版，第1461页。

⑨ 脱脱等：《金史》卷85《世宗诸子传》，中华书局2020年版，第2024页、2026页。

⑩ 脱脱等：《金史》卷101《承晖传》，中华书局2020年版，第2358页；《金史》卷120《世戚·乌林荅复传》，中华书局2020年版，第2765页。

⑪ 脱脱等：《金史》卷73《宗宁传》，中华书局2020年版，第1781页；《金史》卷93《承裕传》，中华书局，2020年，第2192页。

的官吏也表明金朝对该地区的重视，是其加强民族统治的重要举措。据郝素娟研究，金代移民北京路的女真人多数来自上京地区。[1]

《金史·食货志》记载，正隆元年，海陵王派遣刑部尚书纥石烈娄室等括地，目的就是满足所迁猛安谋克户对土地的需求，其中也提到平州路，证实金朝前期曾迁猛安谋克户入平州地区。《金史·按苔海传》也提到其家族从上京迁往河间，但因为河间土地贫瘠，后来又受诏迁往平州，"诏给平州官田三百顷，屋三百间，宗州官田一百顷"[2]。平州前已述及，宗州（治今辽宁绥中县西南50里前卫镇），本辽来州，天德三年（1151）更名为宗州，泰和六年（1206）又改称瑞州[3]，位于辽西傍海道上。《金史·食货志》也提到，猛安谋克户在大定年间还有迁至平州者。[4]大定年间，蒲察鼎寿为河间尹，治理有方，"号令必行，豪右屏迹。有宗室居河间，侵削居民，鼎寿奏徙其族于平州，郡内大治"[5]。这里反映出河间的一些宗室迁入平州，与他们制造社会矛盾有关。

值得注意的是，迁入辽西的女真猛安谋克有些因边防需要而再度迁往他处，或在辽西区域内进行新的调整。《金史·移剌道传》提到："正隆三年，徙临潢、咸平路、毕沙河等三猛安，屯戍斡卢速。"[6]其中受命屯戍斡卢速者就有临潢府的猛安。全州（治今内蒙古翁牛特旗），金章宗承安二年建置，当时调拨北京三韩县烈虎等五猛安隶属于全州。[7]三韩县本为北京大定府统辖之县，可见，金章宗承安二年建置全州引起北京路内部小范围人口调动。

（二）其他地区契丹人、汉人迁入辽西

其他地区的契丹人迁入辽西主要发生在金朝中期。海陵王正隆年间，由于征诸道兵伐宋，引发西北路契丹人大规模叛乱，"山后四群牧、山前诸群

---

① 郝素娟：《金代移民研究》，吉林大学博士学位论文，2016年，第38页。
② 脱脱等：《金史》卷73《按苔海传》，中华书局2020年版，第1788页。
③ 脱脱等：《金史》卷24《地理志上》，中华书局2020年版，第600页。
④ 脱脱等：《金史》卷47《食货志二》，中华书局2020年版，第1124页。
⑤ 脱脱等：《金史》卷120《世戚·蒲察鼎寿传》，中华书局2020年版，第2763页。
⑥ 脱脱等：《金史》卷88《移剌道传》，中华书局2020年版，第2089页。
⑦ 脱脱等：《金史》卷24《地理志一》，中华书局2020年版，第602页。

牧皆应之"①。辽西地区的一些州县及村寨也因此陷入战乱，包括临潢府及其东南的新罗寨、懿州、宜州、川州、北京、长泊、陷泉等地，除了奔逃避乱致使辽西地区的人口发生流动之外，金在平叛之后的大定十九年，还将本为西北边地曾参与窝斡叛乱的契丹人的一部分迁入临潢府。明昌年间，有边地胡里糺叛乱，"啸聚北京、临潢之间"②，完颜襄受命北上御边，遣人招抚，叛乱者降附后也被安置在临潢屯田。《金史·唐括安礼传》记载，为了防止边地契丹人与耶律大石联络以生边患，大定十七年（1177），金世宗下令迁徙曾参与窝斡叛乱的西北路契丹人至金上京、济州、利州等地。其时的济州即辽黄龙府③，而利州，则是北京路统辖的刺史州。也就是说，西北部边地的契丹人在大定十七年被分散迁徙至多个地方，辽西地区的利州也是安置地之一。

其他地区的汉人自金初至金末都有迁入辽西地区的记载。天辅七年（1123），金人依照与北宋签订的"海上之盟"，将燕京六州之地交给宋朝，但却把其地的长胜军及豪族工匠等大量人口迁往内地。④这些燕地人口在迁徙过程中陆续分流，《大金国志》记载迁走的燕山士庶"多有归中京、辽水者"⑤。依据李心传《建炎以来系年要录》的记载，随宋徽、钦二帝北迁的人员也被分散安置，并不是全部随二帝前往五国城。其中，"宗室仲鲁等五百余人，皆移居临潢府，而内侍黎安国等数百人在辽东"⑥。当时，除了宋朝的宗室、侍从之外，汴梁的民众也有被强迫北迁者，一些人就落籍辽西

① 脱脱等：《金史》卷73《完颜守能传》记载："大定十九年，为西北路招讨使。是时，诏徙窝斡余党于临潢、泰州。押刺民列尝从窝斡，其弟闸敌也当徙，伪称身亡，以马赂守能，固匿不遣。"中华书局2020年版，第1795页。

② 脱脱等：《金史》卷94《内族襄传》，中华书局2020年版，第2216—2217页。

③ 脱脱等：《金史》卷24《地理志上》"隆州"条提到："隆州，下，利涉军节度使。古扶余之地，辽太祖时，有黄龙见，遂名黄龙府。天眷三年，改为济州，以太祖来攻城时大军径涉，不假舟楫之祥也，置利涉军。"（中华书局2020年版，第592页）《金史》卷2《太祖纪》记载："熙宗天眷二年，以黄龙府为济州，军曰利涉，盖以太祖涉济故也。"（中华书局2020年版，第30页）二处记载时间上略有不同，但所言改名的依据一致。

④ 脱脱等：《金史》卷2《太祖纪》，中华书局2020年版，第43页。

⑤ 宇文懋昭撰，崔文印校证：《大金国志校证》卷3，中华书局1986年版，第44页。

⑥ 李心传：《建炎以来系年要录》卷35，中华书局2013年版，第799页。

地区某地。比如，元代辽阳行省郎中黄肯播的先人原本齐人，在金初迁至利州。① 元好问所撰《龙山赵氏新茔碑》提到真定路工匠都总管赵贞玉家族在金初的迁徙经历："金朝兵破大梁，吾宗例为兵所驱，尽室北行，至龙山，遂占籍焉。"② 文中所叙述的龙山为金代北京路利州辖县。赵孟頫《福建廉访副使仇公神道碑》记载："仇氏望陈留，谱云宋大夫牧之世。入金，有更朔平、临潢二县令者，讳辅，即家临潢。临潢之曾孙昌平府君，实徙京兆。"③ 这是宋人入金迁居临潢的例证。天会十五年（1137）十一月，金废齐国，降封刘豫为蜀王，在汴梁置行台尚书省，刘豫齐政权结束。同年十二月，"徙蜀王刘豫临潢府"④。其本传称其家属也随其迁至临潢府。刘豫的儿子刘麟迁临潢后，曾任北京路都转运使。史书也记载，大定二十一年（1181）六月，"徙银山侧民于临潢"⑤。此处提到的"银山"，可能在西京附近，《金史·世宗纪》大定六年六月记事提及金世宗从西京启程前往银山狩猎。⑥ 曹揆撰于明昌元年的《刘元德墓志铭》提到："公讳元德，字子善。唐燕王之后。曾祖宏，同中□门下平章事、赠守司空，本朝命世袭千户，知咸州。曾祖妣李氏，岐国夫人。祖君翼，中书府君之长子也，袭其封爵，后诏徙懿州，因家焉，逐为懿州顺安人也，历广威将军、知积石军事"⑦。这段文字言明刘元德的祖父刘君翼曾受诏由咸州迁往懿州，定居于辽西懿州，因而成为懿州顺安人。元好问《顺安县令赵公墓碑》记载，高唐人赵雄飞于泰和四年（1204）受命为懿州顺安县令，举家北迁，过广宁府（治今辽宁北镇市），"爱其山水清美"，因尚未到就任

---

① 苏天爵：《滋溪文稿》卷15《故奉政大夫辽阳行省郎中黄公神道碑铭》，中华书局1997年版，第243页。

② 元好问：《龙山赵氏新茔碑》，狄宝心校注：《元好问文编年校注》，中华书局2012年版，第753—754页。

③ 赵孟頫：《福建廉访副使仇公神道碑》，李修生主编《全元文》卷600（第19册），江苏古籍出版社2006年版，第306页。

④ 脱脱等：《金史》卷4《熙宗纪》，中华书局2020年版，第80页。

⑤ 脱脱等：《金史》卷46《食货志一》，中华书局2020年版，第1108页。

⑥ 脱脱等：《金史》卷6《世宗纪上》，中华书局2020年版，第154页。

⑦ 曹揆：《刘元德墓志铭》，王新英辑校：《全金石刻文辑校》，吉林文史出版社2012年版，第329页。

之期，于是留寓其地，却不幸病故，其家人因而留居广宁，后来广宁受兵，其子赵安上"扶护东还"①。王恽所撰《大元故奉训大夫尚书礼部郎中致仕丁公墓志铭》也提到墓主人丁居实的高祖丁孝温在金代因就任临海军节度使而世家锦州。②金末元初的刘亨安，其先为范阳人，金代被迁至辽东川州。③川州（治今辽宁北票市东北76里黑城子镇黑城子古城），金初沿袭辽旧为节度州，天会中降为刺史州，大定六年废州，承安二年又复置，是懿州支郡。④

二、迁出辽西之人口

金代关涉辽西地区的人口迁徙不只有迁入，更有一些人口因各种原因而迁离辽西。

（一）南迁的辽西人

辽金更迭之际，金人攻取辽上京、辽中京并没有遭到强有力的抵抗，反倒是一些府州抵抗较为激烈，比如，兴中府及其所辖州县的攻取就令金人颇费周折。当地的军民在遥辇昭古牙、契丹九斤和兴中尹道温等的领导下努力抗争，持续一年零九个月才被迫降附。战争使很多原兴中府一带的人走死逃亡，金军也有较大的损失，兴中府、建州等地的人口因此有所减少。战后，为了防止残存的昭古牙领导的军队反叛，金朝在笼络昭古牙而授予他亲管猛安的同时，也使夺邻领四猛安，另外五猛安的都帅则命挞懒择人任命。这样，遥辇九营被改编为九猛安，昭古牙受到牵制，不能独立掌管原遥辇九营，而且把他们迁离兴中府、建州一带。《金史·兵志》叙述奚兵时提及他们的去向："所谓奚军者，奚人遥辇昭古牙九猛安之兵也。奚军初徙于山西，后分迁河东。"⑤

① 元好问：《顺安县令赵公墓碑》，狄宝心校注：《元好问文编年校注》，中华书局2012年版，第821-825页。
② 王恽：《王恽全集汇校》卷52《大元故奉训大夫尚书礼部郎中致仕丁公墓志铭》，杨亮、钟彦飞点校，中华书局2013年版，第2408页。
③ 宋濂等：《元史》卷150《刘亨安传》，中华书局1976年版，第3559页。
④ 余蔚：《中国行政区划通史·辽金卷》，复旦大学出版社2012年版，第660-661页。
⑤ 脱脱等：《金史》卷44《兵志》，中华书局2020年版，第1067页。

关于此处提及的"山西""河东",学者们有不同看法。孟广耀认为:"这里的'山西',泛指太行山以西;'河东',系黄河之东。"①也就是说昭古牙的军队先是被调往太行山以西,后又进驻黄河以东。冯继钦认为:"所谓'山西'大概是指今松岭之西,'河东'大概是指今老哈河以东。"②笔者认同孟先生的看法,因为奚人昭古牙九营原居住地兴中府、建州一带就在松岭以西和老哈河以东的范围内。《金史·地理志上》"云内州"条提到:"天会七年徙奚第一、第三部来戍。"③这里提到的奚第一、第三部很可能就是来自兴中府或原辽中京地区的奚人。据《金史·高桢传》,海陵朝,由于"奚、霫军民皆南徙",引起中京地区谋克别术"啸聚为盗",高桢被调任中京留守,"命乘驿之官,责以平贼之期"④。由此条记载可知,海陵王统治时期的南向发展也曾使奚、霫军民南迁。金代屯田军的构成很复杂,张棣《金虏图经》有关金朝在中原的屯田提到:"屯田军非女真,契丹、奚家亦有之。"⑤这里提及的契丹、奚家当有来自辽西的,他们被迁至中州,成为屯田军的一部分。

金初也有躲避战乱南逃的辽西人。金沁州刺史李楫的祖父李福在辽代本居大定府,金军南下,"避乱云中"⑥。元好问《费县令郭明府墓碑》提及的墓主人费县令郭峤,"世家临潢之长泰",为辽西地区辽代遗民的后裔⑦,从其墓地在宛平看,他家在金代也南迁至燕地。金代更有辽西契丹人南奔至宋。《金史·移剌窝斡传》记载:"括里、扎八率众南走,诏左宣徽使宗亨追及之。扎八诈称降,宗亨信其言,遂不与战。扎八绐之曰:'括里惊走,愿追之。'宗亨纵

① 孟广耀:《金朝对奚族的基本政策》,见陈述主编《辽金史论集》第四辑,书目文献出版社1989年版,第301页。
② 冯继钦:《金代奚族初探》,《求是学刊》1986年第2期,第93页。
③ 脱脱等:《金史》卷24《地理志上》,中华书局2020年版,第610页。
④ 脱脱等:《金史》卷84《高桢传》,中华书局2020年版,第2010页。
⑤ 张棣:《金虏图经》,见徐梦莘:《三朝北盟会编》卷244"炎兴下帙一百四十四"引,上海古籍出版社2008年版,第1754页。
⑥ 元好问:《沁州刺史李君神道碑》,狄宝心校注:《元好问文编年校注》,中华书局2012年版,第859页。
⑦ 元好问:《费县令郭明府墓碑》,狄宝心校注:《元好问文编年校注》,中华书局2012年版,第637页。

扎八去。益都猛安欲以所部追括里、扎八，宗亨恐分其功，不听，而纵军士取贼所弃资囊人畜而自有之。括里、扎八由是得亡去，遂奔于宋。"[1]括里和扎八都是主动响应移剌窝斡叛乱的官吏，括里为咸平府谋克，应该是金朝落籍咸平的契丹人，领其所部在山后戍守，闻乱逃回家，组织反金力量；扎八本是金世宗派去招抚移剌窝斡的官吏，见移剌窝斡势力强大而追随其反金，他也是金代契丹人中有复国志向的人。括里反金势力一度有兵四万[2]，他们曾在辽西懿州、宜州活动[3]，其南奔时也曾带走一定量的人口，其中当有在辽西吸纳的反金契丹人。《宋会要辑稿》记述绍兴三十二年（1162）投宋的归明人："金国伪骠卫大将军西南路招讨使萧鹭巴、左骁卫上将军耶律适哩、节度使耶律秃谋、萧邈舌及千户、谋克等百余人归顺，皆契丹首领也。"[4]外山军治认为这段文字中提到的萧鹭巴就是扎八，而耶律适哩就是括里。[5]从文中可知，当时随着扎八、括里一起归宋的还有任职千户、谋克者，总数有一百余人。而且契丹人奔宋者不只是扎八、括里百余人，夏宇旭研究认为："在整个宋金对峙时期宋朝几乎都把招诱金治下的契丹人作为对付金朝的既定政策。宋朝极力渲染辽宋曾经的和平共处，招诱契丹人与宋联合，里应外合共同攻金，并宣称帮助契丹人复国，或招抚契丹人投奔宋朝享受高官厚禄。在宋招诱下，许多在金朝不如意的契丹人投附宋朝，为宋朝攻金及守卫边防效力。"[6]夏宇旭具体分析了金初、金中期、金末在宋朝招诱政策下契丹人的投附。尽管这些投附宋朝的契丹人在史籍中没有详细记述他们的原居地，但可以肯定其中有原属于辽西地区者。

金末，迫于西北方蒙古的压力，一些辽西人因避兵而南迁。陆文圭所

① 脱脱等：《金史》卷133《叛臣·移剌窝斡传》，中华书局2020年版，第3018页。
② 脱脱等：《金史》卷121《忠义一·纳兰绰赤传》提及："既而括里兵四万人大至，绰赤拒战，贼兵十倍，遂见执，骂而杀之。"中华书局2020年版，第2784页。
③ 脱脱等：《金史》卷133《叛臣·移剌窝斡传》，中华书局2020年版，第3008页。
④《宋会要辑稿》之《兵一七·归明》，刘琳、刁忠民、舒大刚、尹波等校点，上海古籍出版社2014年，第8968页。
⑤ 外山军治著、李东源译：《金朝史研究》，黑龙江朝鲜民族出版社1988年版，第73页。
⑥ 夏宇旭：《金代契丹人研究》，中国社会科学出版社2014年版，第181页。

撰《中大夫江东肃政廉访使孙公墓志铭》记载："公家世，其先本女真人乌克逊氏，居临潢府。曾祖或隐德不耀，祖壁仕于燕，贞祐初，从丰王南迁大梁，授明威将军兼军资库使。壬辰岁，天兵收河南，汴京既破，徙居大名，始从汉俗，以孙为氏。"①袁桷所撰《韩威敏公家传》记载："公讳政，字君用，姓韩氏。高祖讳天麟，知金临潢府，有惠政，民祠奉之。卒葬城南，因家焉。曾祖讳垂，高州节度。妣李氏。祖文卿，知耀州。妣孙氏。贞祐避兵，南迁临淄，今为益都人。"②从这两例的记载可以确定，贞祐年间，确实有一些居住辽西的人南迁至中原地区。

（二）北迁的辽西人

前述已经提及，金军在攻下显州后，下令将显州的一些人口迁往咸州路都统司辖地，《金史·斡鲁古勃堇传》还记载，金军攻下显州，显州周邻的乾、懿、成、川等州也都降附金朝，其中，成州（治今辽宁阜新市西北50里红帽子乡西红帽子村古城址）、川州（治今辽宁北票市东北76里黑城子镇黑城子古城）的人口有迁往同州（治今辽宁开原市南24里中固镇）、银州（治今辽宁铁岭市）者。《完颜娄室神道碑》对川、成等州人口的北迁也有提及："天辅元年，及斡鲁古、阿思魁等平乾显路，功（攻）克显州，遂与大帅耶律捏里、佛顶战于蒺藜山，大破之。遂下川、成、徽三州，徙其人民于咸州、黄龙之地。于是，太祖命王为黄龙路统牧。"③《金史·宗望传》提到皇帝诏书有"迁、润、来、隰四州人徙于沈州者，俟毕农各复其业"④。说明辽西走廊滨海地区的这四个州的居民曾有一些被迁徙至沈州（治今辽宁沈阳市）。

金代为充实其"内地"，即女真族兴隆之地金上京地区，在其征伐辽

① 陆文圭：《中大夫江东肃政廉访使孙公墓志铭》，李修生主编《全元文》卷566（第17册），江苏古籍出版社2000年版，第659页。
② 袁桷：《韩威敏公家传》，李修生主编《全元文》卷731（第23册），江苏古籍出版社2001年版，第545页。
③ 王彦潜：《完颜娄室神道碑》，王新英辑校：《全金代石刻文辑校》，吉林文史出版社2012年版，第220页。
④ 脱脱等：《金史》卷74《宗望传》，中华书局2020年版，第1809-1810页。

朝过程中不断将战俘和降附人口迁往那里，其中也包括辽西人口。耶律余睹所带领的民众就曾被迁离辽西。耶律余睹是迫于形势主动降附金朝的辽朝宗室，《辽史》《金史》均为其立传，《辽史》称其"引兵千余并骨肉军帐叛归女直"①，《金史》引其降书提到："近闻得里底、高十捏等欲发，仓卒之际不及收合四远，但率傍近部族户三千、车五千两、畜产数万，辽北军都统以兵追袭，遂弃辎重，转战至此。"②可见，耶律余睹降金虽然较为仓促，但也带走一定数量的兵民。金廷对其势力很重视。金太祖曾下诏给咸州路都统司："余睹降时，其民多强率而来者，恐在边生变，宜徙之内地。"③若金太祖的诏令得到贯彻，耶律余睹入金后其所带兵民被强制分离，随其降附之民北迁至金上京地区。据《金史·孔敬宗传》，天辅二年（1118），"诏敬宗与刘宏率懿州民徙内地"④。史书也记载，天辅六年（1122），金太祖阿保机的小弟完颜昂和稍喝以兵四千监护诸部降人，曾计划将降人安置于岭东，却因为不能抚御，致使降人在过上京临潢府后大部分逃离，史书提及"惟章愍宫、小室韦二部达内地"⑤。章愍宫为辽景宗斡鲁朵，当在辽腹心之地，小室韦不详其所居地。同年，辽降臣耶律慎思领诸部入内地。⑥

大定三年（1163）三月，金世宗有诏令："临潢汉民逐食于会宁府、济、信等州。"⑦会宁府为金上京留守司所在，济州即辽代黄龙府（治今吉林省农安县），信州（治今吉林公主岭市西北73里秦家屯镇古城），此三地均为临潢府饥民逐食之地，说明当时临潢府汉民有因饥荒北迁者。大定二十一年（1181），金世宗曾对宰臣提及"奚人六猛安，已徙居咸平、临潢、泰

① 脱脱等：《辽史》卷102《耶律余睹传》，中华书局2016年版，第1589页。
② 脱脱等：《金史》卷133《叛臣·耶律余睹传》，中华书局2020年版，第3006页。
③ 脱脱等：《金史》卷133《叛臣·耶律余睹传》，中华书局2020年版，第3006页。
④ 脱脱等：《金史》卷75《孔敬宗传》，中华书局2020年版，第1827-1828页。
⑤ 脱脱等：《金史》卷65《始祖以下诸子传》，中华书局2020年版，第1653页。
⑥ 脱脱等：《金史》卷2《太祖纪》，中华书局2020年版，第40页。
⑦ 脱脱等：《金史》卷6《世宗纪上》，中华书局2020年版，第146页。

州"①，可见，奚人六猛安在金朝被北迁，有的并没有离开辽西地区，如徙于临潢者；有的已出辽西的范围而北迁至咸平（治今辽宁开原市东北17里老城镇）、泰州（治今黑龙江泰来县西北56里塔子城镇古城）。

除了军队、官府强制性的移民之外，金朝辽西地区还有一些人因为学佛、传道等原因离开世居故地。宝严大师和曹道士就属于此种情况。宝严大师塔铭提到："师本林（临）潢府保和县人也，俗姓于氏，天庆年生。幼小异于童蒙，至廿一岁父母许放出家。寻礼到本府兴圆寺讲律沙门觉宗为师，训名裕超。……至天德三年，得居上京。"②黑龙江阿城松峰山发现的撰于承安四年的《曹道士碑》称曹道士本西楼人，"甫冠辞亲就师"，遂至千里之外的金源乳峰古洞而修道。③

辽遗民中还有不愿为金民而北迁者。元人黄溍所撰《沿海上副万户石抹公神道碑》④和元人许谦所撰《总管黑军石抹公行状》⑤共同提到的一个人物库烈儿就率部落远徙北边。对于这一北迁的石抹家族，《元史·石抹也先传》也有反映，称："其祖库烈儿，誓不食金禄，率部落远徙。"⑥

（三）西迁的辽西人

耶律大石，《辽史·天祚皇帝纪》称其为辽太祖八代孙，以科举仕进，登天庆五年（1115）进士第。历官翰林应奉、翰林承旨，以及泰、祥二州刺史，辽兴军节度使。在辽末动荡局势下，表现出与众不同的识见，敢于担当，拥立耶律淳为帝，耶律淳死后又立耶律淳妻萧德妃为太后，后来归天祚。因与天祚有分歧，他走上独立发展的道路。《辽史》记其离开时，"率铁骑二百宵遁"⑦。《金史·太宗纪》天会二年十月的记事中提到："戊辰，西南、西

---

① 脱脱等：《金史》卷47《食货志二》，中华书局2020年版，第1122页。
② 广明：《宝严大师塔铭志》，王新英辑校：《全金石刻文辑校》，吉林文史出版社2012年版，第310页。
③ 刘杰：《曹道士碑》，王新英辑校：《全金石刻文辑校》，吉林文史出版社2012年版，第411页。
④ 黄溍：《黄溍集》，王颋点校，浙江古籍出版社2013年版，第1150页。
⑤ 许谦：《许谦集》，蒋金德点校，浙江古籍出版社2015年版，第957页。
⑥ 宋濂等：《元史》卷150《石抹也先传》，中华书局1976年版，第3541页。
⑦ 脱脱等：《辽史》卷30《天祚皇帝纪四》，中华书局2016年版，第401页。

北两路权都统斡鲁言：'辽详稳挞不野来奔，言耶律大石自称为王，置南、北官属，有战马万匹……'"①这里没有明确耶律大石追随者到底多少人，"置南、北官属""战马万匹"当不只是《辽史》所言的铁骑二百。联系《金史·完颜希尹传》所记，当辽主已获，金太宗听说西夏与耶律大石合谋欲取"山西诸郡"时，也要求当时任西南、西北两路都统的完颜希尹"严备之"②。金人的小心翼翼，说明耶律大石的势力并不算小。西迁的辽西人，除了耶律大石自立时的追随者之外，后来耶律大石在西北立足后，也有自主前往者。《金史·唐括安礼传》记载："（大定）十七年，诏遣监察御史完颜觌古速行边，从行契丹押剌四人，撚剌、招得、雅鲁、斡列阿，自边亡归大石。"③

耶律余睹及其所带之兵在降附金朝后成为攻辽与北宋的军事力量。综合《辽史》《金史》的相关记载，耶律余睹先曾参与攻取中京、奉圣州，天会三年（1125），随金军转战汾河北，参与攻宋战争，后来，他留在西京，大概直到天会十年（1132），他都活动在西京地区，他谋反叛金也是被云内州节度使耶律奴哥告发的。耶律余睹在事情暴露逃亡时欲奔西夏，西夏不接纳，他和诸子被边部斩杀，其党羽燕京统军萧高六伏诛，蔚州节度使萧特谋自杀。《完颜希尹神道碑》的记载与《辽史》《金史》所记不尽相同，但关于耶律余睹及其主要党羽后来活动在燕云地区则是一致的。至于发现耶律余睹反叛之人，碑文言称是完颜希尹前往缙山阅马，途中发现有骑者二人"物色颇异"，从他们的衣领中搜得耶律余笃（睹）反书，很快抓捕耶律余睹同党萧高六，"辞伏"，于是，完颜希尹"驰驿一日而至西京，穷治反者，无远近悉捕诛之"④。

西夏在辽金更迭之际，也曾想趁乱扩张。《完颜希尹神道碑》记载："初，夏人系言与辽为援，据有天德、云中六馆之地，并招纳我已获奚、契丹

---

① 脱脱等：《金史》卷3《太宗纪》，中华书局2020年版，第57页。
② 脱脱等：《金史》卷73《完颜希尹传》，中华书局2020年版，第1790页。
③ 脱脱等：《金史》卷88《唐括安礼传》，中华书局2020年版，第2086页。
④ 王彦潜：《完颜希尹神道碑》，王新英辑校：《全金石刻文辑校》，吉林文史出版社2012年版，第218页。

人。我方事灭辽,姑置之弗取。夏为宋所侵,求援于我,乃贻书于王,以为我为失信者,辞意不逊。王复书责让,且理索当还之人,尚复迁延。至克宋,建立张楚,画大河为界,遂尽复旧疆,并还我官民。"①从这段记载看,西夏也曾吸纳奚人、契丹人,这些人多数是因战乱而奔逃的,他们中肯定有辽西的奚人、契丹人,他们大概随同天祚帝西逃而被金朝追兵打散,西奔西夏,或有留居西部者。

(四)东迁的辽西人

文献少见辽西人东迁,按理金朝不同时期也应有一些辽西人迁往辽东。《金史·完颜阿里不孙传》言及当金末耶律留哥占据广宁府,知广宁府事温迪罕青狗居盖州(治今辽宁大石桥市东南34里汤池镇)。这说明金末温迪罕青狗被迫东迁。

显然,在金代,辽西地区因各种原因外迁的人口流向四面八方,这与辽代内迁居多的局面截然不同。当然,金朝辽西人口的流动不止于此,还有辽西内部小范围的迁徙存在。

三、辽西内部人口的迁移

辽遗民的流动,当时宋人也特别关注。《三朝北盟会编》记载北宋王以宁的上书言及"契丹虽失国,种落不下十万,蹒跚乎松漠、阴山之下"②。陈述认为:"金廷代替辽廷以后,契丹人除部分西迁、部分北撤而外,大部分在原住地区留下来。"③辽西作为辽朝核心区域留在其地的辽遗民还是很多的。当然,因为战乱及战后的行政调整,辽西地区内部的人口迁移也可视为金代移民呈现出的一个现象。

前述金世宗与宰臣的谈话中提到奚人六猛安也有迁到临潢者,虽然也是迁离故地,但还在辽西范围内。撒八、移剌窝斡领导的叛乱也扰动了辽西地区,

① 王彦潜:《完颜希尹神道碑》,王新英辑校:《全金石刻文辑校》,吉林文史出版社2012年版,第218页。
② 徐梦莘:《三朝北盟会编》卷87"靖康中帙六十二",上海古籍出版社2008年版,第650页。
③ 陈述:《契丹政治史稿》,人民出版社1986年版,第165页。

他们所到之处民众为避乱而逃亡。大定十四年（1174）李居中所撰《周论墓志铭》，叙述墓主人周论仕履，涉及大定初年他调任临潢县令时县民聚散情况，其文曰："自窝斡兵革之后，居民逃窜，井邑一空。公既至也，用宽明仁恕以怀之，敬事眚罚以劝之。由是居者逸，而亡者旋，故百里之氓赖公苏息矣。"①临潢县民能够在乱定后回归故土，多数居民当就在附近寄居。可见当时辽西人为了避乱出现小范围的人口流动。此外，个别家庭在辽西范围内进行迁徙也是存在的，元代辽阳行省郎中黄肯播的先人在金初从中原迁到北京路利州，到金大安末，又迁至锦州。②《金史·完颜合达传》记载，贞祐三年（1215），当完颜合达被任命为临潢府推官、权元帅府右监军时，"临潢避迁，与全、庆两州之民共壁平州"③，也就是说，临潢府、全州、庆州之民因避兵而有迁至平州者。

总体上看，金代的辽西对其东北部的女真人和周邻的契丹人、汉人都有吸纳，但与辽代相比，辽西地区已不再是人口迁徙的重要目的地，变成了金太祖、太宗时期北迁人口和海陵朝大规模南迁人口路经的区域，其地人口也常被裹挟外迁。整体看来，金代辽西地区人气不旺。人口资源是中国古代区域经济发展的核心因素，因为劳动力是物质财富的创造者，是生产的主导力量，金代辽西地区人口布局的变化在一定程度上也影响了其地经济的发展。

第四节　金代辽西的经济格局

一、金初针对辽西的招抚政策与恢复生产的措施

金之立国绝非仅仅依靠武力，金初，以金太祖完颜阿骨打为首的统治

---

① 李居中：《周论墓志铭》，王新英辑校：《全金石刻文辑校》，吉林文史出版社2012年版，第188页。
② 苏天爵：《滋溪文稿》卷15《故奉政大夫辽阳行省郎中黄公神道碑铭》，中华书局，1997年，第243页。
③ 脱脱等：《金史》卷112《完颜合达传》，中华书局2020年版，第2605页。

集团在军事进攻的同时，认识到接纳和安抚降附人口的重要性，推行招抚政策，发布了一系列旨在稳定新占领区的诏令。《金史·太祖纪》记载："（收国）二年正月戊子，诏曰：'自破辽兵，四方来降者众，宜加优恤。自今契丹、奚、汉、渤海、系辽籍女直、室韦、达鲁古、兀惹、铁骊诸部官民，已降或为军所俘获，逃遁而还者，勿以为罪，其酋长仍官之，且使从宜居处。'"①金太祖的这道诏令显然立足于建立一个多民族的政权，他本着积极接纳各族降附的态度，命令官吏妥善安置来降和俘获的各族官民。此后金太祖所下诏令基本思想与此诏令一致，因此收国二年（1116）的这道诏令可视为金初立国的一个基本政策。金军于天辅元年（1117）准备与耶律淳统领的辽军在蒺藜山开战之时，金太祖谕令金军："辽主失道，肆命徂征，惟尔将士，当体朕意，拒命者讨之，服者抚安之，毋贪俘掠，毋肆杀戮。所赐捏里诏书，可传致也。"②在这一诏令中，金太祖强调的军事纪律非常简明，抵抗者讨伐，屈服者安抚，而"毋贪俘掠，毋肆杀戮"，是尽量减少战争造成的破坏，维护占领区的社会秩序。蒺藜山之战和攻拔显州的主要统帅斡鲁古勃堇因军功升至咸州路都统，但由于他多行不法，包括"攻显州获生口财畜多自取"③，而被降职。金军在完颜杲和完颜昱、宗翰、宗幹的带领下攻克辽中京以后，金太祖又诏令诸将："汝等提兵于外，克副所在，攻下城邑，抚安人民，朕甚嘉之。分遣将士招降山前诸部，计已抚定。山后若未可往，即营田牧，俟秋大举，更当熟议，见可则行。如欲益兵，具数来上。无恃一战之胜，辄自驰慢。善抚存降附，宣谕将士，使知朕意。"④这则诏令同样反复强调抚安降附之民，安定新占领区。天辅六年（1122）他也下诏给六部奚："汝等既降复叛，扇诱众心，罪在不赦。尚以归附日浅，恐绥怀之道有所未

---

① 脱脱等：《金史》卷2《太祖纪》，中华书局2020年版，第31页。
② 脱脱等：《金史》卷71《斡鲁古勃堇传》，中华书局2020年版，第1738页。
③ 脱脱等：《金史》卷71《斡鲁古勃堇传》，中华书局2020年版，第1739页。
④ 脱脱等：《金史》卷76《杲传》，中华书局2020年版，第1848页。

孚，故复令招谕。若能速降，当释其罪，官皆仍旧。"①显然这是一道劝降诏书，针对降而复叛的六部奚的官吏而下达的宽赦令，希望他们再次归附。对于兴中府的反复，他在继续诏谕兴中府军民的同时，也诏告征战在兴中府、宜州之地的军将阇母，"辽之土地皆为我有，彼虽复叛，终皆吾民，可纵其耕稼，毋得侵掠"②。《金史·挞懒传》也载："昭古牙势蹙亦降，兴中、建州皆平。诏第将士功赏，抚安新民。"③天辅七年（1123）正月，金太祖诏令表扬中京都统斡论安民有方，且提醒他防范分裂势力滋长，其文曰："闻卿抚定人民，各安其业，朕甚嘉之。回离保聚徒逆命，汝宜计画，无使滋蔓。"④天辅七年正月甲申，金太祖有诏："诸州部族归附日浅，民心未宁。今农事将兴，可画分谕典兵之官，无纵军士动扰人民，以废农业。"⑤可以说正是金朝最高统治者一系列安民诏令的发布，以及一些军帅的认真贯彻，才在很大程度上减少了辽西各地的反抗。

《金史》关于金初安置降附也有一些记载。天辅二年（1118），金太祖下诏给达鲁古部勃堇辞列："凡降附新民，善为存抚。来者各令从便安居，给以官粮，毋辄动扰。"⑥这是针对安抚降附新民的一个具体诏令。的确，辽西各地主动降附者，往往得到从优的安置，比如，天辅二年十月癸未，"以龙化州降者张应古、刘仲良为千户。"天辅二年十二月，"辽懿州节度使刘宏以户三千并执辽候人来降，以为千户"⑦。南京留守张觉据平州叛金附宋之后，金太祖曾下诏谕令南京官吏，其诏文提到："朕初驻跸燕京，嘉尔吏民率先降陷，故升府治以为南京，减徭役，薄赋税，恩亦至矣，何苦辄为叛逆。今欲进兵攻取，时方农月，不忍以一恶人而害及众庶。且辽国举为

---

① 脱脱等：《金史》卷2《太祖纪》，中华书局2020年版，第40页。
② 脱脱等：《金史》卷71《阇母传》，中华书局2020年版，第1743页。
③ 脱脱等：《金史》卷77《挞懒传》，中华书局2020年版，第1876页。
④ 脱脱等：《金史》卷2《太祖纪》，中华书局2020年版，第41页。
⑤ 脱脱等：《金史》卷2《太祖纪》，中华书局2020年版，第42页。
⑥ 脱脱等：《金史》卷2《太祖纪》，中华书局2020年版，第34页。
⑦ 脱脱等：《金史》卷2《太祖纪》，中华书局2020年版，第34页。

我有，孤城自守，终欲何为。今止坐首恶，余并释之。"①从金太祖诏令中所言可知，最初为褒奖平州吏民降金，金朝给予平州一些优惠政策。天辅四年（1120），临潢人毛子廉率领二千六百户"来归"，"令就领其众，佩银牌，招未降军民"，至天会三年（1125），毛子廉官至上京副留守。②天会二年（1124）三月，"刘公胄、王永福弃家踰城来降，以公胄为广宁尹，永福为奉先军节度使"③。刘公胄、王永福均为南京（平州）将④，被任命为广宁尹和奉先军节度使属于从优安置，目的自然是为了号召更多的官民主动投附金朝。时立爱也是主动降金而被重用的典型。《金史·时立爱传》记载："及宗望再取燕山，立爱诣幕府上谒，拜同中书门下平章事，任其子侄数人。立爱从宗望军数年，谋画居多，封陈国公。表求解机务，不从。九年，为侍中、知枢密院事。久之，加中书令。"⑤宋人张汇在靖康元年陷金，返回宋朝之后撰有《金虏节要》，不仅记录金初人物的活动，还间或发表一些评论，他对金初优容降附者有评论称："阿骨打弄兵之始，成败未保，惟恐失人。苟有归者，莫不待之如亲，用之不疑。乐则同处，苦则先登。攻守之计，进退之理，人人可得而陈之。故利之至小，害之至微，无不闻焉。倡其作乱之策者，恣其掳掠，不夺其所得，故贪婪轻生之徒，闻风四起。多杀守将，据郡邑，胁军伍以应贼。以至渤海酋长大挞不也、高永昌，契丹副都统耶律章奴、耶律余睹，亦率众而归之。于是，贼势如大厦已仆，洪流已决，莫能御焉。"⑥可见，金太祖招降政策成效显著，一方面吸纳一些对辽政权失望或与辽廷有矛盾的文武官员，一定程度上减少了灭辽过程中的抵抗力量，使金政权在辽金军事争衡中占据了主动；另一方面，优礼降附者，给予他们

---

① 脱脱等：《金史》卷 133《叛臣·张觉传》，中华书局 2020 年版，第 3002 页。

② 脱脱等：《金史》卷 75《毛子廉传》，中华书局 2020 年版，第 1826 页。

③ 脱脱等：《金史》卷 3《太宗纪》，中华书局 2020 年版，第 56 页。

④ 李有棠：《金史纪事本末》卷 4"燕云弃取"，中华书局 2015 年版，第 94 页。

⑤ 脱脱等：《金史》卷 78《时立爱传》，中华书局 2020 年版，第 1888 页。

⑥ 徐梦莘：《三朝北盟会编》卷 24"政宣上帙二十四"引《金虏节要》，上海古籍出版社 2008 年版，第 181 页。

相应的职位，接纳他们的合理建议，也尽量避免了由于统治经验不足而造成的失误。《金史·时立爱传》反映出在对待平州的政策上，金朝统治者能够听取时立爱的建议，推行优恩，且遣官分行郡邑，宣谕德义。《金史·太宗纪》也记载：天会二年三月，"宗望请选良吏招抚迁、润、来、隰之民保山砦者，从之。己未，宗望以南京反覆，凡攻取之计，乞与知枢密院事刘彦宗裁决之。"①宗望的请求有利于维护新占领的辽西走廊濒海州城的安定，得到了金太宗的批准。《金史·刘彦宗传》也记载："天会二年，诏彦宗曰：'中京等两路先多拒命，故遣使抚谕，贳其官民之罪，所犯在降附前者勿论。卿等选官与使者往谕之，使勤于稼穑。'"②可见，金初统治者重视采纳旧辽官吏的管理意见。当然，金朝对降附者不只是优容，也有约束和防范。

金初为了防范新占领区的反抗，也采取了一些军事管制的措施，比如，诸路关津绝其往来。天辅七年二月癸巳，金太祖下诏曰："顷因兵事未息，诸路关津绝其往来。今天下一家，若仍禁之，非所以便民也。自今显、咸、东京等路往来，听从其便。其间被虏及鬻身者，并许自赎为良。"③显然，战时的军事管制是为了防止各地民众串联起来抵抗金兵，当各地陆续成为金朝统辖地区后，取消战时的禁令更便于统治。天会二年正月，宗望及将士攻克南京后，"始自京师至南京每五十里置驿"④。此时疏通建设这样一条驿路，可以肯定意在加强京师与新占领的辽西走廊沿线州城的联系。

为了有效控制新占领区，金初往往采取移民措施分化其反抗力量，并对移往他地的人口实施不同的安抚措施，比如对有财力有地位者任命为官，贫困者进行赈济，在辽西的一些州城就采取这样的方式以减少反抗，争取不同阶层人的支持。《金史·斡鲁古勃堇传》记载："初，迪古乃、娄室奏，攻显州新降附之民，可迁其富者于咸州路，其贫者徙内地。于是，诏使阇哥

① 脱脱等：《金史》卷3《太宗纪》，中华书局2020年版，第56页。
② 脱脱等：《金史》卷78《刘彦宗传》，中华书局2020年版，第1882页。
③ 脱脱等：《金史》卷2《太祖纪》，中华书局2020年版，第42页。
④ 脱脱等：《金史》卷3《太宗纪》，中华书局2020年版，第55页。

择其才可干事者授之谋克，其豪右诚心归附者拟为猛安，录其姓名以闻，饥贫之民，官赈给之，而使阇母为其副统云。"①至于升为南京的平州，在张觉奔宋后其居民又推张敦固为都统据守孤城，后来张敦固以兵八千分四队出战，结果大败。金军统帅宗望再三开谕，张敦固等因屡次抗拒，犹有疑虑，宗望派阇母奏请皇帝，金太宗下诏赦免南京官民，大小罪都不追究，官职如旧。②作为军事统帅的宗望不完全依靠武力压制，而是善于绥抚。兴中府平定之后，首任兴中尹为奚人萧公翊，如此安排，当主要考虑到他是降附金朝并从攻兴中府的人，当然也应考虑到兴中府奚人较多的实际情况。《金史·胡石改传》还记载："移失部既降，复叛去，胡石改引兵追及，战败之，俘获甚众。泽州诸部有逃者，皆追复之。又败叛人于临潢，诛其酋领而安抚其人民。"③可见，金初军事征服下屈服的各地辽朝遗民，常有人选择逃亡，或在可能的情况下反叛，对此，金军往往再调动军队追击，对于反叛者，根据其身份加以区别对待，酋帅往往被诛杀，而人民则得到宽恕。随着金朝占领区域的扩大，官吏的需求量也随之增加，"新附之民有材能者，可录用之"④，此诏令反映了当时的人才需求。对于未迁徙他处的新占领地的居民，金太祖的诏书除了新建管理组织，对饥贫者赈济之外，也强调恢复生产。天会二年五月癸未，金太宗下诏："新降之民，诉讼者众，今方农时，或失田业，可俟农隙听决。"⑤金太宗的诏令提醒官吏们处理新附民的诉讼要考虑农业生产，显然这是强调处理政务要注意轻重缓急。天会三年（1125）三月丙子，"赈奚、契丹新附之民"⑥。当然，金廷为了解决军需物资，也采行摊派的方式征括，比如，天会三年七月甲申，"诏南京括官豪牧马，以等第取之，分

---

① 脱脱等：《金史》卷71《斡鲁古勃堇传》，中华书局2020年版，第1739页。
② 脱脱等：《金史》卷74《宗望传》，中华书局2020年版，第1810页。
③ 脱脱等：《金史》卷66《宗室·胡石改传》，中华书局2020年版，第1666页。
④ 脱脱等：《金史》卷2《太祖纪》，中华书局2020年版，第42页。
⑤ 脱脱等：《金史》卷3《太宗纪》，中华书局2020年版，第56页。
⑥ 脱脱等：《金史》卷3《太宗纪》，中华书局2020年版，第58页。

给诸军”[①]。金天会初，奚五王族人伯德特离补与其父挞不也归附，特离补受命招降松山等州未附军民，以及平州、蓟州民，“督之耕作”[②]。

金初在辽西之地招抚政策的贯彻，以及安定新附民的种种措施，取得的效果还是比较明显的。除了张觉投宋之外，并没有出现大规模的反金斗争。耶律余睹的反叛并不是发生在辽西地区，而是在燕云之地。

二、维持多种经济共同发展的局面

金代临潢府路、北京路所在原为辽朝核心区域，其经济有较好的基础，金朝在完全控制其地之后，社会秩序渐趋稳定，农牧业、手工业、商业均有恢复，呈现出多种经济互补共存的局面。

（一）兼营农牧业

金代临潢府路统辖区域较大，有些地方适合农作，有些地方只宜畜牧，这从金人言论可以证实。金世宗曾对宰臣说：“奚人六猛安，已徙居咸平、临潢、泰州，其地肥沃，且精勤农务，各安其居。”[③]这里金世宗提到的迁徙奚人安置地应是临潢府宜农的区域。临潢府路边堡设置之地则多不宜于农耕，大定二十一年（1181），金世宗与臣下讨论边堡置戍问题，评事移剌敏有言：“东北及临潢所置，土瘠樵绝，当令所徙之民姑逐水草以居，分遣丁壮营毕，开壕堑以备边。”[④]因为自然条件恶劣，戍守者的生活很艰难，泰州九堡、临潢五堡处于“斥卤”之地，官府给建屋。[⑤]大定二十一年四月遣吏部郎中奚胡失海经画壕堑，结果是“旋为沙雪堙塞，不足为御”，显然，一些边堡所在地气候寒冷，风沙较大，即使从事畜牧业也不是优质的牧场。临潢府路和北京路确实有适合游牧经济的区域，金代在其地设有官营牧场——群牧。现代学者

① 脱脱等：《金史》卷3《太宗纪》，中华书局2020年版，第59页。

② 脱脱等：《金史》卷81《伯德特离补传》，中华书局2020年版，第1939页。

③ 脱脱等：《金史》卷47《食货志二》，中华书局2020年版，第1122页。

④ 脱脱等：《金史》卷24《地理志上》，中华书局2020年版，第604页。

⑤ 脱脱等：《金史》卷24《地理志上》，中华书局2020年版，第605页。

研究认为耶卢椀、欧里本、斡覩只等群牧就在临潢府路和北京路境内。①《金史·纳兰胡鲁刺传》提及纳兰胡鲁刺在金章宗朝曾受命"括牛于临潢、上京等路"②，说明包括临潢路在内的金朝北部地区畜牧业应有一定的规模。其实，金朝也积极从管理上推进临潢府路和北京路的农业发展。《金史·世宗纪》记载：大定二十五年（1185）五月，金世宗巡行至天平山好水川，"遣使临潢、泰州劝农"③。《金史·食货志·田制》也记载："承安二年，遣户部郎中上官瑜往西京并沿边，劝举军民耕种。又差户部郎中李敬义往临潢等路规画农事。"④《金史·食货志》的相关记载也表明朝廷重视临潢府路和北京路租赋的征收。⑤《金史·河渠志》记载："明昌三年四月，尚书省奏：'辽东、北京路米粟素饶，宜航海以达山东。昨以按视东京近海之地，自大务清口并咸平铜善馆皆可置仓贮粟以通漕运，若山东、河北荒歉，即可运以相济。'制可。"⑥这里所提"北京路"应主要包括大定府、兴中府、利州、建州、义州、锦州、宗州、懿州等府州及其下属县。从明昌三年四月尚书省所奏内容看，辽东、北京路粮食一向较他地丰饶，所以有实力外运以赈济山东、河北等地的荒歉。

据《中国文物地图集》之内蒙古分册、辽宁分册、河北分册，临潢府路和北京路范围内出土有农业生产和加工工具的金代遗址不算少，具体情况见表3-1。

表3-1　金代临潢府路、北京路范围内出土农具遗址一览表

金代遗址名称	所在位置	出土的农具
赤峰市巴林左旗小白音坝遗址	巴林左旗哈拉哈达乡小白音坝村东500米	石臼、磨
赤峰市巴林左旗长泰县故城	巴林左旗十三敖包乡红星村	石磨

---

① 张士东、彭爽：《金代群牧考》，《古籍整理研究学刊》2014年第5期，第77页。
② 脱脱等：《金史》卷103《纳兰胡鲁刺传》，中华书局2020年版，第2419页。
③ 脱脱等：《金史》卷8《世宗纪下》，中华书局2020年版，第207页。
④ 脱脱等：《金史》卷47《食货志二》，中华书局2020年版，第1127页。
⑤ 脱脱等：《金史》卷47《食货志二》"租赋"有记载："中都、西京、北京、上京、辽东、临潢、陕西地寒，稼穑迟熟，夏税限以七月为初。"中华书局2020年版，第1132页。
⑥ 脱脱等：《金史》卷27《河渠志》，中华书局2020年版，第730页。

金代遗址名称	所在位置	出土的农具
赤峰市林西县范家院遗址	林西县繁荣乡政府驻地内	石臼
赤峰市克什克腾旗金界壕西支线克什克腾旗敖伦诺尔堡址	克什克腾旗巴彦查干苏木敖伦诺尔湖东南 1 公里	石臼
赤峰市克什克腾旗金界壕西支线哈拉敖包堡址	克什克腾旗阿其乌拉苏木哈拉敖包嘎查南 100 米	石磨盘、臼
赤峰市克什克腾旗金界壕西支线乌兰苏堡址	克什克腾旗阿其乌拉苏木乌兰苏嘎查南	石臼
赤峰市敖汉旗小房申遗址	敖汉旗大甸子乡小房申村南约 100 米	小石磨
赤峰市敖汉旗沙子沟东地遗址	敖汉旗金厂沟梁镇沙子沟村东约 200 米	石磨、铁锄
通辽市扎鲁特旗榆树遗址	扎鲁特旗伊和背乡榆树村内	石臼
通辽市扎鲁特旗塔格他图遗址	扎鲁特旗乌额格其苏木塔格他图嘎查内	铁锄、犁
通辽市扎鲁特旗格日朝鲁城址	扎鲁特旗格日朝鲁苏木苏木政府驻地北 3 公里	犁铧
通辽市扎鲁特旗金界壕南线扎鲁特旗段巴雅尔图胡硕堡址	扎鲁特旗巴雅尔胡硕镇东	石磨、铁铲
通辽市奈曼旗北京铺遗址	奈曼旗平安乡北京铺子村东 50 米	石臼
通辽市奈曼旗东甸遗址	奈曼旗义隆永乡东湾子村东北 1 公里	锄
通辽市奈曼旗南冷场南遗址	奈曼旗土城子乡南冷场屯南 50 米	石臼
锦州市黑山县刘屯遗址	黑山县饶阳河镇韩家村刘家屯西北 1 公里	铁铡刀
锦州市黑山县四台遗址	黑山县芳山镇四台子村南 2 公里	铁锄、犁、铡刀
锦州市黑山县宋屯遗址	黑山县镇安满族乡宋屯村北 1 公里	铁锄
锦州市义县姚家遗址	义县聚粮屯满族乡邵家屯村姚家屯	镰刀、小磨等
锦州市义县贺家遗址	义县聚粮屯满族乡贺家屯东南 300 米	石臼
锦州市义县兴隆堡遗址	义县九道岭镇兴隆堡村兴隆堡屯东侧	石磨
朝阳市双塔区榆树林遗址	双塔区凌凤街道榆树林村西侧	石杵、石臼
朝阳市凌源市碾房遗址	凌源市松岭子镇碾房仗村碾房屯西 180 米	铁锄
朝阳市凌源市康官房身遗址	凌源市宋杖子镇康官营子村房身屯内	铁锄

续表

金代遗址名称	所在位置	出土的农具
朝阳市朝阳县四家遗址	朝阳县七道岭乡四家子村内	铁刀、石臼
朝阳市朝阳县南双庙石刻	朝阳县南双庙乡东南 2.5 公里	石刻内容中有马、农具
朝阳市建平县七家梁遗址	建平县喀喇沁镇高仗子村七家梁屯东北 1.2 公里	铁铧、铁锄
朝阳市建平县苇塘遗址	建平县马场镇河南五十家子村苇塘屯东 500 米	铁镐、铁锄、铁镰等
朝阳市建平县五十家遗址	建平县马场镇河南五十家子村河北五十家子屯东 10 米	铁锄、铁镰
朝阳市建平县小东荒遗址	建平县马场镇插花营子村小东荒屯西 150 米	铁铧、犁、锄、镰刀等
朝阳市建平县房身沟遗址	建平县罗福沟乡紫仗子村房身沟屯内	石磨、铁制生产工具等
朝阳市建平县嘎吉西遗址	建平县老官地镇小黄仗子村嘎吉哈达屯西 500 米	石磨残片
朝阳市建平县老爷庙遗址	建平县黑水镇老爷庙村内	铁铧
朝阳市建平县东沟遗址	建平县太平庄乡干沟子村东沟屯内	铁铧
朝阳市建平县曹家窝铺北遗址	建平县太平庄乡郝家窝铺村曹家窝铺屯北山坡	铁铧
朝阳市建平县石台六家遗址	建平县太平庄乡石台沟村六家屯内	铡刀、铁铧、石磨等
朝阳市建平县新窝铺南遗址	建平县三家蒙古族乡新窝铺村南 500 米	铁铧、镰等
朝阳市建平县北四家遗址	建平县三家蒙古族乡北四家村东部	石磨
朝阳市建平县四合永西北遗址	建平县义成功乡四合永村西北 2.5 公里	铁铡刀、锄等
阜新市阜新蒙古族自治县大岭遗址	阜新蒙古族自治县大阪镇大岭村西 1 公里	铁铡刀
阜新市阜新蒙古族自治县乌呼代遗址	阜新蒙古族自治县务欢池镇碱锅乌呼代营子屯内	铁锄头
阜新市阜新蒙古族自治县枣树遗址	阜新蒙古族自治县务欢池镇天恩村枣树沟屯北 100 米	石磨、石臼等

续表

金代遗址名称	所在位置	出土的农具
阜新市彰武县东大遗址	彰武县哈尔套镇新发村东大窝堡屯内	石臼
葫芦岛市南票区松树遗址	南票区缸窑岭镇松树底下村北 300 米南坡地	铁锄
葫芦岛市南票区潘三家遗址	南票区缸窑岭镇潘三家村东南 200 米台地上	铁锄、铁铲
葫芦岛市兴城市任虎山沟遗址	兴城市郭家镇任合村虎山沟屯内	铁锄
葫芦岛市绥中县黑水遗址	绥中县西平坡满族乡黑水汀村西侧	铁锄、铁铧
葫芦岛市绥中县宋家沟遗址	绥中县宽邦镇窝棚沟村宋家沟屯南 200 米	铁锄
葫芦岛市绥中县银庄遗址	绥中县范家满族乡银庄子村西山坡上	铁铧
葫芦岛市绥中县朱家遗址	绥中县范家满族乡朱家村东北 50 米	石臼
葫芦岛市绥中县下沟遗址	绥中县高甸子满族乡朱仙屯村下沟屯	铁铧、铁犁、铁铡刀、铁锄
葫芦岛市绥中县土头山遗址	绥中县西坡满族乡土头山村	铁镰、铁锄
葫芦岛市建昌县三道遗址	建昌县牤牛营子乡三道杖子村内	铁锄、小石磨
葫芦岛市建昌县五庙台遗址	建昌县牤牛营子乡三道杖子村西南 100 米	铡刀
秦皇岛市青龙满族自治县小石盘遗址	青龙满族自治县牛心山乡小石盘村南 50 米	铁镰
秦皇岛市青龙满族自治县小岭遗址	青龙满族自治县牛心坨乡小岭村东 200 米	铁锄
秦皇岛市青龙满族自治县张杖遗址	青龙满族自治县双山子镇张杖子村南 400 米	铁镰
秦皇岛市青龙满族自治县官场遗址	青龙满族自治县官场乡村东 100 米	铁犁

　　需要说明的是，上表中所列主要是依据《中国文物地图集》而来，也有零星发现的农具并没有被收入，比如锦州北镇市正安镇马市堡村在1976年就出土有金代的农具铁镬、铁锄各一。[1]从表中所列农具的发现地看，朝阳建平

---

[1] 赵杰、周洪山：《北宁市文物志》，辽宁民族出版社 1996 年版，第 192-193 页。

县出土农具较多，朝阳市区、朝阳县、凌源市、喀左县也都有农具出土，说明金代朝阳地区农业经济占有重要地位。现代学者关于金代经济的研究也认为兴中府一带是金代农业发展较好的地区。此外，其他地区也有农具出土，比如赤峰的克什克腾旗、巴林左旗，通辽的扎鲁特旗、奈曼旗，锦州的义县、黑山，葫芦岛的绥中，秦皇岛的青龙县等，可见农业在这些地方也占有一定的比例。张博泉先生认为："靠近中原北部和今辽河以西、以东地区，一般地讲农业经济也较为发展。"[1]韩茂莉认为："继辽中期中京所在地老哈河流域成为经济中心地位之后，金代人口与农业核心区再次向南转移，从老哈河流域转向大凌河流域，并通过傍海道与辽西、辽东以及第二松花江沿线的农业垦殖区联为一体，共同构成这一时期东北地区的主要农业垦殖区。"[2]

从考古遗址所发现的马饰、壁画看，金代辽西的畜牧业仍是其地主要经济行业，比如巴林左旗续垦沟金代遗址采集有铁镞[3]；巴林右旗巴彦塔拉墓群出土有铁马镫和铁环[4]；克什克腾旗苇塘沟墓群出土有铁马具[5]；开鲁县敖包村遗址采集有金代的铁镞[6]；扎鲁特旗塔格他图断代为辽金元时期的遗址出土有马镫、马衔[7]；扎鲁特旗毛都金墓出土有铁马镫、马鿔[8]；阜新蒙古族自治县巴斯营遗址出土有箭头、牛羊骨等[9]。在锦州黑山县刘屯遗址[10]、义县姚家遗址[11]、秦皇岛青龙县小石盘遗址、青龙县草房庄遗址都发现有马镫，或是铜质的，或是铁质的。葫芦岛兴城市汪家遗址还出土有铁马衔，秦皇岛卢龙县南关外有一座金代的

① 张博泉：《金代经济史略》，辽宁人民出版社1981年版，第8页。

② 韩茂莉：《草原与田园——辽金时期西辽河流域农牧业与环境》，生活·读书·新知三联书店2006年版，第84页。

③ 国家文物局主编《中国文物地图集》（内蒙古分册下），西安地图出版社2003年版，第123页。

④ 国家文物局主编《中国文物地图集》（内蒙古分册下），西安地图出版社2003年版，第140页。

⑤ 国家文物局主编《中国文物地图集》（内蒙古分册下），西安地图出版社2003年版，第160页。

⑥ 国家文物局主编《中国文物地图集》（内蒙古分册下），西安地图出版社2003年版，第430页。

⑦ 国家文物局主编《中国文物地图集》（内蒙古分册下），西安地图出版社2003年版，第434页。

⑧ 国家文物局主编《中国文物地图集》（内蒙古分册下），西安地图出版社2003年版，第436页。

⑨ 国家文物局主编《中国文物地图集》（辽宁分册下），西安地图出版社2009年版，第273页。

⑩ 国家文物局主编《中国文物地图集》（辽宁分册下），西安地图出版社2009年版，第215页。

⑪ 国家文物局主编《中国文物地图集》（辽宁分册下），西安地图出版社2009年版，第225页。

桥梁，现仅存的一块桥栏板为花岗岩质，板面浮雕骑马推车等各类人物三组。[①]
一些记载也印证金代北京路畜牧业经济具有一定的规模。史载：承安二年九月
丁卯，"分遣官于东、西、北京，河北等路，中都二节镇，买牛五万头。"[②]另
外，辽西地区发现的壁画墓中的壁画也展示出游牧生活场景，比如，1961年10月
在朝阳市发现的金代马令壁画墓中的壁画，西壁壁画中的人物多穿长袍、束带，
足着长靴，东壁壁画中画有马夫二人和两匹马。[③]2001年5月朝阳市龙城区召都巴
镇小刘杖子村发现一座金墓，随葬品中有鎏金类铜马具，也有非鎏金类铜马具，
另有铁马镫、箭镞、刀、剑等。[④]一般来说，狩猎往往是游牧民生活中不可或缺
的重要活动。这些壁画证实畜牧、狩猎在这一地区的存在。

（二）手工业、商业并举

《中国文物地图集》内蒙古分册、辽宁分册、河北分册涉及辽西地区
的金代遗址几乎都采集有砖、瓦、滴水、陶器、瓷器，有的还发现有手工业
工匠用的工具，如铁锤、钎子、铁剪、铁斧、锛、凿等，也发现有灰坑、窑
址、冶炼炉址，还发现有铁锅、铁锁、铁权、铃、钥、铁车辖、铁蒺藜、金
银器、石佛像、铜镜、铜盆、铜锅、铜熨斗、铜权、银壶、银碗、玉环、骨
梳子、钱币等，还有一些铁制的兵器，如铁剑、铁刀、铁矛等。就手工业行
业而言，金代冶铁、纺织业、陶瓷业、制盐业都有一定影响。[⑤]金代辽西地
区各族人民的生产生活与手工业发展紧密联系在一起。现已发现的陶瓷器物
形状较为丰富，如青砖、沟纹砖、布纹板瓦、筒瓦、兽面瓦当、灰陶盆、灰
陶罐、篦纹灰陶罐、白瓷碗、白釉马蹄形瓷碗、黄白釉粗瓷碗、黑釉瓷碗、
影青瓷碗、白瓷盘、青白釉瓷杯、白釉铁锈花瓷碟、青釉瓷瓶、绿釉鸡腿

① 国家文物局主编《中国文物地图集》（河北分册中），文物出版社2013年版，第395页。
② 脱脱等：《金史》卷10《章宗纪二》，中华书局2020年版，第265页。
③ 辽宁省博物馆：《辽宁朝阳金代壁画墓》，《考古》1962年第4期，第183—184页。
④ 朝阳市博物馆、朝阳市龙城区博物馆：《辽宁朝阳召都巴金墓》，《北方文物》2005年第3期，
　　第33—34页。
⑤ 刘杰：《金代手工业研究》，渤海大学硕士学位论文，2014年，第37页。

瓶、酱釉瓷罐、黑釉双系小瓷壶、泥质灰陶卷口沿瓮、深褐釉缸胎瓷瓮、白瓷三兽足香炉、仿定窑白瓷壶、钧窑瓷碗、龙泉窑瓷碗、耀州窑香炉、三彩碗等。可以肯定，辽西地区金代遗址发现的器物有些是本地手工业工匠生产的，有些明显就是外来的，说明当时这一地区因为交通便利有商品贸易活动，出土的一些钱币及发掘的窖藏钱币都证明其商业贸易的存在。据《中国文物地图集》内蒙古分册和辽宁分册，诸多遗址出土宋代钱币，包括赤峰市巴林左旗浩尔吐城址、巴林左旗白梁岗墓群、锦州市北镇市双台遗址、北镇市邢屯遗址、黑山县树林城址、义县药王庙遗址、阜新市阜新蒙古族自治县胡芦头遗址、阜新蒙古族自治县少木土遗址、朝阳市建平县七家梁遗址、喀左县西村遗址、葫芦岛市连山区北地碾遗址、兴城市宗家沟遗址、绥中县河西屯遗址、建昌县树态沟遗址，等等。另外，朝阳南塔街出土的金代窖藏文物中有70枚铜钱，其中以北宋铜钱为主，也有"正隆通宝"和"大定通宝"等金代铜钱[1]；黑山县白厂门镇石头堡子村曾出土北宋"咸平""元丰"和金代"正隆"铜钱[2]；义县大榆树堡镇六台村发现的金代窖藏货币，出土时钱币还用绳子穿着，有唐代"开元通宝""乾元重宝"、北宋"宋元通宝""太平通宝"、南宋"绍兴元宝""淳熙元宝"、金代"正隆元宝"等33种；阜新市阜新蒙古族自治县扎兰营子乡汪四村发现的金代窖藏钱币，一个灰陶瓮中装有2000余枚钱币，包括东汉"五铢"、唐代"开元通宝""乾元重宝"、五代十国"周元通宝""唐国通宝""大唐通宝"、南宋"建炎通宝"、金代"正隆元宝""大定通宝"[3]；阜新市彰武县兴隆堡乡荆林村、四堡子乡四堡子村、彰武镇北山都有金代窖藏钱币发现，分别是60公斤、47.4公斤、430公斤[4]；赤峰市巴林左旗毛宝力格乡上东沟村的上东沟金代遗址曾征集有银铤[5]；赤峰市巴林左旗隆

① 朝阳市博物馆：《辽宁朝阳南塔街出土的金代窖藏文物》，《北方文物》2005年第2期，第46页。
② 国家文物局主编《中国文物地图集》（辽宁分册下），西安地图出版社，2009年，第215页。
③ 国家文物局主编《中国文物地图集》（辽宁分册下），西安地图出版社，2009年，第277—278页。
④ 国家文物局主编《中国文物地图集》（辽宁分册下），西安地图出版社，2009年，第296页。
⑤ 国家文物局主编《中国文物地图集》（内蒙古分册下），西安地图出版社2003年，第123页。

昌镇西的窖藏发现银锭5件[①]；赤峰市巴林右旗辉腾高勒金代遗址发现钱币窖藏，在一个圆形土坑内出土汉至南宋钱币26.4公斤，共12289枚，118种，250品[②]。金代辽西地区如此多的窖藏钱币，从一个侧面印证了其地商业的发展，当然，窖藏钱币数量多也有政策原因。王德朋认为金代东北地区窖藏铜钱数量多于其他地区与金代推行的铜禁政策、通检推排、限钱法等都有关系。[③]

　　总之，由于辽西地区一直以来就是多民族杂居之地，经济呈现多元发展的状态，然而，金代的发展定位已不同于辽代，金代辽西地区不再是其重点发展的区域，辽西地区也不是大量移民汇聚地，物力难以与中都、河北、河东、山东等地相比。但作为金朝重点防范的区域，金朝却也不敢忽视对其地管理。对于金朝区域发展不平衡状况，大定年间在推行通检推排时，梁襄就有论述，梁襄以狭乡和宽乡来区分不同区域的经济[④]，张博泉先生概括金代区域经济发展认为黄河流域的经济在金代"最为发展"，原辽代的东京和渤海地区，以及原辽代中京、上京地区"次之"，咸州以北到黄龙府一带又"次之"，今黑龙江省所在地区的经济比较落后，其北部边远地区还处于氏族部落的发展阶段[⑤]。张先生从经济发展程度上对金代经济作了大致的区分，其中，辽西地区属于仅次于黄河流域的发展区域，这一论断是中肯的。尽管在辽金更迭之际和正隆末年辽西地区都出现动荡，但金初和大定年间的恢复发展经济的政策在辽西地区贯彻得较好。所以，可以说，金代依然是历史上辽西地区经济发展的重要时期。

---

① 国家文物局主编《中国文物地图集》（内蒙古分册下），西安地图出版社2003年，第131页。
② 国家文物局主编《中国文物地图集》（内蒙古分册下），西安地图出版社2003年，第135页。
③ 王德朋：《金代商业经济研究》，社会科学文献出版社2011年版，第110–112页。
④ 梁襄之文未收入《金史》其本传，但赵秉文在为其所写墓志铭中有提及，赵秉文提到："其后公在陕西，上平赋卡数千言，其大略言大定四年行通检法。是时河南、陕西、徐海以南，屡经兵革，人稀地广，蒿莱满野，则物力少，税赋轻，此古所谓宽乡也。中都、河北、河东、山东，久被抚宁，人稠地窄，寸土悉垦，则物力多，税赋重，此古所谓狭乡也。宽狭乡之地，至有水陆肥瘠四等，物力相悬，不啻数十倍。后虽三经通推，并依旧额。臣恐瓶罍之诗，不独讥于古矣。"见赵秉文：《保大军节度使梁公墓铭》，张金吾编纂《金文最》卷88，中华书局1990年版，第1280页。
⑤ 张博泉：《金代经济史略》，辽宁人民出版社1981年版，第10页。

第四章　元代辽西的移民与区域社会发展

　　元代空前规模的大统一的实现，民族交流和民族融合的广泛开展，区域开发与建设呈现出新的面貌，辽西地区作为其统辖区域中一个多民族杂居的地区，人口变化和经济文化也颇具特色。

第一节　木华黎经略辽西

一、辽西之地的蒙金交兵

（一）12世纪末13世纪初的蒙古与金

　　12世纪末13世纪初，金朝由盛而衰，史书称"明昌、承安盛极衰始"[1]。与此同时，金朝北边的蒙古部迅速崛起，蒙金之间的战争随之展开。据《元史·太祖纪》，元太祖元年（1206），"始议伐金"，但"未敢轻动"。[2]当金使传诏卫绍王即位时，成吉思汗不仅不拜，其言行已表明不再认可金朝皇帝的统治。元太祖五年（1210），成吉思汗派遮别袭击了金朝的边堡乌沙堡（位于今河北省张北县西[3]），蒙金战争正式开始。元太祖六年（1211），成吉思汗亲自领兵南伐，野狐岭（今河北万全北膳房堡东北[4]）、会河川（今

---

[1] 脱脱等：《金史》卷18《哀宗纪下》"赞曰"，中华书局2020年版，第437页。
[2] 宋濂等：《元史》卷1《太祖纪》，中华书局1976年版，第13页。
[3] 史为乐主编：《中国历史地名大辞典》，中国社会科学出版社2005年版，第468页。
[4] 邱树森主编：《元史辞典》，山东教育出版社2002年版，第743页。

河北张家口市怀安县境内①）之战蒙古军大败金军②。蒙金交战初期，尽管金朝投入重兵③，但金军主将畏战，军队战斗力弱，与之相反，蒙古军却勇敢无畏，斗志旺盛④。最初蒙古军集中攻击的最大目标为金朝政治中心中都，《蒙古秘史》《元史》对于蒙古攻金初期的战争均有记载。⑤卫绍王崇庆元年（1212）五月，在蒙古军已控制中都周围多地，金中都危急的背景下，金朝有调兵之举，"签陕西勇敢军二万人，射粮军一万人，赴中都。括陕西马"⑥。此后的一年多时间里，蒙古军继续在中都周边攻伐，尤其是至宁元年（1213）秋季，蒙古军分兵三道攻拔中都南北数十城，包括平、滦、辽西诸郡，降附者被安抚和任用，史天倪、萧勃迭便是迫于蒙古军的军事压力降附的代表，他们被任命为万户。⑦对于史氏家族的归降，《元史·史天倪传》言及癸酉年（1213），木华黎领兵南下，"所向残破"，史秉直聚集族众商量

① 李瑞杰、肖守库：《蒙金野狐岭、会河川战役考》，《学术交流》2006年第8期，第181页。
② 宋濂等：《元史》卷1《太祖纪》，中华书局1976年版，第15页。
③ 元明善：《丞相天平忠宪王碑》提及："（忠武王）从破金师二十万于野狐岭北。"见李修生主编《全元文》卷760（第24册），江苏古籍出版社2001年版，第341页；苏天爵：《元朝名臣事略》卷1《太师鲁国忠武王》："辛未，大举南入，击云中、九原诸郡，皆下之，进围抚州。时金军号四十万，阵于野狐岭之北。王抗言曰：'今敌众我寡，弗致死力未易破也。'即策马横戈，大呼陷阵。上麾诸军齐进，日未午，大破之。乘胜追至浍河堡，殭尸百余里，金兵之精锐者咸尽。"中华书局2019年版，第2页。《元史》卷120《察罕传》记载："从帝略云中、桑干。金将定薛拥重兵守野狐岭，帝遣察罕觇虚实，还言彼马足轻动，不足畏也。"中华书局1976年版，第2956页。
④ 脱脱等：《金史》卷93《完颜承裕传》记载："（大安三年）八月，大元大兵至野狐岭，承裕丧气，不敢拒战，退至宣平。县中土豪请以土兵为前锋，以行省兵为声援，承裕畏怯不敢用，但问此去宣德间道而已。土豪嗤之曰：'溪涧曲折，我辈谙知之。行省不知用地利力战，但谋走耳，今败矣。'其夜，承裕率兵宵行，大元兵踵击之。明日，至会河川，承裕兵大溃。承裕仅脱身，走入宣德。"中华书局2020年版，第2192—2193页。
⑤ 《蒙古秘史》记载："成吉思汗于羊儿年（辛未年，1211年）出征金国，先取了抚州，越过了野狐岭，又取了宣德府，派遣者别、古亦古捏克·把阿秀儿二人为先锋，到达居庸关。……者别占领居庸关，夺占山岭越过。成吉思汗驻营于龙虎台，派兵攻打中都，分遣各支军队攻打大小各城。"（余大钧译注：《蒙古秘史》第247节，河北人民出版社2001年版，第415页）《元史·太祖纪》记载："（太祖六年）二月，帝自将南伐，败金将定薛于野狐岭，取大水泺、丰利等县。金复筑乌沙堡。秋七月，命遮别攻乌沙堡及乌月营，拔之。八月，帝及金师战于宣平之会河川，败之。九月，拔德兴府，居庸关守将遁去。遮别遂入关，抵中都。"（宋濂等：《元史》卷1《太祖纪》，中华书局1976年版，第15页）
⑥ 脱脱等：《金史》卷13《卫绍王纪》，中华书局2020年版，第321页。
⑦ 宋濂等：《元史》卷1《太祖纪》，中华书局1976年版，第17页。

出路，最后决定率领族人和邻里降附。木华黎想要重用史秉直，史秉直推荐儿子史天倪，于是史天倪受命为万户。[①]蒙金交战过程中金军的节节败退，增强了蒙古军的信心，同时，毫无斗志的金军也使金朝一些臣民预见到金朝灭亡的不可避免。为了保全一族一地免受涂炭，带着部曲及州郡民众归附蒙古的地方豪族和地方官吏越来越多，他们中主动归附者因为知晓金朝实际，往往能为蒙古统治者提出更符合政权发展的建议。

蒙军决定分兵进攻辽西、辽东就是接受降附金人的建议。史天倪曾向木华黎进言："金弃幽燕，迁都于汴，已失策矣。辽水东西诸郡，金之腹心也。我若得大宁以扼其喉襟，则金虽有辽阳，终不能保矣。"[②]其实，不只是史天倪看到辽西辽东之地的重要性，金大安年间曾先后出任东京留守、上京留守的徒单镒拜任尚书右丞相后，便针对当时形势建言："辽东国家根本，距中都数千里，万一受兵，州府顾望，必须报可，误事多矣。可遣大臣行省以镇之。"[③]只可惜金朝当时执政的君臣不能因时通变，没有加强辽东之地的镇守，而新兴的蒙古政权的统治者却能接受降附金人的建议，适时调整军事进攻重点，迅速在蒙金双方角力中占据优势。确切地说，蒙古统治者真正认识到控制东北的重要并派兵大规模攻击东北的辽西地区是在贞祐二年（1214），当时蒙古经略辽西的军事统帅是木华黎。《元史·石抹也先传》对于木华黎领兵进入辽西、辽东有这样的记述：

> 闻太祖起朔方，匹马来归。首言"东京为金开基之地，荡其根本，中原可传檄而定也"。太祖悦，命从太师、国王木华黎取东京。
>
> 师过临潢，次高州，木华黎令也先率千骑为先锋，也先曰："兵贵奇胜，何以多为？"谍知金人新易东京留守将至，也先独与数骑，邀而杀之，

① 宋濂等：《元史》卷147《史天倪传》，中华书局1976年版，第3478页。
② 宋濂等：《元史》卷147《史天倪传》，中华书局1976年版，第3479页。
③ 脱脱等：《金史》卷99《徒单镒传》，中华书局2020年版，第2322页。

怀其所受诰命，至东京，谓守门者曰："我新留守也。"入据府中，问吏列兵于城何谓，吏以边备对，也先曰："吾自朝廷来，中外晏然，奈何欲陈兵以动摇人心乎！"即命撤守备，曰："寇至在我，无劳尔辈。"是夜，下令易置其将佐部伍。三日，木华黎至，入东京，不废一矢，得地数千里、户十万八千、兵十万、资粮器械山积，降守臣寅答虎等四十七人，定城邑三十二。金人丧其根本之地，始议迁河南。

岁乙亥，移师围北京，城久不下，及城破，将屠之。也先曰："王师拯人水火，彼既降而复屠之，则未下者，人将死守，天下何时定乎！"因以上闻，赦之。[①]

从上述记载看，木华黎领兵在石抹也先的带领下经临潢、高州直奔辽东，而且利用金朝更换东京留守之机，蒙古军里应外合不战而得金东京，然后才围攻金北京大定府。作为辽朝遗民后裔而不肯入仕金朝的石抹也先，在成吉思汗分兵过攻辽西、辽东战略决策中发挥了重要作用。成吉思汗能够审时度势，及时调整战略，命令木华黎经略辽西辽东，木华黎善于接受他人意见而临战应变，这些都是蒙古军在攻取辽西、辽东过程中迅速取胜的关键。下面根据相关记载，就木华黎入辽西后的重要战役予以梳理。

（二）北京路争夺战

1. 临潢、高州等地的战事

甲戌年（金贞祐二年，1214），木华黎带领军队进入辽西地区，"师过临潢，次高州"[②]，临潢，就是金临潢府，作为金朝的边防要地，从情理上讲金军不可能没有一点儿抵抗。至于木华黎所领军队过临潢的情况，多数记载云淡风轻地一笔带过，似乎并没有遇到什么阻碍而长驱直入。日本学者箭内

[①] 宋濂等：《元史》卷150《石抹也先传》，中华书局1976年版，第3541-3542页。

[②] 胡祗遹为石抹也先所写神道碑中提到："王（穆呼里，即木华黎）适欲取东京，兵驻临潢高州"，与《元史·石抹也先传》所记略有不同。（胡祗遹：《舒穆噜氏神道碑》，见魏崇武、周思成校点：《胡祗遹集》卷16，吉林文史出版社2008年版，第351页）

亘分析说："高州在今赤峰之东，近于老哈河，实居金北京路之西境。想木华黎之军，乃自南北下者，其对于庆州、临潢府、全州等北方诸城，未曾言及，而直言高州者，即表示以北诸城，已没于蒙古也。"[1]翻检《金史·卫绍王纪》大安三年（1211）十一月的记事有："由临潢过辽河，西南至忻、代，皆归大元。"[2]《金史·完颜合达传》也证实贞祐三年（1215）当完颜合达被任命为临潢府推官、权元帅府右监军时，"临潢避迁，与全、庆两州之民共壁平州"[3]。说明甲戌年前后金朝确已失去对临潢、全州、庆州等地的控制权，官吏虽设置，但官府已不得已迁往平州。高州（治今内蒙古赤峰市东北元宝山区风水沟镇哈拉木头村[4]），《金史·地理志》北京路下没有明确提及，从金北京路大定府下辖三韩县的小注大体可知其行政沿革，高州是承安三年由县升为刺史州，为全州的支郡，下辖武平、松山、静封三县，但泰和四年又废[5]。其实，直到蒙金交兵，多有高州记载。前述胡祗遹所撰《舒穆噜氏神道碑》和元好问所撰《龙山赵氏新茔之碑》[6]均有提及。而《元史·太祖纪》又提到："木华黎征辽东，高州卢琮、金朴等降。"[7]说明高州并不是如临潢府一样此前就已被占据，而是此次遭围攻迫降的。《元史·史天倪传》也提及："从木华黎攻高州，又从攻北京，皆不战而克。"[8]《元史·史天祥传》述及甲戌年的战争也有"略地高州"[9]。《元史·郭宝玉传》也提到高州，所谓"癸酉，从木华黎取永清，破高州，降北京、龙山"[10]，时间上与前述记载不同，可能有误，但在高州发生战事是没错的。《元史·石抹孛迭儿

① 箭内亘著，陈捷、陈清泉译：《元代经略东北考》，山西人民出版社2015年版，第71页。
② 脱脱等：《金史》卷13《卫绍王纪》，中华书局2020年版，第320页。
③ 脱脱等：《金史》卷112《完颜合达传》，中华书局2020年版，第2605页。
④ 薛磊：《元代东北统治研究》，社会科学文献出版社2012年版，第31页。
⑤ 脱脱等：《金史》卷24《地理志上》，中华书局2020年版，第599页。
⑥ 元好问：《龙山赵氏新茔之碑》，狄宝心校注：《元好问文编年校注》，中华书局2012年版，第753页。
⑦ 宋濂等：《元史》卷1《太祖纪》，中华书局1976年版，第18页。
⑧ 宋濂等：《元史》卷147《史天倪传》，中华书局，1976年，第3479页。
⑨ 宋濂等：《元史》卷147《史天祥传》，中华书局，1976年，第3486页。
⑩ 宋濂等：《元史》卷149《郭宝玉传》，中华书局1976年版，第3521页。

传》也言及甲戌年"从平高州"①。高州被围后，城中之人为保全一州人性命而选择降附，攻城之战实际并没有真正展开。②高州是蒙汉联军没有太费力便控制的州城，但北京大定府则不然，花道之战，就是夺取北京大定府的重要战役。

2.花道之战与北京大定府及其附近战事

木华黎统率军队进入辽西，主要攻取的目标为金北京大定府。元人苏天爵所作《太师鲁国忠武王传》（木华黎传）记载：

> 甲戌，诏王统诸军专征辽西诸郡。王次高州，卢琮、金朴率州民降。进攻北京，金守将银青元帅率众二十万来拒，与我师遇于花道，王逆击，败走之。银青婴城自守，其裨将完颜昔烈、高德玉杀银青，推乌古论寅答虎为帅，俄寅答虎举城降。王怒，欲坑之，萧阿先说王曰："北京为辽西重镇，当抚摩以慰众望。今始降而即坑之，后讵有降者乎？"王嘉纳，以寅答虎权北京留守，复以兀叶儿权兵马帅府事以镇之。是岁，兴中府民杀守将乌里卜，推石天应为帅，天应来降，以为兴中尹。锦州张鲸杀节度使，自立为临海郡王，至是来降。③

上述记载可以明确的是，木华黎领导的军队主要在花道与金军北京守将银青元帅带领的军队发生交战，结果金军败逃。花道一仗无疑是一场大仗，《元史·木华黎传》记载此役斩首八万余级。④花道，在今内蒙古喀喇沁旗东

---

① 宋濂等：《元史》卷151《石抹孛迭儿传》，中华书局1976年版，第3576页。

② 关于高州举城降，苏天爵和《元史》都提到卢琮、金朴。《元史》卷193《攸哈剌拔都传》更是提到围困高州的情形："金末，避地大宁。国兵至，出保高州富庶寨，射猎以食。屡夺大营尊畜，又射死其逐者。国王木华黎率兵攻寨，寨破，奔高州，国兵围城，下令曰：'能斩攸兴哥首以降，则城中居民皆获生。'守者召谓曰：'汝奇男子，吾宁忍断汝首以献，汝其往降乎！不然，吾一城生灵，无噍类矣。'兴哥乃折矢出降。"（中华书局1976年版，第4379—4380页）

③ 苏天爵：《元朝名臣事略》卷1《太师鲁国忠武王》，姚景安点校本，中华书局2019年版，第3页。

④ 宋濂等：《元史》卷119《木华黎传》，中华书局1976年版，第2931页。

乃林北①，其地属于金代北京路，在高州南、北京大定府北。至于花道之战金代北京守将银青元帅是谁，清人钱大昕有论及，他指出："银青，盖举其官名，非人姓名也。"②但并没有指出其姓名，余大钧研究认为当是奥屯襄，因为《金史·宣宗纪》贞祐三年春正月条下有"北京军乱，杀宣抚使奥屯襄"，《金史·奥屯襄传》记载其在金宣宗贞祐二年（1214）二月被任命为元帅右都监，"行元帅府事于北京"，在贞祐三年（1215）正月又为北京宣差提控完颜习烈所害③。的确，奥屯襄的任职时间和所任职务与苏天爵的记载是较为一致的。

金代北京大定府的守城军队也是在重兵围困下不战而降。北京大定府被围的时间大致有半年，从甲戌年八月到乙亥年的三月，对于这一史实，刘祁所撰《故北京路行六部尚书史公神道碑铭》④和段绍先所撰《义州节度使行北京路兵马都元帅史公神道之碑》⑤都有明确记载。贞祐年间进攻金朝辽西、辽东的军队不只是蒙古军，也有燕地史氏统领的汉军参与。史氏家族中的很多人都参与了攻伐金朝北京的战争。《元史·史天祥传》记载，甲戌年（1214）蒙金之间的战争，不仅史天祥参与攻取辽西城邑的战斗，其父史怀德（史秉直之弟）所统领的黑军也参战了，且史怀德在攻大宁（即金朝的北京）时为流矢击中死于军中。⑥当时史秉直、史天倪父子都听从木华黎的指挥，自然也都进入金朝北京路作战。《元史·史天倪传》提及史秉直有言："甲戌，从木华黎攻北京"，言及史天倪则有："从木华黎攻高州，又从攻

---

① 邱树森主编：《元史辞典》，山东教育出版社2002年版，第333页。
② 钱大昕：《廿二史考异》卷93"木华黎传"，见《嘉定钱大昕全集》（增订本），凤凰出版社2016年版，第1534页。
③ 余大钧：《〈元史·太祖纪〉所记蒙、金战事笺证稿》，陈述主编《辽金史论集》（第二辑），书目文献出版社1987年版，第346页。
④ 刘祁：《故北京路行六部尚书史公神道碑铭》，李修生主编《全元文》卷63（第2册），江苏古籍出版社1999年版，第345页。
⑤ 段绍先：《义州节度使行北京路兵马都元帅史公神道之碑》，李修生主编《全元文》卷693（第22册），江苏古籍出版社2001年版，第268页。
⑥ 宋濂等：《元史》卷147《史天祥传》，中华书局1976年版，第3486页。

北京，皆不战而克。"①另外，辽西其他地方，在金朝北京被木华黎攻取后，多归降。《元史·吾也而传》提及攻下金北京后，吾也而被授予北京总管都元帅，因为他'绥怀有方'，北京以南，相继来降附。②兴中府石天应在乙亥年（1215）降附，被任命为兴中府尹。③在豪杰竞起的时代，金朝义州开义人王珣也在乙亥年，"木华黎略地奚霫"时，率领召集的吏民降附，被授予元帅，"兼领义、川二州事"④。当然，不是所有的辽西州城都如高州、兴中府一样被蒙古军顺利攻取，辽西走廊沿海地区便几经周折。

二、辽西地区州城归属的变化

由上述可知，临潢府、全州、庆州、高州、北京大定府等地在蒙金交战初期就被木华黎领军占领。乙亥年（1215）、丙子年（1216），木华黎统率的蒙古军队仍然征战于辽西地区。《元史·移剌捏儿传》记载："乙亥，拜兵马都元帅，佐太师木华黎取北京，下高、利、兴、松、义、锦等二十六城，破五十四寨，平利州贼刘四禄。"⑤这是一个笼统的记载，所记蒙古军队控制上述具体州城的时间并不十分准确，可以肯定的是，移剌捏儿长期跟随木华黎征战于辽西地区。

需要说明的是，由于张鲸、张致降而复叛，辽西地区确实有很多州城的归属出现反复。比如利州，依据《元史·史天祥传》所记史怀德的经历，甲戌年已攻拔利州。⑥但在锦州叛蒙后利州、平州、滦州、瑞州等又都被反叛势力占领。乙亥、丙子两年间辽西地区的许多地方再度成为战场，尤其是义州、兴中州及辽西走廊傍海道沿线的州县。张鲸于金末趁乱而起，他杀锦

---

① 宋濂等：《元史》卷 147《史天倪传》，中华书局 1976 年版，第 3478 页、3479 页。
② 宋濂等：《元史》卷 120《吾也而传》，中华书局 1976 年版，第 2967 页。
③ 宋濂等：《元史》卷 1《太祖纪》，中华书局 1976 年版，第 18 页。
④ 宋濂等：《元史》卷 149《王珣传》，中华书局 1976 年版，第 3534 页。
⑤ 宋濂等：《元史》卷 149《移剌捏儿传》，中华书局 1976 年版，第 3529 页。
⑥ 宋濂等：《元史》卷 147《史天祥传》，中华书局 1976 年版，第 3486 页。

州节度使而自立为临海王，即摆脱金朝的控制而成为割据势力。大概张鲸也觉得孤立难存，于甲戌年十月，他遣使见木华黎表示归附。①成吉思汗诏木华黎令张鲸总领北京十提控兵，跟随夺忽阑彻里南征，然而木华黎很快觉察到张鲸有反侧意，派萧阿先（《元史》为萧也先）监其军，受诏南征的张鲸至平州后称病逗留，又谋遁去，被监军萧阿先诛杀。张鲸弟弟张致因兄死愤怒，据锦州叛蒙，"略平、滦、瑞、利、义、懿、广宁等，尽有之"。由于张致将辽西沿海州府控制，木华黎亲率先锋蒙古不花、权帅兀叶儿等军征讨张致，"州郡皆复应官军"②。丙子年，张致一度攻陷兴中府，木华黎设计在神水攻其兵，在这一战张致势力遭到毁灭性打击，木华黎的军队共计斩获一万三千多人。张致退守锦州，一个多月后，其监军绑缚张致出降。③《元史·史天祥传》也记载："张致盗据锦州，从木华黎讨平之。会契丹汉军擒关肃，复利州，杀刘禄于银冶，斩首五十级，尖山、香炉、红螺、塔山、大虫、骆驼、团崖诸寨悉平，虏生口万余，得锦州旧将杜节，并黑军五百人，即命统之。"④这里提到的尖山、香炉、红螺等诸寨大概都在利州、锦州附近。⑤元太祖十年（1215）八月，史天倪攻取平州，迫使金朝经略使乞住降；木华黎派史进道等攻广宁府（治今辽宁北镇市），也使其降附。⑥关于金代平州和滦州的降附，文献多有提及，王恽所撰《大元故昭勇大将军北京路总管兼本路诸军奥鲁总管王公神道碑铭》提到：

① 宋濂等：《元史》卷1《太祖纪》，中华书局1976年版，第18页。

② 苏天爵：《元朝名臣事略》卷1《太师鲁国忠武王》，中华书局2019年版，第3页。

③ 苏天爵：《元朝名臣事略》卷1《太师鲁国忠武王》，中华书局2019年版，第4页。

④ 宋濂等：《元史》卷147《史天祥传》，中华书局1976年版，第3487页。

⑤ 《元一统志》所记大宁路下的山川有香炉山，位于武平县南三十里。（中华书局1966年版，第199页）而武平县就是大宁路境内的一个县，其距离兴中州、川州、惠和县较近。顾祖禹的《读史方舆纪要》卷37《山东八》"广宁后屯卫"条下列有"塔山堡"，在"广宁左屯卫"条下列有"红螺山"。（中华书局2005年版，第1727页、1729页）虽所言为明时诸卫情况，但地名往往前后朝代多有因袭，因此，《元史·史天祥传》所提及的香炉、红螺、塔山等诸寨当在利州、锦州等附近。

⑥ 宋濂等：《元史》卷1《太祖纪》，中华书局1976年版，第19页。

公讳遵，字成之，世家平州之迁安县。祖讳诰，亡金贞祐初，任兴平军节度幕官，摄府事。方大元经略中夏，皇太弟国王奉命率兵出榆关，循卢龙塞而南，雷硠电击，所向无前。府君审天命之眷临，悯生民之涂炭，遂挈二州五县版图投献辕门，王嘉其忠赤，首倡大义，即闻于太祖圣武皇帝，蒙授荣禄大夫、兴平路兵马都总管，知兴平府事，寻锡金虎符，加左副元帅兼安抚使。①

《元史·鲜卑仲吉传》亦记载："岁乙亥，国兵定中原，仲吉首率平滦路军民诣军门降，太祖命为滦州节度使。"②这里提到的乙亥年，就是元太祖十年（1215）。

学者们认为蒙金战争大体可分为三个阶段：1211—1216年、1217—1229年、1230—1234年。③蒙古军队对辽西的战争大多发生在第一阶段。但由于当时的蒙古军出征的目的以掠夺财富为主，所以并没有推出长久统治的政策，有些州县得而复失。以锦州为例，元太祖十一年（1216），蒙古军在讨伐张致时已攻破锦州，但《金史·宣宗纪》兴定二年（1218）五月又提到："己亥，大元兵徇锦州，元帅刘仲亨死之。"④说明锦州在1216年之后还曾被金人恢复，直到1218年才再度被蒙古军控制。对此，张博泉先生指出："蒙古统一辽西、辽东地是经过反复的征战而最后取得的。究其原因：当时蒙古出征之目的在很大程度上在于掠夺财物，缺乏长久统治的方策；时欲占领的主要目标是中原，对于辽西、辽东方面的用兵，目的也在图中原，一旦转战中原，对东北地区便无充分余力顾及；由于金朝尚未最后被灭亡，各政治势力的活动，因利害关系，也叛服无常，况且金兵在东北还有一定的实力。"⑤

① 王恽著，杨亮、钟彦飞点校：《王恽全集汇校》，中华书局2013年版，第2560页。
② 宋濂等：《元史》卷165《鲜卑仲吉传》，中华书局1976年版，第3885-3886页。
③ 韩儒林主编：《元朝史》，人民出版社1986年版，第112页。
④ 脱脱等：《金史》卷15《宣宗纪中》，中华书局2020年版，第365页。
⑤ 张博泉编：《东北地方史稿》，吉林大学出版社1985年版，第321页。

金毓黻认为："元代起自漠北，据有匈奴故地，与契丹之起自热河，女真之起自吉林，本已不同，故其经略之次第，先以秋风扫败叶之势，平定西域诸国，再南向以攻金，其于东北之地，则假耶律留哥以兵力，使之肃清契丹余党，并驱逐蒲鲜万奴于女真故地，迨灭金甚久，始进而擒灭万奴，盖不以东北之地为经略之首图，此则迥异于辽金初兴者也。"在金先生看来，元代与辽金对东北的重视程度有差别，东北并不是蒙古建国初期武力征服首先攻击的目标。他还说："元代与东北之关系，亦至有限。"[1]的确，仅看蒙古立国初期的攻伐对象和投入的力量，确实对东北重视得不够，管理上的松弛也证明了这一点。1233年蒙古军队擒获蒲鲜万奴后，已控制东北绝大部分地区，此后的几十年蒙古军队并没有停下征伐的脚步，统治者征服的欲望依然旺盛，所以无暇顾及一些占领区的管理，有学者认为，那时蒙古国对东北的管理"比较粗放"[2]。尽管如此，随着蒙古人所建"大朝"影响力的逐渐扩大，对辽西等地的控制也逐渐加强。

第二节　元代辽西地区的移民

一、元代辽西地区行政建置概况

元代辽西地区的行政建置屡经变化。蒙金交战时期，辽西地区的京府州县多沿袭金代旧称，区域最高管理机构为北京路行中书省，《元史·世祖纪》提及元世祖至元二年（1265）行政区划调整时有宋子贞奏请废罢北京路行中书省，但实际上那以后北京之名依然多次出现。后来，元代辽西区域内出现的路一级行政单位有大宁路、懿州、广宁路、应昌路、全宁路、宁昌

---

① 金毓黻：《东北通史》卷6，五十年代出版社1981年版，第444页。
② 李治亭主编：《东北通史》，中州古籍出版社2003年版，第300页。

路、平滦路（永平路）。

大宁路（治今内蒙古赤峰市宁城县大名城①），元初为北京路总管府，领兴中府及义、瑞、兴、高、锦、利、惠、川、建、和十州。元初的北京路下辖的一府十州的名称是金代兴中府及其附近州城名称的沿用。中统三年（1262），割兴州及松山县属上都路。至元五年（1268），并和州入利州为永和乡。至元七年（1270），兴中府降为州，仍隶属于北京，改北京为大宁。至元二十五年（1288），改为武平路，后复为大宁。这是《元史·地理志二》所记大宁路行政沿革的基本情况。《元一统志》所记与此稍有不同，其中，北京路改称武平路的时间为至元二十四年，改称大宁路的时间为至元二十九年。②现代学者研究认为："元世祖至元七年到二十五年未见有大宁路之称，却屡见北京路之称。另外，直到至元十四年左右，元朝仍沿用金制在北京路之下设有大定府，迟至至元十八年则改称大定州，后废。"③也就是说，蒙古前四汗时期北京路行政建置多沿袭金代旧称，到元世祖至元年间才陆续有调整变化。薛磊研究认为，元代大宁路所属的州县有大宁县（治今内蒙古赤峰市宁城县大名城）、龙山县（治今辽宁省喀左县南公营子村）、富庶县（治今辽宁省建平县东公营子村古城）、和众县（治今辽宁省凌源市西小城子村南十八里堡古城）、金源县（治今辽宁省朝阳县西北大青山西喀喇沁村）、惠和县（治今辽宁省建平县建平镇北马圈子村古城）、武平县（治今内蒙古赤峰市敖汉旗东白塔子村）、义州（治今辽宁省义县）、兴中州（治今辽宁省朝阳县城）、瑞州（故城位于今葫芦岛市绥中县城西南27公里的前卫镇）、高州（治今内蒙古赤峰市东北哈剌木头）、锦州（治今辽宁省锦州市）、利州（治今辽宁省喀左县东大土城）、惠州（治今河北省平泉市南察罕城）、川州（治今辽宁省北票市东北黑城子古城）、建州（治今辽宁

---

① 本章关于元代路府州县治所今地不特别注明均采自李志安、薛磊：《中国行政区划通史·元代卷》，复旦大学出版社2009年版。

② 李兰肹等撰、赵万里校辑：《元一统志》，中华书局1966年版，第191页。

③ 李治安、薛磊：《中国行政区划通史·元代卷》，复旦大学出版社2009年版，第76页。

省朝阳县西黄河滩上的喀喇城）。^①

　　由于时局的变化，懿州行政区划几经调整。蒙元时代懿州的地位较辽金时期有进一步的提升。李志安、薛磊认为，元代懿州路设置时间当在元世祖朝前期。因为蒙古国时期，东北有北京等七路兵马都元帅府，但并不包括懿州路，有关懿州路的史料最早出现在中统四年（1263）二月。^②元世祖至元六年（1269），置东京总管府，懿州路并为东京支郡^③；至元十七年（1280），懿州又改属辽阳路；至元二十四年（1287），辽阳行省设立，至元二十五年（1288），改东京路为辽阳路^④。懿州为辽阳路所领的二州之一。元仁宗皇庆二年（1313），懿州改隶辽阳行省，"大约至此以后，辽阳行省的省治移至懿州"^⑤。也就是说懿州一度具有区域政治中心的地位。对此，李治安、薛磊认为："一是此时东北地区的政局相对稳定，将辽阳行省的治所迁回到辽西是安抚东道诸王的政策体现。另一方面，漠南辽西一带是蒙古著名的五投下的封地，五投下'列镇北方'，是'藩屏'京师的重要力量。长期以来，五投下就是北京行省、辽阳行省内的一支重要的政治势力，是担任行省的主要官员。为有效地发挥利用五投下控驭东北的职能，元廷将辽阳行省的治所迁回辽西也在情理之中。"^⑥另据《元史·顺帝纪》，至正二年（1342）正月，懿州（治今辽宁阜新东北塔营子）升为路，大宁路所辖兴中州、义州改属懿州路。^⑦这进一步扩大了懿州统辖范围。

　　广宁路（治今辽宁北镇市），金朝为广宁府。金朝一度很重视其地，"燕山既下，循辽制立枢密院于广宁府，以总汉军"^⑧。金朝前期广宁府曾隶

① 薛磊：《元代东北统治研究》，社会科学文献出版社 2012 年版，第 156–166 页。
② 李志安、薛磊：《中国行政区划通史·元代卷》，复旦大学出版社 2009 年版，第 68–69 页。
③ 宋濂等：《元史》卷 59《地理志二》，中华书局 1976 年版，第 1395–1396 页。
④ 宋濂等：《元史》卷 59《地理志二》，中华书局 1976 年版，第 1395 页。
⑤ 李志安、薛磊：《中国行政区划通史·元代卷》，复旦大学出版社 2009 年版，第 71 页。
⑥ 李志安、薛磊：《中国行政区划通史·元代卷》，复旦大学出版社 2009 年版，第 66 页。
⑦ 宋濂等：《元史》卷 40《顺帝纪三》，中华书局 1976 年版，第 863 页。
⑧ 脱脱等：《金史》卷 44《兵志》，中华书局 2020 年版，第 1072 页。

属咸平路、东京路，泰和元年改隶北京路，辖县三：广宁县、望平县、间阳县。①从行政建置上看，金代广宁府兼有辽代显州、乾州之地。蒙元初年，设有广宁府路，至元六年（1269），置东京总管府，广宁降为散府归其管辖。至元十五年（1278），广宁又自行路事。②元代广宁路辖间阳、望平二县。③李治安、薛磊认为："元代广宁路所辖区域和属县与金代广宁府大致相同，只是在原金朝行政建置的基础上增设了若干千户所。"④

应昌路与全宁路，《元史·地理志》对这两路记载极其简略，明初修《元史》的史官明确提到包括应昌路、全宁路在内的七路、一府、八县史料均阙。⑤现代考古可以确定的是，应昌路故城城址位于内蒙古赤峰市克什克腾旗达日罕乌拉苏木多若诺日嘎查西，东北距达来诺尔约2公里，东距经棚镇约80公里，西南距元上都古城约150公里。⑥全宁路故城在赤峰翁牛特旗乌丹镇西门外，平面呈方形，边长约1000米；城墙夯筑，基宽约12米，残高0.5—5米；北墙正中有门址，宽约10米，门两侧各有敌楼建筑。城内出土一块残碑额，篆刻"重修全宁路记"，碑身已佚。⑦从史书的零星记载看，应昌路和全宁路建置的时间较晚，《元史·特薛禅传》记载："至至元七年，斡罗陈万户及其妃囊加真公主请于朝曰：'本藩所受农土，在上都东北三百里答儿海子，实本藩驻夏之地，可建城邑以居。'帝从之。遂名其城为应昌府。二十二年，改为应昌路。"⑧从这个记载看，应昌路建置于元世祖至元年间，为元太祖甲戌年分赐给弘吉剌氏（文献又有记为宏吉剌氏、宏吉烈氏、雍吉剌氏）的农土上的驻夏营地，或者可以说应昌路由具有投下私城性质的应昌

---

① 脱脱等：《金史》卷24《地理志上》，中华书局2020年，第600-601页。

② 宋濂等：《元史》卷59《地理志二》，中华书局1976年版，第1395页。

③ 宋濂等：《元史·地理志二》记载广宁府路辖二县为间阳和肇州，学者们认为有误，应是间阳和望平。见李治安、薛磊：《中国行政区划通史·元代卷》，复旦大学出版社2009年版，第74页。

④ 李治安、薛磊：《中国行政区划通史·元代卷》，复旦大学出版社2009年版，第74页。

⑤ 宋濂等：《元史》卷58《地理志一》，中华书局1976年版，第1354页。

⑥ 内蒙古自治区文物考古研究所编：《赤峰文化遗产》，文物出版社2014年版，第214页。

⑦ 国家文物局主编《中国文物地图集》（内蒙古自治区分册），西安地图出版社2003年版，第171页。

⑧ 宋濂等：《元史》卷118《特薛禅传》，中华书局1976年版，第2920页。

府发展而来。《元史·特薛禅传》还提及："其应昌、全宁等路则自达鲁花赤总管以下诸官属，皆得专任其陪臣，而王人不与焉。"①尽管如此，应昌路也不是独立王国，还是要听令于朝廷，重大事情需向朝廷请示。《元史·世祖纪》既有应昌府依例设官吏的记载②，也有在其境内设置和籴所的记载③，《元史·兵志》还有元世祖至元十五年派兵前往应昌府戍守的记载④，《元史·成宗纪》元贞二年（1296）秋七月的记事中也提到"以虎贲三百人戍应昌"⑤。可见，应昌路除了在行政上有一些陪臣依例为官外，经济上、军事上都归朝廷统一部署。同样，全宁路也是具有投下私城性质的全宁府演变而来。柳贯《全宁路新建三皇庙记》提到："全宁为驸马都尉鲁王分邑。"⑥全宁路的建置是在元成宗元贞、大德年间，具体建置过程是：元贞元年，"济宁王蛮子台亦尚囊加真公主，复与公主请于帝，以应昌路东七百里驻冬之地创建城邑，复从之。大德元年，名其城为全宁路"⑦。中华书局点校本《元史》的点校者认为这条记述的后一句话有误，因为按照《元史·成宗纪》，大德元年（1297）二月戊戌，"升全州为全宁府"⑧。大德七年（1303）十一月辛未，"升全宁府为路"⑨。全宁路虽为弘吉剌部领地，元廷也对其有所约束。《元史·仁宗纪》延祐六年（1319）秋七月的记事提到皇姊大长公主祥哥剌吉曾因作佛事而释放全宁府重囚二十七人，皇帝敕令按问全宁府守臣阿

---

① 宋濂等：《元史》卷 118《特薛禅传》，中华书局 1976 年版，第 2920 页。
② 宋濂等：《元史》卷 7《世祖纪四》至元七年八月辛巳条记事提及："设应昌府官吏"（中华书局 1976 年版，第 130 页）；《元史》卷 10《世祖纪七》至元十六年七月乙卯条记事提到："应昌府依例设官"（中华书局 1976 年版，第 214 页）。
③ 宋濂等：《元史》卷 15《世祖纪十二》："（至元二十五年夏四月）桑哥言：'自至元丙子置应昌和籴所，其间必多盗诈，宜加钩考。……'"中华书局 1976 年版，第 311 页。
④ 宋濂等：《元史》卷 99《兵志二》，中华书局 1976 年版，第 2540 页。
⑤ 宋濂等：《元史》卷 19《成宗纪二》，中华书局 1976 年版，第 405 页。
⑥ 柳贯著，魏崇武、钟彦飞点校：《柳贯集》卷 14《全宁路新建三皇庙记》（代人作），浙江古籍出版社 2014 年版，第 369 页。
⑦ 宋濂等：《元史》卷 118《特薛禅传》，中华书局 1976 年版，第 2920 页。
⑧ 宋濂等：《元史》卷 19《成宗纪二》，中华书局 1976 年版，第 409 页。
⑨ 宋濂等：《元史》卷 21《成宗纪四》，中华书局 1976 年版，第 456 页。

从不法，追回所释因徒。①需要说明的是，应昌路和全宁路在元顺帝时曾一度废罢，后来又恢复。②据现代学者研究，应昌路和全宁路面积有112112平方公里，位置在赤山（红山）以北，即今赤峰大部分和锡林郭勒盟、通辽市一部分地区。③

宁昌路，由宁昌府发展而来。《元史·英宗纪》至治二年（1322）十二月的记事提到："升宁昌府为下路，增置一县。"④《元史·地理志》提及宁昌路领一县为宁昌县。⑤宁昌府置于元仁宗延祐五年（1318）二月甲寅。⑥《元史·孛秃传》记载孛秃从木华黎略地辽东、辽西，"以功封冠、懿二州"⑦。关于懿州和宁昌的关系，顾祖禹《读史方舆纪要》有考证，他指出："辽置庆懿军，更为广顺军，寻为懿州宁昌军，领宁昌、顺安二县……金徙州治，以宁昌并入顺安。"⑧薛磊认为："宁昌路之由来及得名，始于亦乞列思部驸马孛秃以功封赐包括宁昌县故地在内的'冠、懿二州'。"⑨至于宁昌城的位置，顾祖禹称在懿州北二十里。⑩今内蒙古敖汉旗五十家子古城遗址被认为是辽代降圣州遗址，金代为宁昌县，元代改宁昌县为豪州，延祐五年（1318）升豪州为宁昌府，至治二年（1322）又升宁昌府为宁昌路。⑪李治安认为："自至元二年投下食邑陆续置路州，虽然朝廷也实行省并州县，但路

---

① 宋濂等：《元史》卷26《仁宗纪三》，中华书局1976年版，第590页。
② 宋濂等：《元史》卷43《顺帝纪六》记载：至正十四年夏四月，"复立应昌、全宁二路。先是，有诏罢之，以披属鲁王马某沙王傅府，至是有司以为不便，复之。"中华书局1976年版，第915页。
③ 吴甲才：《元·全宁路鲁王城的兴毁及其相关问题的考证与研究》，见《中国古都研究》（第十八辑上册）——中国古都学会2001年年会暨赤峰辽王朝古都历史文化研讨会论文集，华文国际出版社2001年版，第184页。
④ 宋濂等：《元史》卷28《英宗纪二》，中华书局1976年版，第626页。
⑤ 宋濂等：《元史》卷58《地理志一》，中华书局1976年版，第1354页。
⑥ 宋濂等：《元史》卷26《仁宗纪三》，中华书局1976年版，第582页。
⑦ 宋濂等：《元史》卷118《孛秃传》，中华书局1976年版，第2922页。
⑧ 顾祖禹：《读史方舆纪要》卷37《山东八》，贺次君、施和金点校，中华书局2005年版，第1722-1723页。
⑨ 薛磊：《元代东北统治研究》，社会科学文献出版社2012年版，第228页。
⑩ 顾祖禹：《读史方舆纪要》卷37《山东八》，贺次君、施和金点校，中华书局，2005年，第1723页。
⑪ 内蒙古自治区文物考古研究所编：《赤峰文化遗产》，文物出版社2014年版，第204页。

的数目却大大增多，其辖区相应缩小。"①显然，宁昌路就是管辖范围很小由投下食邑建置的路。

平滦路（永平路），即金代节度州平州（兴平军）和刺史州滦州统辖的区域。元太祖十年（1215），改兴平军为兴平府，其所属卢龙、抚宁、迁安、昌黎四县多用旧名，滦州及其下辖义丰、马城、石城、乐亭四县也沿用旧名。②元世祖中统元年（1260），置平滦路，设总管府、录事司。元成宗大德元年（1297），因水患改为永平路，领四县一州，即卢龙、迁安、抚宁、昌黎和滦州，其中滦州下辖四县（义丰、马城、石城、乐亭），后省并为两县（义丰、乐亭）。③依《元史·英宗纪》，永平路还曾有滦邑县，在延祐七年（1320）十一月并入石城县。④

整体上看，元代大宁路、懿州、广宁路、应昌路、全宁路、宁昌路、平滦路（永平路）或隶属于中书省，或归辽阳行省，大致包括今天内蒙古自治区赤峰、通辽，辽宁省阜新、朝阳、锦州的绝大部分地区和河北省秦皇岛、唐山部分地区，元代这些路、州所在皆属于本书所指的辽西地区的范围。

蒙元时期辽西地区的行政建置的变化比较复杂，史书的相关记述零散不全面，其地在相当长的时间内处于多元管理体系之下。东道诸王乃颜之乱前后，元世祖积极加强北方诸地的控制，表现在机构建置的调整。叶新民《斡赤斤家族与蒙元朝廷的关系》一文对此有所论及，他认为："元廷为了加强对辽东地区的统治，至元六年正月建山北东西道提刑按察司于大宁路（今内蒙古赤峰市宁城西），至元八年三月，改名为山北辽东道。至元二十年，另设海西辽东道按察司，治女直、水达达地区。至元二十三年二月，鉴于'东

① 李治安：《元代政治制度研究》，人民出版社 2003 年版，第 390 页。
② 平、滦二州下辖诸县的调整多在至元年间。比如，《元史》卷 58《地理志一》迁安条小注："至元二年，省入卢龙县，后复置"；抚宁条小注："至元二年，与海山俱省入昌黎。三年复置。四年，又与海山俱入昌黎。七年复置，仍省昌黎、海山入焉。十二年，复置昌黎，以属滦州……"中华书局 1976 年版，第 1353 页。
③ 宋濂等：《元史》卷 58《地理志一》，中华书局 1976 年版，第 1352-1353 页。
④ 宋濂等：《元史》卷 27《英宗纪一》，中华书局 1976 年版，第 607 页。

北诸王所部杂居其间，宣慰司望轻'，元廷罢山北辽东道、开元等路宣慰司，立东京等处中书省（治今辽宁省辽阳市）。同年三月，又北徙东京行省于咸平（今辽宁省开原市）。同年七月，元廷又罢东京行省，恢复山北辽东、咸平等道宣慰司，但这一措施并没有缓和元廷与乃颜为首的东北诸王日益尖锐的矛盾。"[1]元世祖平定乃颜叛乱后，至元二十四年（1287）十月，"诏立辽阳等处行尚书省"[2]。但辽阳行省与蒙古东道诸王封地没有行政隶属关系，二者分别直属中央。[3]辽西地区在蒙元统治的一百余年间，蒙古贵族作为朝廷依靠的军政力量对其地的社会发展也产生了重要的影响。

二、大宁路人口构成更趋复杂化

大宁路人口构成复杂有其历史原因。辽朝时，其地为辽中京、兴中府、锦州所在，为辽代中后期重点建设的地区，前列第二章提及那里除了契丹、奚、汉人之外，先后有高丽俘户、渤海户等迁入。辽金易代之际，这一地区又一次因为战乱的影响出现人口较大规模的流动，比如，兴中府一带，由于遥辇昭古牙和契丹九斤、兴中尹道温领导的当地军民英勇抵抗金兵，金代控制其地后将遥辇九营改编为九猛安，并将他们很快迁往他处，具体情况第三章已述及。同时，金朝开始逐渐有女真人进入原辽中京、兴中府一带。蒙金战争，蒙古统治者强烈地意识到加强该地区控制的重要，所以又有蒙古人进入其地。丛佩远认为："蒙族向辽阳行省西部的扩展，具有移居迅速、发展稳定、规模较大等特点。所以能够做到这一点，除了行省西部地区的自然条件适于游牧生活而外，更重要的是蒙族统治者在辽阳行省内采取了封王分民和长期驻军等强制手段，使蒙族居民迅速扩散到行省的西部以及南部的部分地区。"[4]蒙元统治时期大宁路的位置，正是在辽阳行省的西部，它也是札剌

[1] 叶新民：《斡赤斤家族与蒙元朝廷的关系》，《内蒙古大学学报》1988年第2期，第21页。
[2] 宋濂等：《元史》卷14《世祖纪十一》，中华书局1976年版，第301页。
[3] 程妮娜：《古代中国东北民族地区建置史》，中华书局2011年版，第376页。
[4] 丛佩远：《元代辽阳行省内的契丹、高丽、色目与蒙古》，《史学集刊》1993年第1期，第12页。

亦儿部木华黎一系的封地。姚大力认为木华黎家族的封地最初在桓州至兴和一带，至中统、至元年间东迁至大宁路境。①贾敬颜依据明代文献，认为木华黎家族的封地包括锦州。他指出："札剌儿一贵族之墓在锦州，锦州于元代属大宁路，仍系辽阳行省的辖区。有元一代，札剌儿'国王'还镇'辽西'亦见于记载，则锦州也是木华黎的封地，故其后人得以埋葬于此。"②

蒙元初期，为安抚和稳定新占领的原金北京地区，也曾任命一些汉人官员赴任，这些官员往往举家随迁。比如，卢挚所撰《大中大夫潭州路总管张公墓志铭》提到张庭瑞的祖父张士明占籍临潢之全州，后来张庭瑞父亲张楫因为任职北京都转运使，而迁徙北京（称实为白霫之地）。③张庭瑞的哥哥张庭珍，《元史》有传，署籍临潢全州人④，证实张家确实在张楫任职北京时落籍全州。为解决军粮，也有记载表明有汉军迁入大宁路屯田，《元史·兵志》记载："英宗至治二年八月，发五卫汉军二千人，于大宁等处创立屯田，分置两翼屯田千户所，为田二千顷。"⑤

除了蒙古人、汉人之外，还有西域人入居大宁。蒙金交战初期，有伊吾庐人塔本从征辽西，攻下平滦、白霫诸城后，曾受命镇抚白霫诸郡，"号行省都元帅"⑥。实际上就是在北京路任职。《元史·廉希宪传》记载传主为北京行省平章政事时，"有西域人自称驸马，营于城外"⑦。薛磊依据高丽人李穀《稼亭先生文集》，指出元时的大宁路还生活着一部分逃难的高丽人。⑧

大宁路（北京路）一带的原有居民因为蒙金战争，有很多人背井离乡。因战争被迫迁往他处也是当时人口变动的一种情况。比如，石抹阿辛（即石

① 姚大力：《蒙元制度与政治文化》，北京大学出版社 2011 年版，第 444—445 页。
② 贾敬颜：《五投下的遗民——兼说"塔布囊"一词》，《民族研究》1985 年第 2 期，第 30 页。
③ 卢挚：《大中大夫潭州路总管张公墓志铭》，见李修生主编《全元文》卷 370（第 11 册），江苏古籍出版社 1999 年版，第 19 页。
④ 宋濂等：《元史》卷 167《张庭珍传》，中华书局 1976 年版，第 3919 页。
⑤ 宋濂等：《元史》卷 100《兵志三》，中华书局 1976 年版，第 2562 页。
⑥ 宋濂等：《元史》卷 124《塔本传》，中华书局 1976 年版，第 3043 页。
⑦ 宋濂等：《元史》卷 126《廉系宪传》，中华书局 1976 年版，第 3093 页。
⑧ 薛磊：《元代东北统治研究》，社会科学文献出版社 2012 年版，第 158 页。

抹也先^①）在己卯岁（1219）受诏将其所统率的黑军分屯于真定、固安、太原、平阳等地。^②黑军的数量约一万二千人。也就是他统领的很多原金北京路之兵跟随他进入华北。有学者研究认为："金末东北女真族分布的变化可以概括为：上京地区明显减少，咸平、东京、北京三路大大减少，速频、曷懒等路则有显著增加。"^③

可以肯定的是，元代大宁路辖区的民族构成在蒙元时期发生了一定的改变，为了加强对辽西的控制，一些蒙古人和少量西域色目人、高丽人，以及屯田的汉军成为其地的新居民，加之元朝之前当地已有的汉、奚、契丹、渤海、高丽等族人口，民族构成更趋复杂。

三、懿州与宁昌路的民族迁徙

懿州，辽圣宗太平三年（1023）始建州，隶属于辽上京道，辽道宗清宁七年（1061）宣懿皇后将其进献朝廷，懿州（军号宁昌军）改隶东京道。^④辽天庆八年（1118）十二月，宁昌军节度使刘宏以懿州民户三千归金。^⑤金朝仍保有懿州之名，初隶咸平府，泰和末为北京路属州。^⑥金宣宗贞祐二年（1214），懿州被蒙古军攻陷。^⑦

金蒙之际，各方势力的争衡，强制性人口迁徙与因避战乱而自动逃亡均有出现。早在蒙金交战之初，仕金为北边千户的契丹人耶律留哥因不满金朝对契丹人的防范政策而自立，数月间募集兵众达十几万。虽然人数众多，但耶律留哥很清楚独力难支，于是他决定往依蒙古，但在他离开东京觐见成

---

① 钱大昕认为："阿辛，即也先，译音偶异，史家遂分为二人，各立一传矣。"钱大昕《廿二史考异》卷97"石抹阿辛传"，《嘉定钱大昕全集》（增订本），凤凰出版社2016年版，第1587页。
② 宋濂等：《元史》卷152《石抹阿辛传》，中华书局1976年版，第3603页。
③ 王崇时：《元代东北女真族试探》，《延边大学学报》1982年第4期，第81页。
④ 脱脱等：《辽史》卷38《地理志二》，中华书局2016年版，第536页。
⑤ 脱脱等：《辽史》卷28《天祚皇帝纪二》，中华书局2016年版，第378页。
⑥ 脱脱等：《金史》卷24《地理志上》，中华书局2020年版，第601页。
⑦ 脱脱等：《金史》卷14《宣宗纪上》，中华书局2020年版，第332页。

吉思汗时，其属下可特哥、耶厮不等以其众叛。随后耶律留哥得到成吉思汗资助的数千人往取家孥，前往东京辽阳府途中，又招抚懿州、广宁一带契丹民，将其迁往临潢府。后来他引领蒙古、契丹军及东夏国元帅胡土兵十万继续追击叛亡的割据势力前后长达五年（乙亥至己卯）。①此外，李秃因随木华黎征战东北有功，其家族亦乞列思氏得懿州为封地。②当然，懿州也是蒙元军队重点戍守的地方，史载：中统三年（1262）二月辛亥，"敕元帅阿海分兵戍平滦、海口及东京、广宁、懿州，以余兵诣京师"③。这是李璮叛乱后的一次调兵。至元二十四年（1287）东道诸王乃颜之乱爆发后，元廷增加了对懿州等地戍守的力量，至元二十四年六月壬申，"发诸卫军万人、蒙古军千人戍豪、懿州。诸王失都儿所部铁哥率其党取咸平府，渡辽，欲劫取豪、懿州，守臣以乏军求援，敕以北京戍军千人赴之"④。至元二十五年（1288）三月，"敕辽阳省亦乞列思、吾鲁兀、札剌儿探马赤自懿州东征"⑤，显然，当时懿州成为军队集结之地。懿州等地也确实为叛乱诸王们看重，成为他们攻取的目标。

东道诸王叛乱也引发了人口的流动，其中军队的流动多见于记载，懿州人民为避战乱的流亡史书少有提及，从"民废耕作"⑥可知，动荡的局面使农业人口流失。至元二十六年（1289）二月癸丑，爱牙合赤请以所部军屯田咸平、懿州。⑦至元二十七年（1290）正月辛酉，营建懿州仓。⑧这些记载说明懿州在元世祖统治年间有一定规模的军队戍守在那里，他们中有蒙古人，也有其他民族的人。

---

① 宋濂等：《元史》卷 149《耶律留哥传》，中华书局 1976 年版，第 3511—3514 页。
② 宋濂等：《元史》卷 118《李秃传》，中华书局 1976 年版，第 2922 页。
③ 宋濂等：《元史》卷 5《世祖纪二》，中华书局 1976 年版，第 82 页。
④ 宋濂等：《元史》卷 14《世祖纪十一》，中华书局 1976 年版，第 298 页。
⑤ 宋濂等：《元史》卷 15《世祖纪十二》，中华书局 1976 年版，第 310 页。
⑥ 宋濂等：《元史》卷 14《世祖纪十一》至元二十四年九月戊申记事有："咸平、懿州、北京以乃颜叛，民废耕作，又霜雹为灾，告饥。"中华书局 1976 年版，第 300 页。
⑦ 宋濂等：《元史》卷 15《世祖纪十二》，中华书局 1976 年版，第 319—320 页。
⑧ 宋濂等：《元史》卷 16《世祖纪十三》，中华书局 1976 年版，第 333 页。

懿州虽然较早归附蒙古，但张致叛蒙、辽东耶律留哥属下割据，以及后来乃颜之乱都曾波及懿州，所以懿州因战争而引发的人口迁徙是其民族构成变化的主因。

除了前述较大规模的人口迁徙之外，也有因任职他处而离开懿州者。郑元祐《元从仕郎广济库提领张君墓志铭》所记张信就是北京懿州人，出于蒙古氏，因其曾祖妣莘遮氏而译言张姓，其父徙家东平。张信后转常州路录事，他父母也随其侨居常州（治今江苏常州市）。①张信的妻子为耶律氏，从姓氏看是契丹人。懿州张信家的外迁反映了元代蒙古人、契丹人因为从军或为官也会迁离故土。

宁昌路是与亦乞列思部有渊源的路，据《元史·孛秃传》，亦乞列思氏孛秃早在成吉思汗时代，就以功封冠、懿二州，并进封昌王。其子孙多尚公主，其家族女子多为后妃，是与皇族世婚的家族，这一家族在各个时期都听令于皇帝，在元太祖、太宗、定宗、宪宗、世祖、成宗、武宗、仁宗朝多有功勋，代代袭封昌王。元成宗朝，得以建置王府官属；元仁宗朝，皇帝赐以宁昌县税入。②作为以投下食邑建置的路，亦乞列思部孛秃家族在其地移入蒙古人是可以肯定的。

四、广宁路的人口流动

蒙金之际，广宁在耶律留哥控制的区域内。耶律留哥死后，成吉思汗本不想让"扈从有年"的留哥长子薛阇离开他袭父爵，因为他已将薛阇视为蒙古人了，但耶律留哥妻姚里氏坚持让留哥前妻所生嫡子薛阇袭爵，成吉思汗感叹姚里氏之贤而应允。庚寅年（1230），元太宗窝阔台又命令薛阇东征，令其"收其父遗民，移镇广宁府，行广宁路都元帅府事"③。之所以窝阔台又

---

① 郑元祐：《元从仕郎广济库提领张君墓志铭》，李修生主编《全元文》卷 1215（第 38 册），凤凰出版社 2004 年版，第 755—756 页。
② 宋濂等：《元史》卷 118《孛秃传》，中华书局 1976 年版，第 2921—2923 页。
③ 宋濂等：《元史》卷 149《耶律留哥传》，中华书局 1976 年版，第 3514—3515 页。

将薛阇派往广宁，目的是令其领兵征伐高丽和东夏国。薛阇确实能征善战，"自庚寅至丁酉，连征高丽、东夏万奴国，复户六千有奇"。窝阔台汗十年（1238），薛阇死。他的儿子收国奴袭爵，行广宁府路总管军民万户府事，征高丽建有功勋。收国奴死后，其子古乃又袭爵，仍然为行广宁府路总管军民万户府事。[①]此后，至元六年（1269），"以户口单寡，降为东京路总管府属郡"[②]。并广宁于东京后，古乃也去职。也就是说，耶律留哥及其后裔自从金末归附蒙古，前后五十余年控驭广宁路，经过多年征战，从前由金入蒙古的旧人多已故去，出于加强中央集权的需要，至元六年，元世祖将广宁路降为散府，归属新置东京总管府管辖。但仅过了九年，至元十五年（1278），广宁仍自行路事。[③]实际上，虽然耶律留哥死后他的后裔一直任职于广宁，但蒙古人对广宁一带的渗透始终没有停止。《元史·别里古台传》言及元太祖成吉思汗鉴于别里古台在取天下时功勋卓著，赐给他蒙古百姓三千户，广宁路、恩州二城户一万一千六百三，以为分地。[④]别里古台分得广宁府民户之事，《元史·太宗纪》也有记载，只是写其名为"孛鲁古带"[⑤]。中统三年（1162），忽必烈封别里古台的后裔爪都为广宁王，此后，别里古台家族一直承袭着广宁王的封号。[⑥]可见，广宁也一度是别里古台家族的势力范围。《新元史·帖木哥斡赤斤传》也提到："太祖末年，收辽王耶律薛阇土地，以别勒古台镇广宁，辖辽西；而东京、临潢二道地在辽东，移斡赤斤镇之。"[⑦]以蒙古宗王镇戍四方政策在辽西、辽东地区也得以贯彻。元世祖至元二十九年（1292）十月，赵德泽、吴荣受命领逃奴无主者二百四十户，淘

① 宋濂等：《元史》卷149《耶律留哥传》，中华书局1976年版，第3515页。

② 宋濂等：《元史》卷59《地理志二》，中华书局1976年版，第1396页。

③ 宋濂等：《元史》卷59《地理志二》，中华书局1976年版，第1395页。

④ 宋濂等：《元史》卷117《别里古台传》，中华书局1976年版，第2905页。

⑤ 宋濂等：《元史》卷2《太宗纪》，中华书局1976年版，第35页。

⑥ 李治安、薛磊：《中国行政区划通史·元代卷》，复旦大学出版社2009年版，第73页。

⑦ 柯劭忞撰，张京华、黄曙辉总校：《新元史》卷105《烈祖诸子·帖木哥斡赤斤传》，上海古籍出版社2018年版，第2505页。

银、耕田于广宁、沈州。①这也是一次由官府组织的小规模移民活动。

除了迁徙至广宁路的各族人之外，也有从广宁路迁往他地者。王沂所撰《元故应奉翰林文字从仕郎致仕郭君墓碣》提及郭士文先为广宁人，迁至锦州，后又迁至真定而成为真定人。②

五、应昌路与全宁路的移民

弘吉刺（又作宏吉烈、雍吉刺）氏因特薛禅和其子按陈佐助元太祖打天下之功，而与皇族联姻，成为世戚，并得到水草丰美的封地。应昌路和全宁路的所在就是蒙古弘（雍）吉刺部族的一处封地。应昌路和全宁路在行政区划上隶属于中书省，其所管辖的区域为金代临潢府路西南部，金代晚期并入北京路。其地在金代以契丹人、汉人为主，也有少量的女真人。应昌路和全宁路及其附近之地大概自金蒙交战初期就有蒙古人迁入，元太祖赐其地为弘吉刺部的封地后，那里更成为蒙古族人的聚居区。甲戌年（1214）成吉思汗将后来应昌路和全宁路及其北边、南边地分赐给弘吉刺氏家族。成吉思汗申谕按陈："可木儿温都儿、答儿脑儿、迭蔑可儿等地，汝则居之。"③这里提到的可木儿温都儿，即今河北围场县北虾蟆儿岭④；答儿脑儿，位于今内蒙古克什克腾旗西达里诺尔湖⑤；迭蔑可儿，在今内蒙古锡林浩特市东南锡林郭勒流域⑥，就是后来应昌路的所在。应昌路和全宁路的北边封授给按陈之弟火忽和按陈之弟胛为农土。史书所记成吉思汗谕按陈之弟火忽说："哈老温迤东，塗河、潢河之间，火儿赤纳庆州之地，与亦乞列思为邻，汝则居之。"⑦

---

① 宋濂等：《元史》卷17《世祖纪十四》，中华书局1976年版，第368页。

② 王沂：《元故应奉翰林文字从仕郎致仕郭君墓碣》，李修生主编《全元文》卷1832（第60册），凤凰出版社2004年版，第173-174页。

③ 宋濂等：《元史》卷118《特薛禅传》，中华书局1976年版，第2919页。

④ 史为乐主编：《中国历史地名大辞典》，中国社会科学出版社2005年版，第562页。

⑤ 史为乐主编：《中国历史地名大辞典》，中国社会科学出版社2005年版，第2568页。

⑥ 史为乐主编：《中国历史地名大辞典》，中国社会科学出版社2005年版，第1572页。

⑦ 宋濂等：《元史》卷118《特薛禅传》，中华书局1976年版，第2919页。

这里的塗河指土河，就是老哈河；潢河为西拉木伦河；火儿赤纳为今内蒙古巴林左旗东的乌力吉沐沦河①；庆州，应在内蒙古巴林右旗境内。成吉思汗申谕按陈之弟册："阿剌忽马乞迤东，蒜吉纳秃山、木儿速拓、哈海斡连直至阿只儿哈温都、哈老哥鲁等地，汝则居之。当以胡卢忽儿河北为邻，按赤台为界。"②其中，阿剌忽马乞，在今内蒙古西乌珠穆沁旗西部③；蒜吉纳秃山，位于今内蒙古巴林右旗北境松吉纳山④；哈老哥鲁是一条河，在今内蒙古科尔沁右翼中旗境之霍林河⑤。可见，按陈之弟册的封地在火忽封地的北边，已是后来元代中书省辖境的最北边，北与后来岭北行省相邻。成吉思汗甲戌年还把应昌路和全宁路的南边地分给按陈之子唆鲁火都，史载："以汝父子能输忠于国，可木儿温都儿迤东，络马河至于赤山，塗河迤南与国民为邻，汝则居之。"⑥所以，后来由特薛禅的后裔申请建置应昌路和全宁路是有历史渊源的。

文献对于蒙古人在应昌路和全宁路居住的情况也有一些反映。胡祖广《武略将军济宁路总管府达鲁花赤先茔神道碑》提及："应昌，故宏吉剌氏地，驸马鲁王宫帐建焉。"⑦关于弘吉剌氏，皇庆元年（1312）刘敏中所撰《敕赐应昌府罔极寺碑》言及其社会地位，有言："按圣元有国以来，勋阀之家，女为后妃，男继尚主，世戚之重，宠绝常品者，惟弘吉剌氏而已。"他也提到，出于对皇女的钟爱，弘吉剌鲁王营牧故地得以承受特别的关照，所谓"乃乞纶命，为城郭，为宫室，为府署，为佛寺"⑧。至正元年

---

① 史为乐主编：《中国历史地名大辞典》，中国社会科学出版社2005年版，第500页。
② 宋濂等：《元史》卷118《特薛禅传》，中华书局1976年版，第2919页。
③ 史为乐主编：《中国历史地名大辞典》，中国社会科学出版社2005年版，第1390页。
④ 史为乐主编：《中国历史地名大辞典》，中国社会科学出版社2005年版，第2649页。
⑤ 史为乐主编：《中国历史地名大辞典》，中国社会科学出版社2005年版，第1871页。
⑥ 宋濂等：《元史》卷118《特薛禅传》，中华书局1976年版，第2919-2920页。
⑦ 胡祖广：《武略将军济宁路总管府达鲁花赤先茔神道碑》，李修生主编《全元文》卷1610（第52册），凤凰出版社2004年版，第413页。
⑧ 刘敏中：《敕赐应昌府罔极寺碑》，李修生主编《全元文》卷396（第11册），江苏古籍出版社1999年版，第527页。

（1341），胡祖广所作《大元加封宏吉烈氏相哥八剌鲁王元勋世德碑》述及自元太祖朝宏吉烈氏便确定了与皇室联姻的关系，"男尚帝女，女为后妃，配尊胤瑞，永为懿戚"，也特别说明在鲁国大长公主嫁给帖木儿的世祖朝，宏吉烈氏主要居于应昌、全宁两路，因此，"置官署，开巷陌，立社稷府库宫殿，大其制度。人民日众，车马第舍填郭溢廊"[1]。显然，应昌路、全宁路的开发建设也吸引了众多人口，带动了区域发展，其中有大量的蒙古人，当然也有汉人和其他民族的人口进入其地。

蒙元初年也有西夏人降附者迁入应昌者，前述胡祖广《武略将军济宁路总管府达鲁花赤先茔神道碑》便提到监郡之祖父就是居于应昌虎门口号赫思公的唐兀人。揭傒斯所撰《大元敕赐故中顺大夫诸色人匠都总管府达鲁花赤竹君之碑》提到竹温台因为鲁国大长公主媵臣而冒雍吉剌氏，安家于全宁而为全宁人。[2]

元代同样有一些汉人迁入弘吉剌的领地，他们中有些人长期为蒙古王公的陪臣或为蒙古贵族的媵臣、养子。全宁张氏就是被元廷旌表服务于弘吉剌部王府的蒙古化汉人家族。目前已知反映全宁张氏功德的石刻资料有：张起岩所撰《蓟国公张氏先茔碑》、马祖常所撰《张公先德碑》和《全宁张氏先德碑铭》，其中，《蓟国公张氏先茔碑》所记蓟国公张氏为张应瑞，而《张公先德碑》所记张公为张住童，他们二人是父子关系。综合两块碑的信息，可知张氏五代世系如下：张仲贤—张伯祥—张应瑞—张住童、大都间、全间—却间、炘都、孛兰奚。

从两块碑所记张氏的籍贯，前者称"世为全宁大家"[3]，后者讲："谨按：臣住童系本张氏，家牒亡所，自三世而下，藉雍吉剌部。雍吉剌之

---

[1] 胡祖广：《大元加封宏吉烈氏相哥八剌鲁王元勋世德碑》，李修生主编《全元文》卷1610（第52册），凤凰出版社2004年版，第410页。

[2] 揭傒斯著，李梦生标校《揭傒斯全集》，上海古籍出版社2012年版，第545页。

[3] 张起岩：《蓟国公张氏先茔碑》，李修生主编《全元文》卷1142（第36册），凤凰出版社2004年版，第129页。

□□□王启封于鲁，与国家为世姻，贵亚于国姓，赏食□地曰全宁、曰应昌。张氏居全宁者四世矣。"①显然，张氏是由他处迁入全宁的汉人，入籍于雍吉剌部。张仲贤并没有官职，因曾孙张住童贵显而得以推恩赠官和追封清河郡公，自张伯祥开始在弘吉剌部纳臣那演身边做事，担任宿卫。而张应瑞自七岁起便成为纳臣那演的养子，大概自小受到良好的教育，长大后具备了超凡的为政能力，所谓："材力精敏，识趣超异，于时务尤练达，美鬙髯，风仪端整，临事谨恪慎重。"他也自然留在纳臣那演身边。纳臣那演生病三年，他细心侍奉，深得信赖。纳臣那演病好后嘱咐亲儿子不要忘记这个忠孝养子的功劳。所以当纳臣那演的儿子斡罗臣嗣位后，不忘其父遗训，对待张应瑞"礼意优厚"。斡罗臣娶元世祖女为驸马都尉，在斡罗臣弟弟只儿瓦叛乱的危难时刻，张应瑞紧紧跟随在斡罗臣身边，斡罗臣被害后，他伺机逃还，为主申冤报仇，得到元世祖的嘉奖，并得以辅佐嗣主。此后他深得鲁王和公主信任，也曾为王府傅。张应瑞的长子张住童也为大长公主器重，由媵臣而入朝为官，任中政院使，家族更加显赫。②需要说明的是，马祖常《全宁张氏先德碑铭》所记张君为张丑闾，其三代姓名与前述两碑姓名没有关联③，但也因为媵臣而尽心侍奉公主得以贵显。全宁张氏服务于鲁王府，张氏子孙作为亲近的陪臣或媵臣被视为王府亲族，他们得到王府和朝廷的信赖，获得较高的社会地位，其家族亦得以刻碑扬名。另外，为应昌路、全宁路雍吉剌部做事的汉人还应有一些，他们或有外来迁入者，只是他们没有出现如上述张住童、张丑闾那样的人物，所以未能显扬其名。

总之，应昌路和全宁路在元朝成为弘吉剌部一处重要的封地，以其家族

---

① 马祖常：《张公先德碑》，李修生主编《全元文》卷1038（第32册），凤凰出版社2004年版，第457页。

② 张起岩：《蓟国公张氏先茔碑》，李修生主编《全元文》卷1142（第36册），凤凰出版社2004年版，第129—131页。

③ 参见李俊义、吴甲才、张云成：《元代〈全宁张氏先德碑铭〉汉文考释》，《北方文物》2016年第1期，第104页。

为主，一些蒙古人与各族人杂居共处。

六、平滦路（永平路）的人口变动

平滦路更名之前仍然沿袭金之旧称为兴平府，蒙金战争时期，其地居民因避兵燹而逃亡流徙。《元史·塔本传》记载："兴平兵火伤残，民惨无生意。塔本召父老问所苦，为除之，薄赋敛，役有时。民大悦，乃相与告教，无违约束，归者四集。塔本始至，户止七百，不一二年，乃至万户。"[1]塔本是伊吾庐人，蒙古国初期从元太祖征讨有功，被任命为行省都元帅之职，蒙古军控制辽西之地后，大概最初所设立的行省治所在金北京路大定府，后来徙治于兴平府（治今河北卢龙县）。塔本作为行省都元帅能体恤劫后余生的民众疾苦，使兴平一地的人口散而复聚，一二年间骤然增至万户。对于塔本的事迹，廉希宪所记更详细，称其于壬申年（1212）"扈从大驾入中都，奉旨从哈撒儿大王收抚北京诸城郭"，被授予金虎符，为北京行省都元帅，平州（兴平府）归其所管是在庚辰年（1220）。[2]塔本之子阿里乞失帖木儿袭父职曾为兴平等处行省都元帅，塔本之孙阿台又袭父职，适逢元朝罢行省而为平滦路总管府，元宪宗命其为平滦路达鲁花赤。[3]塔本家三代任职兴平（平滦路），也可视为因官徙居平滦的西域人。金蒙交兵时候的战乱局面，也有迁入平滦的汉人。史载，刘秉忠家族在金亡后就徙居平滦。[4]

窝阔台帝八年（1236），赐予诸王、贵戚已控制地区民户，提及平、滦州归斡陈那颜。[5]元世祖忽必烈中统元年（1260）六月丙子，"诏中书省给

① 宋濂等：《元史》卷124《塔本传》，中华书局1976年版，第3043页。
② 廉希宪：《大元故平州路达鲁花赤行省万户赠推诚定远佐运功臣太师开府仪同三司上柱国追封营国公谥忠武塔本世系状》，李修生主编《全元文》卷257（第8册），江苏古籍出版社1998年版，第288页。
③ 宋濂等：《元史》卷124《塔本传附阿里乞失帖木儿、阿台等传》，中华书局1976年版，第3044页。
④ 王义山：《刘宣使秉忠家谱序》，李修生主编《全元文》卷81（第3册），江苏古籍出版社1999年版，第120页。
⑤ 宋濂等：《元史》卷2《太宗纪》，中华书局1976年版，第35页。

诸王塔察儿益都、平州封邑岁赋、金帛，并以诸王白虎、袭剌门所属民户、人匠、岁赋给之"。①从这条诏令看，似乎平州也是诸王塔察儿的食邑。中统二年（1261）六月辛亥，元世祖诏令还有："转懿州米万石赈亲王塔察儿所部饥民。"②至元二十四年七月忽必烈有诏提到："罢乃颜所署益都、平滦，也不干河间分地达鲁花赤，及胜纳合儿济南分地所署官。"③可见，平滦也是乃颜的势力范围。元成宗朝，平滦路改称永平路，大德十一年（1307）七月乙亥，元武宗发布政令："以永平路为皇妹鲁国长公主分地，租赋及土产悉赐之。"④碑刻资料也记载，元武宗出于亲亲之道曾下谕旨："以永平路益封，其差徭税课悉为鲁有。"⑤《元史·仁宗本纪》记载：至大四年（1311）九月丁巳，"奉太后旨，以永平路岁入，除经费外，悉赐鲁国大长公主"⑥。《元史·特薛禅传》言及弘吉剌之分邑，提到永平路地为至大元年所赐。⑦可见，元代贵族的分邑不是一成不变的，虽有一定的稳定性，但也会有调整。

平滦历来是战略要地，元朝时也是驻兵之地。元世祖中统三年（1262）二月，为应对李璮叛乱而进行的调兵就涉及平滦路，而元世祖敕令元帅阿海分兵戍守之地也包括平滦，下诏籍兵守城的诸路也有平滦。⑧至元二十四年（1287），乃颜叛乱，忽必烈亲自领兵从上都出发征讨，诏命范文虎将卫军

① 宋濂等：《元史》卷4《世祖纪一》，中华书局1976年版，第67页。
② 宋濂等：《元史》卷4《世祖纪一》，中华书局1976年版，第70页。
③ 宋濂等：《元史》卷14《世祖纪十一》，中华书局1976年版，第299页。
④ 宋濂等：《元史》卷22《武宗纪一》，中华书局1976年版，第484页。
⑤ 胡祖广：《大元加封宏吉烈氏相哥八剌鲁王元勋世德碑》，李修生主编《全元文》卷1610（第52册），凤凰出版社2004年版，第411页。
⑥ 宋濂等：《元史》卷24《仁宗纪一》，中华书局1976年版，第547页。
⑦ 宋濂等：《元史》卷118《特薛禅传》，中华书局1976年版，第2920页。
⑧ 宋濂等：《元史》卷5《世祖纪二》记载：中统三年二月，"真定、顺天、河间、平滦、大名、邢州、河南诸路兵皆会济南。"同月辛亥，"敕元帅阿海分兵戍平滦海口及东京、广宁、懿州，以余兵诣京师。"同月癸丑，"诏大名、洺磁、彰德、卫辉、怀孟、河南、真定、邢州、顺天、河间、平滦诸路皆籍兵守城。" 中华书局1976年版，第82-83页。

五百镇平滦。^①其地的驻军既有蒙古军，也有汉军。

综上，蒙元时期的移民进一步改变了辽西之地的民族分布格局，除了当地原有的汉、契丹、奚、女真、渤海民族之外，又迁入蒙古、高丽、西域等民族和地区的人，多民族杂居的色彩愈加浓厚。辽西地区的经济社会发展相应受到境内各民族的影响。

第三节　元代辽西的经济与社会

一、畜牧业与狩猎经济仍占一定比例

辽金时期辽西地区北部为经营畜牧业的重要地区。蒙古人本为典型的游牧民族，蒙元时期进入辽西地区的蒙古人大多数仍然保持游牧习俗。元世祖至元十四年（1277）秋七月戊戌，"申禁羊马群之在北者，八月内毋纵出北口诸隘践食京畿之禾，犯者没其畜"^②。从这条史料看，北口诸隘以北的辽西之地羊马成群，秋季常南迁至京畿之地，而京畿之地为农业区，羊马在秋收未完进入难免会伤害庄稼，所以当时才有此类禁令发布。可以肯定，进入辽西的蒙古人仍以畜牧经济为主。大宁路的蒙古部便是如此。史载，泰定帝即位的当年，"大宁蒙古大千户部风雪毙畜牧"，也就是说其地发生了雪灾，部民赖以为生的牲畜毙死，无以为生，元廷为此"赈米十五万石"^③。《元史·世祖纪》至元二十四年（1287）六月记事有"括平滦路马"^④，至元二十六年（1289）七月记事中有关"市马"的地区也提到"平滦"^⑤。这

---

① 宋濂等：《元史》卷14《世祖纪十一》，中华书局1976年版，第298页。

② 宋濂等：《元史》卷9《世祖纪六》，中华书局1976年版，第191页。

③ 宋濂等：《元史》卷29《泰定帝纪一》，中华书局1976年版，第639页。

④ 宋濂等：《元史》卷14《世祖纪十一》，中华书局1976年版，第298页。

⑤ 宋濂等：《元史》卷15《世祖纪十二》，中华书局1976年版，第324页。

两条史料表明，平滦路也是产马之地，其地肯定养殖有一定量的马匹。《元史·兵志》"马政"所记14道牧地也有永平（由平滦路改）。[1]在揭傒斯所撰《大元赐故中顺大夫诸色人匠都总管府达鲁花赤竹君之碑》一文中，他所提到的全宁人竹温台是善于牧养之人，"畜马牛羊累巨万"[2]。揭傒斯所记的这位竹温台本是鲁国大长公主的媵臣，他以牧养马牛羊闻名，这也从一个侧面反映出全宁路畜牧经济的发展态势。元代诗人的诗作对辽西诸地畜牧经济也有描绘。元人贡师泰《过柳河》描绘了经过柳河（今滦河的支流伊逊河）所见："驿馆到时逢数骑，驰车宿处错群羊。"[3]

辽西地区发现的马具证实畜牧业经济为其境内重要经济产业，通辽市库伦旗王坟沟元墓、昆都岭元墓和后柜元墓都出土有马具。[4]在今赤峰元宝山区新景遗址采集有元代花瓣形方孔铜鞍饰件，且有铁马镫、辖、镞等残片[5]；赤峰元宝山区元代沙子山墓群的两座墓中清理出鞍饰、铁马镫等物[6]；在内蒙古赤峰市巴林右旗巴彦塔拉苏木发现的巴彦塔拉墓群被文物工作者确定为金元时期的墓葬，出土有铁马镫、铁环等物[7]。

游牧民多好猎，元朝出于防范地方势力的反叛，或避免农时打猎破坏生产，往往对一些地区下达禁猎令，辽西的一些地区就多次被纳入禁猎范围。史载，至元二年（1265）五月戊子，"禁北京、平滦等处人捕猎"[8]。当然，

---

① 宋濂等：《元史》卷100《兵志三》，中华书局1976年版，第2557页。
② 揭傒斯：《大元敕赐故中顺大夫诸色人匠都总管府达鲁花赤竹君之碑》，《揭傒斯全集·辑遗》，上海古籍出版社2012年版，第545—546页。
③ 胡廷荣、胡晓明、韩玉和编著：《塞北（东部）古诗注与史地考》，内蒙古人民出版社2001年版，第108页。
④ 国家文物局主编：《中国文物地图集·内蒙古自治区分册（下）》，西安地图出版社2003年版，第454—455页。
⑤ 国家文物局主编：《中国文物地图集·内蒙古自治区分册（下）》，西安地图出版社2003年版，第82页。
⑥ 国家文物局主编：《中国文物地图集·内蒙古自治区分册（下）》，西安地图出版社2003年版，第83页。
⑦ 国家文物局主编：《中国文物地图集·内蒙古自治区分册（下）》，西安地图出版社2003年版，第140页。
⑧ 宋濂等：《元史》卷6《世祖纪三》，中华书局1976年版，第106页。

禁猎往往有时限，过了非常时期或农时便可弛禁。至元十二年（1275）冬十月辛丑，"驰北京、义、锦等处猎禁"①。苏天爵《元故参知政事王宪穆公行状》记述王忱在至元十七年由宿卫东宫改任朝列大夫、山北辽东道提刑按察副使，言其任职情况提到："辽、霜多宗王分地，傔从时纵狗马出蹂民禾，民厌苦之。公绳以法，彼遂敛避不敢犯。"②说明辽、霜之地多有好猎之人，王忱到任后对纵猎伤农之事予以惩治。元朝在东北的监察机构——山北辽东道提刑按察司就设在大宁路。③作为辽西之地的北京、平滦路都有猎户证实其地非农耕人口占有一定的比重。史书明确称其为猎户，他们也是征兵的重要人选。《元史·世祖纪》至元十二年十一月的记事中提及："枢密院言：'两都、平滦猎户新签军二千，皆贫无力者，宜存恤其家。'"④至元十四年正月记事也提到："括上都、隆兴、北京、西京四路猎户二千为兵。"⑤说明当时这些地方有适合野生动物生长的自然环境，可供养一些人以狩猎为生，但普遍的贫困也表明狩猎并不是一个稳定的生业。《元史·世祖纪》至元十八年秋七月记事又提到："以松州知州仆散秃哥前后射虎万计，赐号万虎将军。"⑥元代松州，原为松山县，金代北京大定府下辖县，治今内蒙古赤峰市西南50里城子乡城子村古城址。⑦元世祖中统三年（1262），割兴州及松山县属上都路。⑧中统四年（1263）五月升松山县为松州。⑨松州知州仆散秃哥射虎万计可能夸张，但当时辽西地区有虎是可以肯定的。赤峰市松山区三眼井发现两座元代壁画墓，其中一墓壁画多被破坏，但残存的画迹也有卧马、

---

① 宋濂等：《元史》卷8《世祖纪五》，中华书局1976年版，第170页。
② 苏天爵：《滋溪文稿》卷23《元故参知政事王宪穆公行状》，中华书局1997年版，第379页。
③ 宋濂等：《元史》卷86《百官志二》，中华书局1976年版，第2181页。
④ 宋濂等：《元史》卷8《世祖纪五》，中华书局1976年版，第170页。
⑤ 宋濂等：《元史》卷9《世祖纪六》，中华书局1976年版，第188页。
⑥ 宋濂等：《元史》卷11《世祖纪八》，中华书局1976年版，第232页。
⑦ 余蔚：《中国行政区划通史·辽金卷》，复旦大学出版社2012年版，第651页。
⑧ 宋濂等：《元史》卷59《地理志二》，中华书局1976年版，第1397页。
⑨ 宋濂等：《元史》卷5《世祖纪二》，中华书局1976年版，第92页。

鞍马、鞍辔，人物有侍从，有的似佩箭，有的似扛旌；另一墓的壁画保存完整，有宴饮图、出猎图、出猎归来图，展示了画中人物出猎前的小饮、出猎时的围猎画面，以及出猎后满载而归的情形。[1]

二、农业经济持续发展

辽西之地的中南部，农业有悠久的历史。忽必烈据开平称帝时，与辽西相邻，甚至一度把北京（治今内蒙古赤峰市宁城大名城）、兴州（治今河北隆化县隆化镇下洼子村土城子古城）改隶开平府。[2]当时开平府的粮食供应一定程度上仰仗北京路。史载：中统四年（1263）五月癸未，"诏北京运米五千石赴开平，其车牛之费并从官给"[3]。北京路行省在元世祖至元二年（1265）正月还供给札剌赤户东徙行粮万石。[4]《元史·食货志》记载："市籴粮之法，世祖中统二年，始以钞一千二百锭，于上都、北京、西京等处籴三万石……五年，谕北京、西京等路籴军粮……（至元）二十年，以钞五千锭市于北京，六万锭市于上都，二千锭市于应昌……"[5]可见，北京路、应昌路当为北方的军粮供应地。至元十六年（1279）五月癸酉，兀里养合带言："赋北京、西京车牛俱至，可运军粮。"元世祖说："民之艰苦汝等不问，但知役民。使今年尽取之，来岁禾稼何由得种？其止之。"[6]显然，为了保证来年的农业生产正常进行，元世祖反对过度征敛。据《元一统志》，大宁路诸县土产有谷、麦、稷、黍、豆、麻等，各地又有一些水果出产，有西瓜、梨、枣、栗子、桃、杏、樱桃、白葡萄等；也出产多种草药，如苍术、麻

① 项春松、王建国：《内蒙昭盟赤峰三眼井元代壁画墓》，《文物》1982年第1期，第55-56页。
② 宋濂等：《元史》卷5《世祖纪二》中统三年十二月记："割北京、兴州隶开平府。"中华书局1976年版，第89页。
③ 宋濂等：《元史》卷5《世祖纪二》，中华书局1976年版，第92页。
④ 宋濂等：《元史》卷6《世祖纪三》，中华书局1976年版，第105页。
⑤ 宋濂等：《元史》卷96《食货志四》，中华书局1976年版，第2469页。
⑥ 宋濂等：《元史》卷10《世祖纪七》，中华书局1976年版，第212页。

黄、黄芩、桔梗、柴胡、防风等。①其地所产粟豆，有时被官府大量采购，如元文宗至顺二年（1331）中书省臣上奏的和籴计划就提到："以钞三十万锭，往辽阳懿、锦二州，和籴粟豆十万石。"②

需要说明的是，与其他地区相比，辽阳行省每年上交的粮食数并不多，仅有7万多石，岁粮上交最多的省份是江浙省，约449万石；其次是河南省，约259万石；多数行省十几至数十万石不等，而辽阳省只稍多于岁粮6万多石的甘肃省。③从这组数字看，元代地区间农业发展水平差异较大。就全国而言，辽阳行省的西部有农业但并不是重要农业区。现代考古也发现在辽西各地元代遗址中也确实有一些农业生产和加工工具。比如，赤峰市克什克腾旗元应昌县故城曾出土铁犁铧④；赤峰市敖汉旗北国北遗址采集有石磨⑤；赤峰市敖汉旗四家南营遗址出土有瓷瓮及石磨盘⑥；通辽市开鲁县元代佛塔在1993年维修时发现五个大小不一的鼓腹式釉陶罐，它们位于佛塔基座中心由地表向下18米处夯土层里，罐内装有五谷、珠饰、铜佛等文物，陶罐上面盖有较大的磨盘残块⑦；通辽市科尔沁左翼后旗散都镇地布勒呼遗址采集有铁镰刀⑧。

元朝曾在辽阳行省北京路和中书省平滦路等地推行屯田，以安置人口或解决军粮。史载："世祖至元二十三年，以大宁、辽阳、平滦诸路拘刷漏籍、放良、孛兰奚人户，及僧道之还俗者，立屯于瑞州之西滨海荒地开耕，

---

① 孛兰肹等撰、赵万里校辑：《元一统志》卷2，中华书局1966年版，第204-206页。
② 宋濂等：《元史》卷35《文宗纪四》，中华书局1976年版，第792页。
③ 宋濂等：《元史》卷93《食货志一》，中华书局1976年版，第2360-2361页。
④ 国家文物局主编：《中国文物地图集·内蒙古自治区分册（下）》，西安地图出版社2003年版，第157页。
⑤ 国家文物局主编：《中国文物地图集·内蒙古自治区分册（下）》，西安地图出版社2003年版，第419页。
⑥ 国家文物局主编：《中国文物地图集·内蒙古自治区分册（下）》，西安地图出版社2003年版，第420页。
⑦ 秦保平：《开鲁镇元代佛塔》，《内蒙古文物考古》1998年第1期，第89页。
⑧ 国家文物局主编：《中国文物地图集·内蒙古自治区分册（下）》，西安地图出版社2003年版，第448页。

设打捕屯田总管府。成宗大德四年，罢之，止立打捕屯田所，为户元拨并召募共一百二十二，为田二百三十顷五十亩。"①至元二十四年（1287）八月，"以北京伐木三千户屯田平滦"②，此次调民至永平路屯田，《元史·兵志》也有提及③。关于永平路屯田，也设有专门的管理机构，即《元史·河渠志》《元史·百官志》《元史·兵志》都提到的永平屯田总管府。④元武宗至大三年（1310）三月辛卯，"发康里军屯田永平，官给之牛"⑤；元英宗至治二年（1322）八月，元廷调五卫汉军二千人至大宁等处创立屯田，屯田军耕田达二千顷⑥。当然，官府组织的屯田只是辽西地区农业经济的一种经营形态，更多更常见的农耕生产是租佃方式。

《元一统志》提及永平路民风也有"勤农桑而俭衣食""节俭务农"⑦，显然其地以务农为业者多。《元一统志》还提到大宁路有满井，"在利州南十三里凤翼庄。其水清冷，冬温夏凉，昼夜外涌。至中夏正午，澄澈见底，虽毫发之微，历历可数。居民引以灌溉"。又如荆岸，"以建州东有荆水，昔人决岸溉田，故名"⑧。说明大宁路利州、建州利用地下水或河水进行灌溉。

为了削减战争、自然灾害给经济造成的损失，元代一些皇帝统治时期下达过鼓励农耕生产、设置劝农官、减免赋役等诏令，元世祖朝相关的诏令比较多。比如，中统三年（1262）四月，"甲辰，命行中书省、宣慰司、诸路

---

① 宋濂等：《元史》卷100《兵志三》，中华书局1976年版，第2565页。
② 宋濂等：《元史》卷14《世祖纪十一》，中华书局1976年版，第300页。
③ 宋濂等：《元史》卷100《兵志三》记载："永平屯田总管府：世祖至元二十四年八月，以北京采取材木百姓三千余户，于滦州立屯，设官署以领其事，为户三千二百九十，为田一万一千六百一十四顷四十九亩。"中华书局1976年版，第2562页。
④ 宋濂等：《元史》卷64《河渠志一》，中华书局1976年版，第1603页；《元史》卷87《百官志三》，中华书局，1976年，第2189页；《元史》卷100《兵志三》，中华书局1976年版，第2562页。
⑤ 宋濂等：《元史》卷23《武宗纪二》，中华书局1976年版，第524页。
⑥ 宋濂等：《元史》卷100《兵志三》，中华书局1976年版，第2562页。
⑦ 孛兰肹等撰、赵万里校辑：《元一统志》卷1，中华书局1966年版，第67页。
⑧ 孛兰肹等撰、赵万里校辑：《元一统志》卷2，中华书局1966年版，第217页。

达鲁花赤、管民官，劝诱百姓，开垦田土，种植桑枣，不得擅兴不急之役，妨夺农时。乙巳，以北京、广宁、豪、懿州军兴劳弊，免今岁税赋"[1]。至元十八年（1281）三月，"以辽阳、懿、盖、北京、大定诸州旱，免今年租税之半"[2]。看来这一年旱灾覆盖的面积较大，辽西懿州、北京、大定诸州均遭灾。元世祖因此得到纂修《元史》史官的称赞，《元史·食货志》"农桑"条有评论说："世祖即位之初，首诏天下，国以民为本，民以衣食为本，衣食以农桑为本。于是颁《农桑辑要》之书于民，俾民崇本抑末。其睿见英识，与古先帝王无异，岂辽、金所能比哉。"[3]不仅仅发布诏令以崇本抑末，在设官分职及机构建设上，在制度规范上及地方官吏的考核上，元世祖统治时期都有相应措施，中统元年（1260），"命各路宣抚司择通晓农事者，充随处劝农官"。中统二年（1261），"立劝农司，以陈邃、崔斌等八人为使"。至元七年（1270），"立司农司，以左丞张文谦为卿。司农司之设，专掌农桑水利。仍分布劝农官及知水利者。巡行郡邑，察举勤惰。所在牧民长官提点农事，岁终第其成否，转申司农司及户部，秩满之日，注于解由，户部照之，以为殿最。又命提刑按察司加体察焉"[4]。可见，元世祖朝管理农田水利的组织机构日益完善，对地方劝农官的考核和监察也有所加强，这些都有益于当时农业的恢复和发展。至元十年（1273）九月王磐所撰《农桑辑要序》指出："圣天子临御天下，使斯民生业富乐而求，无饥寒之忧，诏立大司农司，不治他事，而专以劝课农桑为务。行之五六年，功效大著，民间垦辟种艺之业，增前数倍。"[5]元世祖之后的元成宗铁穆耳继续沿用元世祖重农的政策，至元三十一年（1294）四月，有诏书提到："国用民财，皆本于

---

① 宋濂等：《元史》卷5《世祖纪二》，中华书局1976年版，第84页。
② 宋濂等：《元史》卷11《世祖纪八》，中华书局1976年版，第230页。
③ 宋濂等：《元史》卷93《食货志一》，中华书局1976年版，第2354页。
④ 宋濂等：《元史》卷93《食货志一》，中华书局1976年版，第2354页。
⑤ 王磐：《〈农桑辑要〉序》，见李修生主编《全元文》卷61（第2册），江苏古籍出版社1999年版，第246页。

农。所在官司，钦奉先皇帝累降圣旨，岁时劝课。当耕作时，不急之役一切停罢，无致妨农。公吏人等非必须差遣者，不得辄令下乡。仍禁约军马不以是何诸色人等，毋得纵放头匹，食践损坏桑果田禾，违者断罪倍还。"①此后，元成宗大德年间、元武宗至大年间、元仁宗延祐年间都有劝农桑之诏令下达，从政策上积极倡导以农桑为本。②

元代辽西农业的发展当有政策的原因，同时也得益于地方官的管理有方。蒙元初期兴平（平滦路）农业、手工业生产的恢复和发展，与伊吾庐人塔本家族几代人的积极作为分不开。前述已经提到，经历战火的兴平人口仅剩七百户，塔本为政，问民疾苦，为其地民众排忧解难，"薄赋敛，役有时""出己马以宽驿人；贷廉吏银，其子钱不能偿者，焚其券。农不克耕，亦与之牛，比岁告稔，民用以饶"③。可见，塔本关心当差人、吏民的生活，为兴平恢复生产生活秩序做切实的工作。其子阿里乞失帖木儿嗣父职，依然为兴平等处行省都元帅，他谨遵其父为政原则，"轻刑薄徭"，约束同僚不私役一民。阿里乞失帖木儿之子阿台被元宪宗蒙哥任命为平滦路达鲁花赤，他到任后，"请蠲银、盐、酒等税课八之一，细民不征"。元世祖朝，阿台朝见，由于诸侯王道出平滦，供给费银达七千五百两，户部不立即偿还，阿台就亲自向元世祖陈述，尽取偿还而归。至元十年，平滦发生饥荒，阿台下令发粟赈济饥民，有人有顾虑，他说："朝廷不允，愿以家粟偿官。"④就是因为有塔本、阿里乞失帖木儿、阿台这样敢于担当的官吏，才使兴平（平滦路）社会井然有序。

---

① 《元典章》卷2《圣政一·劝农桑》，陈高华、张帆、刘晓、党宝海点校，中华书局、天津古籍出版社2011年版，第53页。
② 《元典章》卷2《圣政一·劝农桑》，陈高华、张帆、刘晓、党宝海点校，中华书局、天津古籍出版社2011年版，第53—55页。
③ 宋濂等：《元史》卷124《塔本传》，中华书局1976年版，第3043—3044页。
④ 宋濂等：《元史》卷124《塔本传附阿里乞失帖木儿传、阿台传》，中华书局1976年版，第3044页。

三、区域手工业与商业面貌

手工业是元代重要的生产行业，由于工匠和资源的差异，各地手工业发展水平参差不齐，所生产的产品也有所不同，但各地区几乎都有服务于生产、生活的手工业行业，比如纺织、粮食加工、酿酒、冶铁、制盐、印刷业等。蒙元统治者自立国之初便重视网罗工匠，张德辉《岭北纪行》提及鱼儿泊公主（鲁国大长公主）离宫东面有民匠杂居，"稍成聚落"[1]。贾敬颜认为这些杂居的民匠，大概是鲁国大长公主也速不花的媵户，也就是斡陈驸马鲁王的投下户。[2]史书还频繁提到曾在平滦路造船。[3]为了应对征伐日本之需，至元年间平滦路成为重要造船基地。《元史·世祖纪》至元二十年五月记事有"纵平滦造船军归耕，拨大都见管军代役"[4]，说明当时造船属于军事任务，征调士兵服役。大宁路和永平路的纺织业为其地手工业重要行业，从《元史·百官志》相关记载可知，大宁路设有织染局，永平路设有纹锦等局提举司。[5]《元一统志》也提到："大宁路龙山县、利州、兴中州、建州皆土产丝䌷""和众、龙山二县、利州、惠州皆土产布。"[6]另外，兴中州、利州、惠州皆有冶铁，史载："兴中州有铁冶，在州西北九十里蓼子峪""利州有铁

---

[1] 张德辉：《岭北纪行》，见贾敬颜《五代宋金元人边疆行记十三种疏证稿》，中华书局2004年版，第342页。

[2] 贾敬颜：《张德辉〈岭北纪行〉疏证稿》，见贾敬颜《五代宋金元人边疆行记十三种疏证稿》，中华书局2004年版，第342页。

[3] 宋濂等：《元史》卷12《世祖纪九》至元十九年五月记事提到："庚辰，议于平滦州造船，发军民合九千人，令探马赤伯要带领之，伐木于山，及取于寺观坟墓，官酬其直，仍命桑哥遣人督之。"（中华书局，1976年，第243页）至元十九年九月有记载："壬申，敕平滦、高丽、耽罗及扬州、隆兴、泉州共造大小船三千艘。"（中华书局，1976年，第246页）至元二十年正月的记事提及："庚午，以平滦造船去运木所远，民疲于役，徙于阳河造之。"（中华书局，1976年，第250页）至元二十年三月有记载："御史台臣言：'平滦造船，五台山造寺伐木，及南城建新寺，凡役四万人，乞罢之。'诏：'伐木建寺即罢之，造船一事，其与省臣议。'"（中华书局，1976年，第252页）《元史》卷65《河渠志二》记载：至元三十一年省院官等议论漕运问题时也提到用平滦船。（中华书局1976年版，第1627页）

[4] 宋濂等：《元史》卷12《世祖纪九》，中华书局1976年版，第254页。

[5] 宋濂等：《元史》卷85《百官志一》，中华书局1976年版，第2151页。

[6] 孛兰肹等撰、赵万里校辑：《元一统志》卷2，中华书局1966年版，第209页。

冶，在州东南二百八十里牛口峪""惠州有铁冶二所。一在州西北二百三十里寺子峪，名滦阳冶；一在州东北六十里松棚峪，名宝津冶。皆办官课。"[①]《元史·食货志》所记产金之所、产银之所、产铜之所均提到辽阳行省的大宁[②]，且提到银课、铜课等征办机构，"（银）在辽阳者，延祐四年，惠州银洞三十六眼，立提举司办课"[③]。"（铜）在辽阳者，至元十五年，拨采木夫一千户，于锦、瑞州鸡山、巴山等处采之。"[④]《元一统志》还记载龙山县、兴中州有玛瑙场，玛瑙是岁贡特产。瓷窑分布地有利州、兴中州，其中，利州有瓷窑两处，一处在州西南棠叶务，一处在州东南感化庄。兴中州有白瓷窑一所，在州北面二十里笠子埚。至于造纸，兴中州和建州都有土产纸。[⑤]利州还有酿酒作坊，其地的满井水质很好，居民除了引其灌溉农田之外，"用之酿酒，其味尤佳"[⑥]。今赤峰市敖汉旗后合遗址征集有制酒铜冷却器。[⑦]

元代辽西地区商业发展的状况，史书提及不多，但从《元史·食货志》所列商税看，永平路和辽阳行省都有固定额数，商业也应有一定的规模。[⑧]《元史·朵尔直班传》的记事反映出辽阳行省的商业问题："寻出为辽阳行省平章政事，阶荣禄大夫。至官，询民所疾苦，知米粟羊豕薪炭诸货皆藉乡民贩负入城，而贵室僮奴、公府隶卒争强买之，仅酬其半直。又其俗编柳为斗，大小不一，豪贾猾侩得以高下其手，民咸病之。即饬有司厉防禁，齐称量，诸物乃毕集而价自平。"[⑨]据此可知，当时辽阳行省内州城人的生活物资大部分仰仗乡民贩卖。但由于强豪僮奴、公府隶卒欺压贩民，市场秩序比

---

① 孛兰肹等撰、赵万里校辑：《元一统志》卷2，中华书局1966年版，第208页。
② 宋濂等：《元史》卷94《食货志二》，中华书局1976年版，第2377—2378页。
③ 宋濂等：《元史》卷94《食货志二》，中华书局1976年版，第2379页。
④ 宋濂等：《元史》卷94《食货志二》，中华书局1976年版，第2380页。
⑤ 孛兰肹等撰、赵万里校辑：《元一统志》卷2，中华书局1966年版，第208—209页。
⑥ 孛兰肹等撰、赵万里校辑：《元一统志》卷2，中华书局1966年版，第217页。
⑦ 国家文物局主编：《中国文物地图集·内蒙古自治区分册（下）》，西安：西安地图出版社2003年版，第419页。
⑧ 宋濂等：《元史》卷94《食货志二》，中华书局1976年版，第2398页、2400页。
⑨ 宋濂等：《元史》卷139《朵尔直班传》，中华书局1976年版，第3358页。

较混乱，百姓深受其害，或买不到需要的物资，或价格不公平。这条史料也证实包括辽西地区在内的辽阳行省州城居民的物资需要多通过交换得来，但各地商业秩序的维持则依赖于地方官的整肃。需要指出的是，辽阳行省区域内各地区的商业发展因交通、物产和经商人口而有差异。比如前述提及的伊吾庐人阿台在元宪宗朝受命任平滦路达鲁花赤，到任后，"请蠲银、盐、酒等税课八之一，细民不征"①。说明平滦路商业在其经济部门中占有重要的地位。广宁路交通便利，为辽西辽东交通要冲，其地商贸发达，也有行商之人。程钜夫《太原宋氏先德之碑》就提到广宁民有"行贾高丽"者。②

四、文化教育、宗教、民俗的状况

辽西地区在辽金元时代一直是民族杂居之地，民风古朴，民俗杂糅，在一些有识之士的努力下，元代兴学活动和儒学教育蔚然成风，兼容并蓄的宗教政策也带动了宗教文化的传播。

（一）地方兴学活动的开展

辽西之地在金元更迭时多历战火，经济文化发展相应受到一定的影响。元仁宗时期辽阳行省移治懿州，"州弊陋，民不知学"。出任辽阳等处行中书省平章政事的王伯胜到任后，首先着手改变懿州学校局面，"为增郡学弟子员，择贤师以教之"③。元顺帝元统年间，辽阳懿州儒学教授田宗尹撰《懿州城南学田记》一文，文章反映懿州教育发展得益于地方官员的积极作为。④而永平路的地方州学同样由一些深明大义的官吏携手共建，元人张德《捐田碑记》记述了永平路经历杨有道及其父亲杨绍先两代人或购书或捐田"以畀

① 宋濂等：《元史》卷124《塔本传附阿台传》，中华书局1976年版，第3044页。
② 程钜夫：《程钜夫集》卷8《太原宋氏先德之碑》，王齐洲、温庆新点校，湖北人民出版社2018年版，第131页。
③ 宋濂等：《元史》卷169《王伯胜传》，中华书局1976年版，第3982页。
④ 田宗尹：《懿州城南学田记》，李修生主编《全元文》卷1610（第52册），凤凰出版社2004年版，第418—419页。

滦庠”的盛举。①元文宗朝任永平路总管的刘德温为善于教化一方的官员，《元史》其本传称：“永平当天历兵革之余，野无居民，德温为政一年，而户口增，仓廪实，遂兴学校以育人材，庶事毕举。”②另外，赤峰市克什克腾旗元应昌路故城东南一处建筑基址有汉白玉石碑两段，碑额阴刻“应昌路新建儒学记”八个篆字③，说明其地元代当为一处儒学。元人王旭《送康仁叔序》一文对驸马应昌公礼聘康仁叔为“师儒”之事的称扬④，证明处于偏远之地的应昌路，蒙古贵族也崇儒向学。正是由于地方有识之士重视兴学，其地才吸引儒学之士。程钜夫《故登仕郎蔚州安定县主簿冯君墓碣》所记冯善主，是一个至孝的读书人，他最初从学于张简之，听闻许文正公以经学教冑子，他徒步到京师从之学，后来得任平滦路儒学正。⑤

（二）宗教文化的传承与弘扬

元代的宗教政策具有包容性，教派众多。元人方回称：“今之世，三教并行，各师其师，各学其学。希圣贤，求神仙，分律论禅不同久矣。”⑥《经世大典·礼典》论及“三皇”有言：“三皇配天立极，有国家者，载诸祀典，礼亦宜之。”而论及“宣圣庙”则讲：“有国家者通祀仲尼于天下，其来尚矣。我国家定中国，庙祀如故，而学立焉。”⑦继承前代的礼仪，在元人看来是理所应当的，包括祭祀三皇、孔子。至于元朝对佛、道二教的崇尚，《经世大典·工典》的“僧寺”“道宫”有所阐明：“自佛法入中国，

---

① 张德：《捐田碑记》，李修生主编《全元文》卷451（第13册），江苏古籍出版社1999年版，第161页。
② 宋濂等：《元史》卷176《刘德温传》，中华书局1976年版，第4115页。
③ 刘志一：《元应昌路遗址》，《内蒙古文物考古》1984年第1期，第115页。
④ 王旭：《送康仁叔序》，李修生主编《全元文》卷606（第19册），江苏古籍出版社2000年版，第499页。
⑤ 程钜夫：《程钜夫集》卷18《故登仕郎蔚州安定县主簿冯君墓碣》，王齐洲、温庆新点校，湖北人民出版社2018年版，第303页。
⑥ 方回：《刘高士伯渊道云诗序》，李修生主编《全元文》卷214（第7册），江苏古籍出版社1998年版，第130页。
⑦ 赵世延、虞集等撰，周少川、魏训田、谢辉辑校：《经世大典辑校》第七《礼典》，中华书局2020年版，第200页、201页。

为世所重，而梵宇遍天下。至我朝，尤加崇敬，室宫制度咸如帝王居，而侈丽过之。或赐以内帑，或给之官币，虽所费不赀，而莫与之较。故其甍栋连接，簷宇翚飞，金碧炫耀，亘古莫及。吁，亦盛矣哉！""老子之道，以无为宗，虚为祖……举世崇尚，为之筑宫室，立台榭，固非一日。其教虽有正一、全真、大道之殊，而我朝尊宠之隆，则与释氏并。乃若琳宇之穹崇，璇宫之宏邃，皆出于国家经费而莫之靳，亦岂其道非常之所致欤？"[①]辽西之地的佛教文化在辽朝时较为昌盛，金朝承继了辽人的文化遗产，包括佛教文化，从王寂《辽东行部志》《鸭江行部志》所记佛寺、高僧看，金朝继续沿用辽朝兴建的佛寺，辽代高僧的事迹和辽人崇佛的故事在金代仍被人们广为传颂[②]。《元一统志》所述大宁路的古迹，包括辽金所建众多寺、观[③]，表明元人同样传承了辽金的宗教文化，佛寺、道观及奉祀神仙的庙宇随处可见[④]。长期以来宗教文化的熏染，当地官民大多有一定的信仰。延祐四年（1317）安西咸宁张智然大师来到上都路松州狮子崖（位于今内蒙古赤峰喀喇沁旗锦山镇西北），见其地"山明水秀，境物幽深"而创建龙泉寺[⑤]；平滦刘伯渊弃

---

① 赵世延、虞集等撰，周少川、魏训田、谢辉辑校：《经世大典辑校》第十《工典》，中华书局2020年版，第818页、819页。
② 王彦力、吴凤霞：《从金人王寂所记佛寺、高僧看辽金佛教文化传承》，《北方文物》2014年第3期，第65页。
③ 赵万里校辑的《元一统志》卷2所列大宁路古迹中，仅大定府的辽金寺、观就有：兴圣寺（金明昌六年建）、圆宗寺（辽统和二年建）、感圣寺（辽统和四年建）、咸圣寺（金皇统二年建）、崇宝寺（金皇统二年建）、太子寺（金贞元二年建）、楞严寺（金大定二年建）、大觉禅寺（金大定二年建）、尹国寺（金泰和元年建）、报圣寺（辽统和八年建）、净安寺（金皇统八年建）、传教寺（金皇统七年建）、白莲寺（金明昌六年建）、镇国寺（辽统和三年建）、玉清观（辽统和二年建）、华旸宫（辽统和二年建）等。（中华书局1966年版，第210-212页）
④ 依据《元一统志》，除了沿用前代的庙宇之外，元朝也陆续修建了很多庙宇，仅大定府就有：宣圣庙、三皇庙、城隍庙（甲申岁建）、崔府君庙（甲申岁建）、东岳庙（丁酉岁建）、三灵猴庙（乙酉岁建）、龙王庙（乙酉岁建）、义勇武安王庙（壬子岁建）、头陀禅院、五岳观、白鹤宫（庚子岁建）等。另外大宁县、龙山县、富庶县、惠和县、武平县、兴中州、高州、利州、惠州、建州等都有寺庙建筑建于元代。（孛兰肹等撰，赵万里校辑：《元一统志》卷2，中华书局1966年版，第210-216页）
⑤ 康建国、孙国军：《赤峰市国家级重点文物保护单位（19）——元代龙泉寺简介》，《赤峰学院学报》（汉文哲学社会科学版）2012年第4期，封二。

儒从老氏之道①；平州寂照禅师经历蒙金战乱，"在颠沛流离之际，未尝一改其度"②；刻于至正十五年（1355）的《大奉国寺庄田记碑》署名东营乡贡举人杜克中的撰文，证实大宁路义州奉国寺运转牵动众多人员③。他们都是虔心向佛、道之人，身体力行阐扬佛、道思想。

随着外来人口进入辽西地区，也里可温（景教）也传入其地。20世纪80年代初在内蒙古赤峰市松山区发现一也里可温瓷质碑，考古学者根据碑文推测，这块碑是元代松州城也里可温教徒墓地中的一块墓碑。④

（三）民风、民俗的变化

自唐代以来，辽西便有尚武之风，及至辽金元时期，武勇之风更盛。忽必烈潜邸旧臣姚枢论及兵卫就曾说："内地之民不习武事，不耐劳苦，第可使出财赋，以资国用。西京、北京诸路之民，习武耐劳，可尽复其差赋，充本路保甲屯田，使进有取，而出有归，可镇内窃以御外侮。"⑤这里所言"北京诸路"，就是包括原金朝北京路在内的北方地区。有元一代，游牧民的进入，其地尚猎之风又长。姚天福曾受命任职乌桓白霫故地，"民喜畜牧，习射猎，不事耕、学"，他积极谋求移风易俗，"教以稼穑、《诗》、《书》"，几年后，风气为之改变，"农勤士奋"。⑥区域社会风气的形成多积渐而成，但由于人们主观的努力，也会在短时间内有所改观。可见，人的因素在社会风气的养成过程中起着十分重要的作用。

---

① 方回：《刘高士伯渊道云诗序》，李修生主编《全元文》卷214（第7册），江苏古籍出版社1998年版，第130页。
② 李鉴：《寂照禅师道碑》，李修生主编《全元文》卷1705（第56册），凤凰出版社2004年版，第252页。
③ 杜克中：《大奉国寺庄田记》，见王晶辰主编：《辽宁碑志》，辽宁人民出版社2002年版，第58-59页。
④ 张柏松、任学军：《赤峰市出土的也里可温瓷质碑》，见内蒙古文物考古研究所编：《内蒙古文物考古文集》第一辑，中国大百科全书出版社1994年版，第672-676页。
⑤ 姚燧：《中书左丞姚文献公神道碑》，李修生主编《全元文》卷314（第9册），江苏古籍出版社1998年版，第580页。
⑥ 李术鲁翀：《大都路总管姚公神道碑铭》，李修生主编《全元文》卷1031（第32册），凤凰出版社2004年版，第348页。

伊吾庐人塔本及其子孙三代人在平滦任职，注重减轻民众负担，关爱吏民，以身作则，力图形成友好相助的官民关系。阿台为平滦路达鲁花赤时，因滦州为孤竹故国，而祭祀伯夷、叔齐，"以励风俗"①。在当时一些士人看来，平滦风俗确实受孤竹君和夷齐气节的影响。林景熙作《孤竹斋记》开篇称："按平滦在长城南，东薄海，古孤竹国也。自有虞氏营州，秦析而郡之，为辽西北平，汉以后，离合废置不常。非有高山大川与中州角雄胜，徒以孤竹君之化、夷齐二子之节流被至今，其俗质直而好义，男女无贵贱壹事耕织。"其文还提到燕人曾瑞卿言论："吾家世平州，祖、父皆学而仕，吾未离乳而徙于燕也。念孤竹吾自出，取而名斋，以示不忘。幸子广之。"②曾瑞卿念念不忘孤竹，可知其地乡风民俗多得孤竹君之熏染。伯夷、叔齐被平滦（永平）人敬仰，也是任职该地有识之士积极推扬的结果。《元史·刘德温传》记载："永平，古孤竹国也，国初，郡守杨阿台请于朝，谥伯夷曰清惠，叔齐曰仁惠，为庙以祠之，而祠礼犹未具也。德温请命有司春秋具牢礼致祭，从之，著为式，赐庙额曰圣清，士论韪之。"③《元一统志》所记永平路的风俗形势为："俗混华夷，人多刚鸷而尚才勇，勤农桑而俭衣食。""人尚义勇。节俭务农。"④好义，勤俭务农与前述孤竹遗风同，尚勇，人多刚鸷，则应是所谓"夷"俗的混入。

纵观蒙元经略辽西的历史，军事和政策移民占比依然最大，蒙古人入辽西，以及大统一背景下的人口自然流动，使其地民族构成较辽金两朝更复杂，区域内多元经济多种文化交融进一步深化。

---

① 宋濂等：《元史》卷124《塔本传附阿台传》，中华书局1976年版，第3045页。
② 林景熙：《孤竹斋记》，李修生主编《全元文》卷372（第11册），江苏古籍出版社1999年版，第58-59页。
③ 宋濂等：《元史》卷176《刘德温传》，中华书局1976年版，第4115页。
④ 李兰肸等撰、赵万里校辑：《元一统志》，中华书局1966年版，第67页。

第五章　辽金元辽西地区移民的影响

辽金元时期辽西地区移民的目的比较复杂，既有作为军事征伐一部分的人口迁徙，也有充实"内地"和新占领区，力图提升局部经济水平的移民，更有基于民族分化的民族迁徙，且有兼具两种甚至两种以上目的的移民。这些移民活动，往往规模较大，由军队或官府组织，均属于强制性移民。另外，因为灾害而发生的逃荒、因躲避战乱而出现的逃难，也会导致人口发生流动。辽金元辽西地区的移民所产生的影响当然也有多方面表现，除了前面阐述的不同时期的区域开发之外，本章试就政治军事目的、族际互动、民族融合、环境问题等影响予以归纳总结。

第一节　辽西移民的政治军事目标与民族融合

一、移民活动与统治秩序的构建

（一）辽代移民辽西的政治军事意图

在政权更迭之际和民叛发生之时，移民活动作为军事行动的一部分往往可以达到战胜攻取和维护新的统治秩序的军政目的。在契丹辽朝兴起过程中，伴随战争的移民活动比较多见。为了巩固军事征服的成果，减少抵抗的力量，人口是作为一种重要因素被考虑的。比如，辽初灭渤海国后，一些渤海人被陆续迁离家园，在辽东、辽西择地安置。辽朝迁徙渤海人的意图，耶律羽之在辽太宗即位之初所上表文有清楚的表达："先帝因彼离心，乘衅而动，故不战而克。天授人与，彼一时也。遗种浸以蕃息，今居远境，恐为后患……乘其微弱，徙还其民，万世长策也。"①耶律羽之关于迁移渤海人的倡议，防范渤海人的想法，代表了当时辽朝统治者对新征服民族力量消长的认识，也反映出他们推行民族迁徙的主要出发点。林荣贵研究认为："耶律阿保机和耶律德光接管（渤海）这一地区时，颇费一番心计。总的说，是采用了削弱两头利用中间的做法。所谓削弱两头，即是通过迁徙，瓦解原渤海王朝的上层势力及其社会基础……所谓利用中间，即对旧渤海王朝留下来的官员，大多予以留用。这种留用，并非让旧渤海国的官员直接到辽朝政府中任职，而是在旧渤海的政区范围内，建立了一个特殊的东丹国。"②的确，辽朝在灭渤海国后所进行的大规模移民，很大程度上减少了渤海人的抵抗，有效地维护了东丹国的稳定，实现了巩固军事征服成果和稳固区域统治的双重目的。除了迁徙渤海人，辽初的四出征伐使辽西地区汇聚了来自不同地区不同民族的大量人口。比如，《辽史·太宗纪》记载"（天显十二年正月）癸亥，遣国舅安端发奚西部民各还本土"③，奚民之本土当指奚人长期居住的奚地，位于老哈河流域一带。这些迁徙回本土的奚西部民本是在唐末五代之交南迁至妫州（治今河北怀来县官厅水库北岸）境内的奚人，他们被回迁是因为远离契丹不便控制④。而将一些辽西契丹人北迁至乌古人之地则是出于对周边民族加强监控的考量。辽太祖之后的诸位皇帝依然不时采取移民的方式，以实现对征服民族的控制，只是移民的数量和规模均不如辽初。可以说正是通过多次移民，维护了辽朝军事打击周边政权的成果，实现军事目的的同时，在辽朝腹心区域营造了多民族交错分布的新局面，从而构建起较为稳定的统治秩序。

（二）金代辽西移民活动与金朝的发展定位

金代辽西移民活动多与军政形势相关联。金初和金海陵朝一些女真人

① 脱脱等：《辽史》卷75《耶律觌烈传附羽之传》，中华书局2016年版，第1366页。
② 林荣贵：《辽朝经营与开发北疆》，中国社会科学出版社1995年版，第44—45页。
③ 脱脱等：《辽史》卷3《太宗纪上》，中华书局2016年版，第42页。
④ 参见吴松弟：《中国移民史》第四卷（辽宋金元时期），福建人民出版社1997年版，第81—82页。

进入辽西主要目的是镇戍要害之地；而迁入的契丹、汉人多来自边地，防止他们与耶律大石或宋朝联络是强令他们迁徙的主因。至于向四方迁徙的辽西人，其情形更为复杂，有随着军队迁离的，也有追随耶律大石而迁徙的，还有避兵逃离的，也有因调任他地而举家搬迁的。限于史料条件，金代辽西之地出入的人口不能做出准确统计，但可以肯定，总体状况绝对不同于辽朝，辽朝的辽西是各族人口汇聚之地，吸纳了来自四面八方的大量的人口，金代的辽西很可能出多进少。这是金朝发展定位决定的。

与辽朝不同，辽西地区在金朝已不再是政权的核心区域，且随着金朝政治中心的迁移，辽西北部逐渐边缘化，撒八、移剌窝斡为首的契丹人反叛之后更成为金廷防范的重点地区。

金代前期（1115—1153），立足于金源内地南向发展，辽西地区则为金朝南向经略的必经之地，地位比较重要。其中，辽上京和辽中京地区，在金初依然是保留辽遗民较多的地区，金朝统治者比较看重的显州和平州，地位也有所提升，前者被升为广宁府，后者一度升为南京。此时期无论是战争阶段，还是统治区域稳定时期，维持辽旧地（包括辽上京、中京、医巫闾地区）的安定都是金朝统治者特别在意的。

金代中期（1153—1214），从海陵王迁都燕京到金宣宗迁都汴京，60年间金朝从南向攻宋到防宋，战略发展的重点转向华北、中原。作为其北部地区的辽西之地呈现边缘化趋势。贞元元年（1153），海陵王正式迁都燕京（治今北京），且改燕京为中都，又把太祖、太宗陵墓和祖宗陵墓从上京迁至燕京的大房山。①

---

① 据《金史·海陵纪》，海陵王迁太祖、太宗陵墓及祖宗陵墓动用调动很多人参与其中，礼仪周详。贞元三年三月乙卯，"命以大房山云峰寺为山陵，建行宫其麓"。同年五月乙卯，"命判大宗正事京等如上京，奉迁太祖、太宗梓宫。丙寅，如大房山，营山陵"。同年六月乙未，"命右丞相仆散师恭、大宗正丞胡拔鲁如上京，奉迁山陵及迎永寿宫皇太后"。同年八月甲午，"遣平章政事萧玉迎祭祖宗梓宫于广宁"。同年九月戊申，"平章政事张晖迎祭梓宫于宗州。"同年九月丁卯，"上亲迎梓宫及皇太后于沙流河"。同年十月戊寅，"权奉安太庙神主于延圣寺，致奠梓宫于东郊，举哀。己卯，梓宫至中都，以大安殿为丕承殿，安置"。同年十一月乙巳朔，"梓宫发丕承殿"。"戊申，山陵礼成……丁卯，奉安神主于太庙"。正隆元年，"七月乙酉，命太保昂如上京，奉迁始祖以下梓宫……十月乙酉，葬始祖以下十帝于大房山"。（中华书局2020年版，第116—119页）

还将上京的宫殿、大族的宅院和储庆寺毁坏，并夷为耕地①，尤其强令猛安谋克南迁，女真豪门大族也相继迁入中都为中心的中原地区，并于正隆二年（1157）八月甲寅，废罢上京留守司②。金上京会宁府地位骤然下降，尽管金世宗大定年间曾恢复上京旧号和重新修复上京太祖庙和一些宫殿，对其地的建设有所拉动，但迁离金上京的大量人口并没有回归，上京的地位没有实质性的改变，中都依然为政治中心。可能因为金世宗大定二十四年（1184）巡幸上京之故，那一年的十一月，尚书省奏："徙速频、胡里改三猛安二十四谋克以实上京。"③这一奏请于大定二十五年四月甲子得到落实，"诏于速频、胡里改两路猛安下选三十谋克为三猛安，移置于率督畔窎之地，以实上京"④。可是，从根本上并没有改变金朝主要经略华北和中原的战略布局。徐秉愉认为："世宗朝上京的重要性，从政权的核心转为边防重镇，因为世宗种种针对女真族群与上京的政策，除了有意强化女真各阶层对皇室的向心力，更是积极面对契丹叛乱与蒙古各部挑战的边防措施。"⑤值得注意的是，海陵王正隆末年，撒八、移剌窝斡为首的大规模民叛，直接导致此后金朝对契丹人防范的升级。金朝动用重兵平定叛乱之后，通过削减契丹人武装力量，隔离契丹人区域间联系，倡导契丹与女真人通婚等多种手段来弱化契丹人力量。具体措施的实施当然也牵涉辽西契丹人。《金史·移剌窝斡传》述及平乱后的措施提到："契丹降人皆拘其器仗，贫不能自给者官为养济。"⑥大定三年（1163）八月戊寅，金世宗又发布诏令："罢契丹猛安谋克，其户分隶女直猛安谋克。"⑦对于这则诏令，《金史·完颜兀不喝传》有更详细的

①《金史》卷5《海陵纪》记载："（正隆二年）十月壬寅，命会宁府毁旧宫殿、诸大族第宅及储庆寺，仍夷其址而耕种之。"中华书局2020年版，第120页。

② 脱脱等：《金史》卷5《海陵纪》，中华书局2020年版，第120页。

③ 脱脱等：《金史》卷8《世宗纪下》，中华书局2020年版，第206页。

④ 脱脱等：《金史》卷8《世宗纪下》，中华书局2020年版，第206页。

⑤ 徐秉愉：《从"内地"到"边区"——金初至章宗朝上京地位的变化》，《台大历史学报》第39期2007年6月，第185页。

⑥ 脱脱等：《金史》卷133《叛臣·移剌窝斡传》，中华书局2020年版，第3017页。

⑦ 脱脱等：《金史》卷6《世宗纪上》，中华书局2020年版，第148页。

记载：

> 窝斡已平，诏罢契丹猛安谋克，其元管户口，及从窝斡作乱来降者，皆隶女直猛安谋克，遣兀不喝于猛安谋克人户少处分置。未经罢去猛安谋克合承袭者，仍许承袭，赈赡其贫乏者，仍括买契丹马匹，官员年老之马不在括限。顷之，世宗以诸契丹未尝为乱者与来降者一概隶女直猛安中，非是，未尝从乱可且仍旧。平章政事完颜元宜奏，已迁契丹所弃地，可迁女直人与不从乱契丹杂处。上以问右丞苏保衡、参政石琚，皆不能对。上责之曰："卿等每事先熟议然后奏，有问即对，岂容不知此。"保衡、琚顿首谢。上曰："分隶契丹，以本猛安租税给赡之，所弃地与附近女直人及余户，愿居者听，其猛安谋克官，选契丹官员不预乱者充之。"①

从这段记载看，括买契丹马匹，似乎也是削弱契丹人武装力量的一个举措，从完颜元宜的奏请，似乎平乱后也有一些契丹人被迁他处。大定三年发布的罢契丹猛安谋克诏令，后来金世宗又作了修正，将参与叛乱和未参与叛乱者分别对待，未从乱者可以仍旧。日本人外山军治认为："世宗改变废契丹猛安谋克的做法，希望那些没参与叛乱的契丹人站在金朝一边，像从前那样担当西北边的防务。"②从这个意义上说，金世宗修正后的措施所导致的契丹人分化对金朝的统治更加有利。

至于大规模对西北部契丹人进行移民是在平乱十余年后内外局势都比较平稳的背景下进行的。《金史·兵志》记载：

> 及大定之初，窝斡既平，乃散契丹隶诸猛安谋克。……十七年，又以西南、西北招讨司契丹余党心素狠戾，复恐生事，它时或有边隙，不为我用，

---

① 脱脱等：《金史》卷90《完颜兀不喝传》，中华书局2020年版，第2121页。
② 外山军治著，李东源译：《金朝史研究》，黑龙江朝鲜民族出版社1988年版，第76页。

令迁之于乌古里石垒部及上京之地。①

也就是说，夵剌窝斡叛乱平定的初期，只是把契丹人分散安置于诸猛安谋克中，直到大定十七年，才有迁徙之举。

《金史·纥石烈良弼传》言及：

上欲徙窝斡逆党，分散置之辽东。良弼奏："此辈已经赦宥，徙之生怨望。"上曰："此目前利害，朕为子孙后世虑耳。"良弼曰："非臣等所及也。"于是，以尝预乱者，徙居乌古里石垒部。②

从金世宗和纥石烈良弼的对话看，赦宥从乱者是为了社会的安宁，迁徙更是为了金代社会长久的稳定。尽管西北路的契丹民也有迁入辽西利州、临潢府等地的，但从《金史》记载看，金上京地区、乌古里石垒（分布于嫩江流域③）、泰州、济州似乎迁入更多，这从金世宗派重要官员监护迁徙西北部契丹人往上京、济州可得证明。据《金史·唐括安礼传》记载，金世宗所派迁徙西北部契丹人的官员来自枢密院、吏部、翰林国史院等，而且任命兵部郎中移剌子元充任西北路招讨都监，并诏谕移剌子元说："卿可省谕徙上京、济州契丹人，彼地土肥饶，可以生殖，与女直人相为婚姻，亦汝等久安之计也。卿与奥也同催发徙之。仍遣猛安一员以兵护送而东，所经道路勿令

① 脱脱等：《金史》卷44《兵志》，中华书局2020年版，第1064页。
② 脱脱等：《金史》卷88《纥石烈良弼传》，中华书局2020年版，第2076页。大定十七年迁徙西北路契丹民户至乌古里石垒部之事，《金史》卷7《世宗纪中》的记载有所不同："诏西北路招讨司契丹民户，其尝叛乱者已行措置，其不与叛乱及放良奴隶可徙乌古里石垒部，令及春耕作。"（中华书局2020年版，第184页）
③ 程妮娜认为："辽朝灭亡后，契丹族成为金朝统治下的主要民族之一。除了散居在各地的契丹人之外，西拉木伦河与老哈河流域仍然是契丹、奚族的聚居地，在其北面嫩江流域分布着归属金朝的乌古、迪烈等游牧部族。"（《金朝西北部契丹等游牧民族的部族、纥制度研究》，《吉林大学社会科学学报》2007年第3期，第61页）

与群牧相近，脱或有变，即便讨灭。俟其过岭，卿即还镇。"①可见，契丹人安置地的选择既考虑到实际土地状况，更考虑到各族分布的因素。金上京路、济州都是女真人聚居区，因此，金大定年间分散安置的契丹人应以这两地为多，也就是尽量避免迁其至契丹人原居地。在金世宗看来，"俾与女直人杂居，男婚女聘，渐化成俗，长久之策也"②。而且，根据形势的变化，金代中期进一步调整了辽西地区的行政建置。具体说来，辽西地区京一级的行政单位由上京、中京两个，调整后仅留一京：北京，且下辖府州县增少废多（多数州废为县，少数由县升为州）；辽西地区作为军事组织和行政机构的猛安谋克也经历了省并废罢的过程，在金熙宗朝取消汉人、渤海人猛安谋克的基础上，金世宗曾将契丹人猛安谋克归入女真猛安谋克组织，使契丹猛安谋克时时受到女真人的监视，后来又觉得不妥，"未尝从乱可且仍旧"③。至于金章宗朝金朝北边的防御，徐秉愉认为："无论是筑壕障或是出塞进击，可以发现上京几乎不再被提及。北京大定府成为对北方用兵时，统帅行尚书省事之地，而临潢府与东北路招讨司的泰州则为对北方用兵的重镇……上京由金初的'内地''国中'转而为'边区'，意味着朝廷与女真兴王之地的疏离。"④徐秉愉是从上京地位变化的角度考察了金代迁都后北部政治地理的变化，其实与上京地位变化相关联，位于辽西之地的临潢府路和北京路也成为北境防御前线，北京路大定府取代上京成为中都以北的军事指挥中心，可以说金上京及辽西地区均已成为边区。金章宗朝以后，北部边防线压力越来越大，大安三年（1211）的会河堡之战，居庸关失守，蒙古军已把中都视为攻取的目标，《元史·太祖纪》关于此年的战事记载提到：

---

① 脱脱等：《金史》卷88《唐括安礼传》，中华书局2020年版，第2087页。
② 脱脱等：《金史》卷88《唐括安礼传》，中华书局2020年版，第2086—2087页。
③ 脱脱等：《金史》卷90《完颜兀不喝传》，中华书局2020年版，第2121页。
④ 徐秉愉：《从"内地"到"边区"——金初至章宗朝上京地位的变化》，《台大历史学报》第39期2007年6月，第226页。

二月，帝自将南伐，败金将定薛于野狐岭，取大水泺、丰利等县。金复筑乌沙堡。秋七月，命遮别攻乌沙堡及乌月营，拔之。八月，帝及金师战于宣平之会河川，败之。九月，拔德兴府，居庸关守将遁去。遮别遂入关，抵中都。冬十月，袭金群牧监，驱其马而还。耶律阿海降，入见帝于行在所。皇子术赤、察合台、窝阔台分徇云内、东胜、武、朔等州，下之。[①]

《蒙古秘史》《史集》《圣武亲征录》等也有关于这一年蒙古攻金的记载，可以明确的是，成吉思汗率领蒙古军首次攻金就直奔金朝中都而来，没有攻金上京，也没有攻金北京，金野狐岭（今河北省张家口市张北县南万全区北的土边坝上[②]）和会河堡（今河北省张家口市怀安县境内[③]）成为战场。金上京留守徒单镒不得不派军驰援。此后的两年，蒙古军不时用兵燕云之地，至元太祖八年（1213），"河北郡县尽拔，唯中都、通、顺、真定、清、沃、大名、东平、德、邳、海州十一城不下"[④]。形势的发展，使中都也成为蒙金交战的最前线，辽西之地自然也面临来自蒙古的军事攻伐。

金末，从金宣宗贞祐二年（1214）至金亡，金朝的政治中心南迁至南京。由于金宣宗缺乏控驭局势的能力，得过且过，北面防御不力，不得不向南退守。维持日益缩小的国土已很艰难，金军却与西夏和南宋纷纷开战，所谓"兵力既分，功不补患"[⑤]。之后，金哀宗虽然努力作为，但金朝衰亡之势却不可逆转。金末的二十年，中都已放弃固守，辽西之地更加难以顾及。

综上，金朝移民迁入地在前期主要为"内地"（金上京地区），后期则是中都及中原地区。因此，金代辽西地区的发展定位有别于辽朝，以防范反叛和加强控制为主。虽然辽朝已亡，但辽遗民数量也是金朝不敢疏忽和轻视

---

① 宋濂等：《元史》卷1《太祖纪》，中华书局1976年版，第15页。
② 李瑞杰、肖守库：《蒙金野狐岭、会河川战役考》，《学术交流》2006年第8期，第181页。
③ 李瑞杰、肖守库：《蒙金野狐岭、会河川战役考》，《学术交流》2006年第8期，第181页。
④ 宋濂等：《元史》卷1《太祖纪》，中华书局1976年版，第17页。
⑤ 脱脱等：《金史》卷16《宣宗纪下》"赞曰"，中华书局2020年版，第400页。

的重要力量，加之辽西地区本为辽朝腹心之地，金朝对这一地区的民众采取了安抚与防范并用的政策，贯彻这样的政策的结果，导致辽西地区没能延续辽朝优先发展的态势，转而成为军事防御的前沿。从这一点上看，辽金易代对辽西区域发展的影响还是比较大的。

（三）蒙元时期辽西移民与经略辽西

蒙元时期辽西地区的移民主要呈现以下两种情形：

其一，人口迁徙常与军事行动相伴，是军事活动的组成部分。蒙金交战之初，契丹人耶律留哥趁乱募兵十几万自立，"威震辽东"[①]，其所募兵自然包括辽西地区的人。可以说他的募兵独立，已经引起了包括辽西地区在内的辽河东西人口的流动。他往依蒙古后，其下属可特哥、耶厮不率领兵众反叛，他又引领蒙古军数千人往取家挐，招抚懿州、广宁一带人口迁往临潢府居住，目的当是防止可特哥、耶厮不等以复国为号召招募那里的契丹民为兵。这次所引发的移民应当以契丹人为主，只是这批移往临潢府的人口属于辽西区域内部的迁徙。契丹人石抹也先在成吉思汗起兵朔方时就主动归附，随着蒙古军转战辽西辽东，降而复叛的张致被杀，石抹得以统领张鲸、张致兄弟私养的敢死之士（黑军）约一万二千人。这些人多来自辽西，后来随着军事行动被派往真定、固安、太原、平阳等地，并参与了南征。这是募自辽西的又一批不断转徙他处的军队，是战争使他们离开故土。此外，辽西也接纳了一定数量外来兵将。第四章已提到，元世祖中统三年敕令元帅阿海分兵戍守平滦海口、广宁、懿州等地，《元史·世祖纪》关于至元年间的记事也提及北京、豪州、懿州等皆有戍守的军队。元英宗朝也曾调动五卫汉军二千人到大宁等路创立屯田。这些人口的迁移无疑与蒙元经略辽西的战争分不开。

其二，人口流动与民族统治加强有关。最初进入辽西的蒙古人是军队

---

① 宋濂等：《元史》卷149《耶律留哥传》，中华书局1976年版，第3511页。

的兵将，木华黎指挥下的蒙汉军队控制辽西的一些地区后，除了戍守在要地的军队，蒙元的最高统治者还把一些地方分配给立有功勋的蒙古贵族家族作为封地，这使辽西地区的移民与家族势力的发展联系起来。有文献表明大宁路是札剌亦儿部木华黎一系封地所在，懿州是蒙古贵族孛秃家族亦乞列思氏的封地，广宁路是成吉思汗弟弟别里古台的分地之一，应昌路和全宁路则是蒙古弘吉剌部族的封地。此外，平滦路（永平路）长期以来都是蒙古王公贵族食邑分布之地，元世祖朝的亲王塔察儿、乃颜，元武宗以后的弘吉剌部都曾有食邑在那里。上述这些地方因此成为了札剌亦儿部木华黎一系、孛秃家族、别里古台家族、弘吉剌部族、塔察儿家族、乃颜家族等多个皇亲国戚的势力范围，他们的受封也是蒙元加强对辽西民族统治的具体体现之一。当然也有一些蒙古王公贵族野心膨胀，成为分裂与对抗元廷的势力。

需要说明的是，蒙元时期的移民中也有因任职为官而落籍或安家于辽西地区者。第四章提及的全州张氏家族、伊吾庐人塔本家族等都属于此种情况，但这些移民在辽西移民中所占比例不大。总体上看，元代辽西地区较大规模的人口变动很大程度上与蒙元进攻辽西、控制辽西的军事活动有关联，无论是与金军交战，还是对抗割据势力、镇压反叛势力都引起了一定区域内人口的变化，而蒙古人的进入通过武力开拓与家族分地相结合，使辽西地区重要的路、州成为朝廷和贵族双重控制之地。

通观辽金元三朝辽西地区移民史，出发点虽不尽相同，但军事政治力量对移民活动的干预普遍较大，这是辽金元三朝辽西移民的共同点。

二、民族杂居与民族融合

（一）10—14世纪中期辽西民族分布的变化

辽朝辽西的大规模吸纳外来移民，使地区民族分布出现新的变化。辽上京地区迁入汉人、渤海人人数较多，其他北方民族和部族也有一些。为了监控各族移民，辽朝有意识地采取交错分布的安置方式。《辽史·地理志》对此有所反映。比如，长泰县，"本渤海国长平县民"，辽太祖攻伐大諲譔，将其民迁于"京西北"，使其"与汉民杂居"；潞县，辽太祖攻蓟州，掠得潞县民，安置于"京东"，令其"与渤海人杂处"。①辽中京及其统辖区域，原本为奚、霫之地，兴中府在唐时为营州，本是北方胡人主要聚居地，辽代这些地方又迁入汉户、诸国俘户，以及辽东豪右（多数为渤海大户），继续保持多民族杂处的分布格局。宋使所作《行程录》对所见民族分布多有记述，路振称："自通天馆东北行，至契丹国三十里，山远路平，奚、汉民杂居益众。"②其中，契丹国指的就是辽中京大定府。宋绶在其所撰《契丹风俗》中，记述所见"奚境"（即古北口到辽中京一带）的情形，"所在分奚、契丹、汉人、渤海杂处之"③。宋人苏颂有诗句："拥传经过白霫东，依稀村落见南风。"④这是对"归畎亩"的"边氓"（即耕奚田的定居人口）的记述。他所作《牛山道中》一诗描述了农牧民交错杂居生产生活的繁忙景象。⑤鹿儿馆，是宋使驿路上的一个驿馆，苏颂在那里见到了契丹车帐，看到了契丹人全家宿于坡坂，诗人于是有了"行营到处即为家，一卓穹庐数乘车。千里山川无土著，四时畋猎是生涯"的诗句。⑥辽西走廊滨海地区在辽代移入的人口以汉人、渤海人、女真人为主，也有一些契丹人。比如，锦州为辽太祖时以汉俘所建州城，辽圣宗朝，又迁入兴州（治今辽宁铁岭县西南53里新台子镇懿路村城址）的汉户、渤海户，并于锦州附近建岩州。⑦太平年间，由于安置女真饥民而置来州。来州下辖的三州（隰州、迁州、润州）均为辽圣宗朝移民建置。⑧医巫闾地区是契丹人较早控制的区域，向南认为耶

① 脱脱等：《辽史》卷37《地理志一》，中华书局2016年版，第497-498页。
② 路振：《乘轺录》，赵永春编注：《奉使辽金行程录》（增订本），商务印书馆2017年版，第18页。
③ 宋绶：《契丹风俗》，赵永春编注：《奉使辽金行程录》（增订本），商务印书馆2017年版，第33页。
④ 苏颂：《奚山道中》，赵永春编注：《奉使辽金行程录》（增订本），商务印书馆2017年版，第86页。
⑤ 苏颂：《牛山道中》，赵永春编注：《奉使辽金行程录》（增订本），商务印书馆2017年版，第87页。
⑥ 苏颂：《契丹帐》，赵永春编注：《奉使辽金行程录》（增订本），商务印书馆2017年版，第87页。
⑦ 脱脱等：《辽史》卷39《地理志三》，中华书局2016年版，第552页。
⑧ 脱脱等：《辽史》卷39《地理志三》，中华书局2016年版，第553-554页。

律倍及其家族与之关系密切，那里不仅有耶律倍家族的墓地，也应为其家族的领地，宜州、间州早期都应是耶律倍家族的头下城。[①]辽世宗朝，在医巫间地区移民建置海北州和显州，所以医巫间地区在辽初也成为汉、契丹、渤海等族杂居之地。从辽代移民并没有在辽上京、中京、辽西走廊滨海地区、医巫间地区等移民集中地区形成较大的反抗看，不同民族杂居的安置方式确实有利于区域安定局面的形成。尽管强制性迁徙也会引发一定量的迁移人口逃亡，但大部分移民会留居下来。《贾师训墓志》记述了他反对迁奚地汉民的意见："自松亭已北距黄河，其间泽、利、潭、榆、松山、北安数州千里之地，皆霄壤也。汉民杂居者半，今一部之民可徙，则数州之人尽可徙矣。然则恐非国家之利，亦如辽东旧为渤海之国，自汉民更居者众，讫今数世无患，愿陛下裁察。"[②]从他申明的理由可以看出，辽代辽东、辽西民族杂居在维护地方稳定方面的效果显著。

金代的辽西之地，经过辽金更迭时期战火的洗礼，强制移民和自主移民活动同样带来民族分布的新变化，虽然那里仍然是契丹、奚人的聚居地，但其精锐或损失或迁离，其地的汉人、渤海人，大多数是辽代从中原和辽东迁徙而来，他们自五代以来迭经政权变更，处变不惊，较易于同新政权合作，又有新迁入的女真猛安谋克户，多民族杂居的局面较辽代更趋复杂。而且金朝也根据形势变化不断调整辽西境内人口，陆续使一些原居人口迁离，致使辽西地区人口分布处于动态变动中。由于金代辽西地区一些契丹人依然保持游牧传统，他们也成为守边的最佳人选。金朝的西北和辽西的游牧环境，女真人并不熟悉，一向以来金朝都是仰仗契丹等游牧民族和部族守卫，所以金朝统治者虽然知道契丹人有野心，却也不得不用他们，西北边契丹人反叛后，将他们分散安置，其中也有部分迁入临潢府，大概出于无奈。金章宗明

① 向南：《辽代医巫间地区与契丹耶律倍家族的崛起》，《社会科学辑刊》1994年第1期，第101-102页。
② 杨□：《贾师训墓志》，周阿根校注：《辽代墓志校注》，天津古籍出版社2022年版，第486页。

昌年间，北边的胡疕纥叛乱，招抚后安置其"屯临潢"①。金代临潢府路临近边地，是防御西北蒙古诸部的重镇，屯兵数量较多。明昌年间，完颜襄经略北边，安定边陲后，回到临潢，有"减屯兵四万，马二万匹"②之举。金代纥军是以契丹人为主而专当边防之任的军事组织③，金末西北局势的严峻，承安年间信州契丹群牧的叛乱、边地纥军的反叛都使金朝一些官员出于边境安全的考虑，而采取就近监视的措施。《金史·内族襄传》记载："方德寿之叛，诸纥亦剽略为民患，襄虑其与之合，乃移诸纥居之近京地，抚慰之。或曰：'纥人与北俗无异，今置内地，或生变奈何？'襄笑曰：'纥虽杂类，亦我之边民，若抚以恩，焉能无感？我在此，必不敢动。'后果无患。"④可见，为了防止纥军与信州（治今吉林公主岭市西北73里秦家屯镇古城）叛乱的契丹群牧联合，而将其迁至京师，按金章宗承安年间的京师当指金中都。需要指出的是，金代中后期对于北京路及西北边地的经略主要依靠人治，耨盌温敦兀带，在大定初年为北边行军都统，当时移剌窝斡叛乱刚刚平定，人心未安，他行事很谨慎，史称："为治宽简，多备御，谨斥候，边郡以宁。"⑤金章宗统治时期，夹谷清臣"措画乖方"，而完颜襄管理有法，当然，完颜襄在明昌、承安年间采取的防范措施不是一味地镇压，而是对叛乱者剿抚结合，对降附的叛乱者多加抚慰，力求以恩德感化他们。

金末蒙元初期的战乱开启又一轮的人口迁徙，整个蒙元时期，辽西地区的人口迁移主要表现为契丹、奚人的流动，蒙古人的进入，以及各族官吏的任职迁入。其中，契丹、奚人的迁徙与金末耶律留哥集众独立及依附蒙元政权有关，蒙古人的进入与军事驻扎和封王分民相联系，汉官、色目官员则是基于构建新的社会秩序的需要。辽西民族分布的格局在辽金的基础上又有一

---

① 脱脱等：《金史》卷94《内族襄传》，中华书局2020年版，第2217页。
② 脱脱等：《金史》卷94《内族襄传》，中华书局2020年版，第2219页。
③ 参见箭内亘著，陈捷、陈清泉译《辽金纥军及金代兵制考》，山西人民出版社2015年版，第14页。
④ 脱脱等：《金史》卷94《内族襄传》，中华书局2020年版，第2218页。
⑤ 脱脱等：《金史》卷84《耨盌温敦兀带传》，中华书局2020年版，第2005页。

定的变动。

（二）多民族杂居与民族融合

辽西地区自先秦就有外来人口，秦汉以后逐渐成为多民族杂居之地，辽金元时期，其地移民的主角有变化，民族分布常有调整，但多民族杂居的格局始终保持。由于各族长期共处，生产方式、生活习惯、风俗信仰相互渗透、彼此影响，各自的民族特性越来越不明显，民族间的重组和融合也因此出现。辽代辽西民族杂居所带来的民族融合既有血缘层面的，也有文化层面的。前者是通过通婚达到的，后者则是长期共处浸染与模仿的结果。辽朝皇帝不反对不同民族之间通婚，史载，耶律倍子平王耶律隆先，其母大氏[1]，当为渤海大氏。辽朝皇帝也娶其他民族女子为妃嫔，辽世宗甄妃为后唐宫人，很可能是汉人[2]。辽圣宗后宫非契丹女性更多，开泰二年春正月的记事中就提到："以马氏为丽仪，耿氏淑仪，尚寝白氏昭仪，尚服李氏顺仪，尚功艾氏芳仪，尚仪孙氏和仪。"[3]齐伟研究证实契丹贵族与汉族官吏的通婚更是普遍[4]，因为辽太宗在会同三年十二月丙辰就明确下诏："契丹人授汉官者从汉仪，听与汉人婚姻。"[5]其实这里也显示出文化认同。辽代的契丹君主虽然坚守民族文化传统，普遍精于骑射，但对其他民族文化能持包容和尊重的态度，他们的文化追求直接影响各民族交往，加之长期以来的多民族杂居共处，文化习俗彼此浸染，汉人、渤海人出现契丹化现象，一些深受信任的汉族大族更是被辽朝最高统治者视为契丹人，比如玉田韩氏家族成员。刘浦江认为："韩氏是一个已经彻底融入契丹人社会，并且是最典型的契丹化了的汉人家族。"[6]同是迁居于霸州（兴中府）的耿氏，在耿崇美之父耿去赋时

① 脱脱等：《辽史》卷72《宗室传》，中华书局2016年版，第1335页。
② 脱脱等：《辽史》卷71《后妃传》，中华书局2016年版，第1321页。
③ 脱脱等：《辽史》卷15《圣宗纪六》，中华书局2016年版，第189页。
④ 参见齐伟：《辽代汉官集团的婚姻与政治》，科学出版社2017年版，第37—53页。
⑤ 脱脱等：《辽史》卷4《太宗纪下》，中华书局2016年版，第53页。
⑥ 刘浦江：《试论辽朝的民族政策》，见刘浦江《辽金史论》，辽宁大学出版社1999年版，第37—38页。

"将家入国"，耿崇美因"善于转译"而被辽太祖选为"通事"。①《耿延毅墓志》也言及其祖父耿崇美"晓北方语"而被授予"国通事"。②通事，《辽史》没有言及其职责，《资治通鉴·后晋纪》天福二年二月胡三省注有记述说："契丹置通事以主中国人，以知华俗、通华言者为之。宋白曰：契丹主腹心能华言者目曰通事，谓其洞达庶务。"③通事，属于近臣，以兼通契丹语与汉语者为之。除了耿崇美，耿家还有多人曾任通事，如耿崇美长子耿绍基任太后宫通事，耿崇美的四子耿绍邕也曾任过国通事。④耿延毅的儿子耿知新，"自孩幼习将相艺，识番汉书"⑤。另外，耿家也与契丹贵族和契丹化的韩氏家族联姻。据齐伟统计，耿家连续三代都娶耶律氏为妻，耿崇美妻耶律氏，耿绍忠妻耶律氏，耿绍纪妻为韩匡嗣女，即赐姓耶律的韩家。耿延毅两妻都是出自韩家，而耿绍忠的女儿入辽圣宗耶律隆绪后宫。⑥显然，耿氏家族在很大程度上已契丹化。另外，奚族在辽朝很受重视，归附后"拟于国族"⑦，奚族与契丹在语言习俗上相通，据《金史·奚王回离保传》，"奚有五王族，世与辽人为昏，因附姓述律氏中"⑧，两族的差别因通婚越来越小。至金朝，金人已视奚人为契丹。⑨不仅仅统治上层各族之间联系交往普遍，上行下效，各族普通百姓的文化交流，相互熏染也表现在多个方面，诸如服饰、发式、语言、心理等。宋使苏颂进入奚地就感受到燕蓟汉族移民的变化，他在《和晨发柳河馆憩长源邮舍》中有诗句："服章几类南冠系，星土难分列宿缠。安得华风变殊俗，免教辛有叹伊川。"并在这后一句后有

① 王晓：《耿崇美墓志》，周阿根校注：《辽代墓志校注》，天津古籍出版社 2022 年版，第 29 页。
② 李万：《耿延毅墓志》，周阿根校注：《辽代墓志校注》，天津古籍出版社 2022 年版，第 169 页。
③ 司马光：《资治通鉴》卷 281 "后晋纪二·高祖天福二年"，中华书局 2011 年版，第 9298—9299 页。
④ 王晓：《耿崇美墓志》，周阿根校注：《辽代墓志校注》，天津古籍出版社 2022 年版，第 30 页。
⑤ 王知微：《耿知新墓志》，周阿根校注：《辽代墓志校注》，天津古籍出版社 2022 年版，第 192 页。
⑥ 齐伟：《辽代汉官集团的婚姻与政治》，科学出版社 2017 年版，第 73—74 页。
⑦ 脱脱等：《辽史》卷 45《百官志一》，中华书局 2016 年版，第 799 页。
⑧ 脱脱等：《金史》卷 67《奚王回离保传》，中华书局 2020 年版，第 1687—1688 页。
⑨ 《金史》卷 91《萧怀忠传》记载，因撒八反，萧怀忠等追击不及，海陵王怀疑萧怀忠与他们联合。其实萧怀忠为奚人，但海陵眼中他们就是契丹人，不作区别对待。（中华书局 2020 年版，第 2147 页）

注曰："敌中多掠燕、蓟之人，杂居番界，皆削顶垂发以从其俗，惟巾衫稍异，以别番汉耳。"①这表明汉人受契丹人的影响，在发式和服饰上已经入乡随俗了。"衣服渐变存语言"②，苏辙的概括十分准确。可以说宋使真真切切感受到居奚地汉人的习俗变化。苏颂在过奚山路时更看到了多民族文化的交融，其《奚山路》有诗句："行尽奚山路更赊，路旁时见百余家。风烟不改卢龙俗，尘土犹兼瀚海沙。朱板刻旗村肆食，青毡通幰贵人车。皇恩百岁如荒憬，物俗依稀欲慕华。"③

在辽代民族文化融合的基础上，金代辽西之地的各民族彼此之间的影响还在继续，尽管民族意识依然存在，也存在着民族等级差别，而且朝代更迭也使不同民族的地位发生了改变。渤海人在辽朝为防范反叛的对象，但金朝自立国之初就把渤海人视为联合的族类，渤海世家与女真皇室长期联姻，契丹人在辽朝为统治民族，在金朝则转化为被统治和防范的对象，在新的时代，与契丹族有共同语言习俗的奚族与其距离进一步拉近，随着女真、渤海、契丹、奚等民族与汉人的接触日多，逐渐接纳汉人的文化习俗，多民族重新组合和融合在中原、辽东、辽西的大部分地区上演。具体表现是，有着共同历史文化基础的契丹、奚人在金朝已被一些统治者视为同类。契丹人集中聚居的地区是金朝的西北边、西南边和辽西地区，但随着猛安谋克南迁至中原地区，各族人口（包括辽西契丹人在内）都在不断分流，这从姓氏的变化可见一斑，夏宇旭研究认为："辽亡后，归附金朝的契丹人姓氏开始出现新的变化，少数契丹人采用完颜姓。金世宗时契丹人的姓氏出现重大变化，以移剌、石抹姓逐渐取代耶律和萧姓，同时还有很多契丹人采用汉姓。"④其实，少数改完颜姓的契丹人为金政权的发展立过功，他们得到金廷的认可，

---

① 苏颂：《和晨发柳河馆憩长源邮舍》，赵永春辑注《奉使辽金行程录》（增订本），商务印书馆2017年版，第81页。
② 苏辙：《出山》，赵永春辑注《奉使辽金行程录》（增订本），商务印书馆2017年版，第128页。
③ 苏颂：《奚山路》，赵永春辑注《奉使辽金行程录》（增订本），商务印书馆2017年版，第88页。
④ 夏宇旭：《金代契丹人研究》，中国社会科学出版社2014年版，第122页。

也获得了较高的政治地位，某种程度上走在女真化的道路上；被迫改变原有姓氏的大部分契丹人的政治地位较低，这部分人中的一些人为了减少歧视干脆改为汉姓。《元史·王珣传》记载，他原本应姓耶律，为辽世大族，在金朝正隆末年移剌窝斡叛乱时，其祖父避难于辽西，改姓王，从此为义州人。[①]这是发生在辽西的改姓案例。契丹人改汉姓，久而久之便成为汉人了，尤其是迁离故土和汉人长期杂居共处能说汉语的契丹人。金代汉化的女真人多是离开原居地者，他们与众多的汉人长期接触，本民族语言、文字很少使用，而且金末民族矛盾的爆发加剧了女真人汉化的速度，为避免遭到其他民族乘乱报复，一些女真人改汉姓隐藏其身份以避难他乡。

元人的民族划分不完全依据血统，地域、语言都是区别民族的要素。一般认为，元朝境内的各民族被分为四大类：蒙古、色目、汉人、南人。这四类人的区分并不是纯粹民族性的区别，也兼及区域分布和归附蒙元统治的先后等因素，即将成吉思汗统一的蒙古诸部及周邻各部统称为蒙古人，学者认为蒙古人包括三部分人：其一是与成吉思汗皇室出于共同祖先的尼鲁温蒙古人，有兀鲁、忙兀、泰赤乌、札只剌（札答阑）等二十余部；其二是被称为迭列列斤的蒙古人，有弘吉剌、亦乞烈思、兀良合等十余部；其三，是札剌亦儿、塔塔儿、蔑儿乞、斡亦剌、克烈等部。[②]元代将西域至欧洲一带居住的各色名目之人统称为色目人[③]，而将原金地的人称为汉人，原南宋人统称为南人[④]。其中的"汉人"按照元人陶宗仪《南村辍耕录》"氏族"条列有"汉人八种"，包括契丹、高丽、女直、竹因歹、术里阔歹、竹温、竹赤歹、渤海。[⑤]的确，在蒙古人眼中，契丹人属于"汉人"。蒙思明认为："其中无狭

① 宋濂等：《元史》卷149《王珣传》，中华书局1976年版，第3534页。
② 丁国范：《元代的四等人制》，《文史知识》1985年第3期，第63页。
③ 蒙思明：《元代社会阶级制度》，上海人民出版社2006年版，第42页。
④ 赵翼：《廿二史札记》卷28"金元俱有汉人南人之名"，王树民校正本，中华书局1984年版，第630页。
⑤ 陶宗仪：《南村辍耕录》，中华书局1959年版，第13-14页。

义之汉人，显系遗漏。"他也说："陶氏所举之八种人中，除应加入狭义之汉人外，女直、契丹、高丽、渤海，可无问题。如至元二十一年，定军官格例，明定女直、契丹同汉人；高丽则有请求待遇同于色目之陈情表，则高丽自非色目；渤海系女直之一种，待遇当亦不致互异；可为明证。至其余之四种，则不见于任何记载，其正确与否，无从考见；亦因其不见于记载，则正确与否皆可无碍。是汉人内容之一问题，较为简单，赵翼氏谓灭金所得之人谓之汉人，虽不必为定论，亦大致与事实吻合。"[①]《元史·耶律留哥传》记载耶律留哥与其子薛阇奉金币、金银牌等入觐成吉思汗，当时成吉思汗与太傅阿海的对话就反映出当时蒙古族君臣对"汉人"的界定："帝曰：'汉人先纳款者，先引见。'太傅阿海奏曰：'刘伯林纳款最先。'帝曰：'伯林虽先，然迫于重围而来，未若留哥仗义效顺也，其先留哥。'"[②]还需要注意的是，元世祖至元二十一年八月定拟军官格例分类标准还考虑了地域和语言文化的因素，"以河西、回回、畏吾儿等依各官品充万户府达鲁花赤，同蒙古人；女直、契丹，同汉人。若女直、契丹生西北不通汉语者，同蒙古人；女直生长汉地，同汉人"[③]。如此分类反映出元代族类的划分还是重视文化因素的，也就是说，渤海人、女真人、契丹人与汉人杂居者习汉语，尽管他们有民族意识，但长期的共处使他们彼此之间的文化差异越来越小，而生长在西北的女真、契丹人尚保持自己民族的文化，因不通汉语，与蒙古人一样过着游牧射猎的生活而被视为蒙古人。元代辽西之地生活的民族主要是汉、渤海、契丹、女真，还有蒙古人，他们中的渤海、契丹、女真，可能还有少量的高丽人都归入汉人之列了。姚大力认为元代北方"汉人"中融入了大量其他民族成分。[④]罗贤佑指出："元代是契丹民族迅速演变的一个历史时期，元代广义的'汉人'概念中就包括契丹人在内，从而加剧了契丹人同他族特别

① 蒙思明：《元代社会阶级制度》，上海人民出版社2006年版，第43-44页。
② 宋濂等：《元史》卷149《耶律留哥传》，中华书局1976年版，第3512-3513页。
③ 宋濂等：《元史》卷13《世祖纪十》，中华书局1976年版，第268页。
④ 姚大力：《蒙元制度与政治文化》，北京大学出版社2011年版，第441页。

是汉族的融合，这反映在当时契丹人的社会经济生活、精神文化生活及姓氏的变换演化之中。因此，'契丹'之名，在元代后期便已开始渐渐消逝。"①程妮娜强调："元朝是中国北方民族重新整合的重要时期，经过辽金时期北方民族的大发展，到了元朝，北方民族中经济生活与社会发展水平与汉人接近的民族，被整合为北方汉人。东北地区的渤海人、封建化的女真人、定居从事农业生产的契丹人，都被蒙古统治者视为北方汉人，采用汉制进行统辖。留居东北部较偏远地区并保持原有传统经济生活的女真人，在元代仍称为'女真'，是活跃于元代东北地区的少数民族之一。"②可以肯定，在元代，辽西地区相当多的契丹人、女真人、渤海人与汉人已没有太多的差异。进入辽西的蒙古人也吸纳了一些其他民族成分。

值得重视的是，辽金元时期辽西地区的移民使区域民族构成和民族分布格局发生较大改变。从最初基于维护新占领地区的稳定而有意识地促成民族杂居，到后来族际互动、民族交流的广泛开展，以及多民族融合成为主流发展趋势，移民给辽西区域社会发展带来的影响远远超过此前统治者的预料，诚然，移民在有利于区域安定的同时，民族融合、文化交流更具有进步意义。

第二节　辽西移民与区域交通发展

一、辽代移民置州与辽西诸道的疏通

辽朝是拥有广阔领土且声名远播的北方政权。其疆域："东至于海，西至金山，暨于流沙，北至胪朐河，南至白沟，幅员万里。"③但其大部分地

---

① 罗贤佑：《元代民族史》，四川民族出版社 1996 年版，第 281 页。
② 程妮娜：《古代中国东北民族地区建置史》，中华书局 2011 年版，第 348 页。
③ 脱脱等：《辽史》卷 37《地理志一》，中华书局 2016 年版，第 496 页。

区为草原和荒漠，辽朝州城最初集中分布在其东部和南部。其腹心之地辽西地区原本州城不多，大量移民置州后，人居环境有所改善，以辽中京、上京为中心的诸道也得到利用和疏通，形成了四通八达的交通网。北宋使者路振《乘轺录》提及辽军南下有四路：榆关路、崧亭路、虎北口路、石门关路。①这四条道路开拓较早，但直至隋唐时期都不好走，由于路难行，东汉末曹操征伐乌桓先要"堑山堙谷五百余里"②，唐太宗东征高句丽也要备足粮食。尤其是傍海道，辽代以前由于海侵和地势低洼，地表多有积水，车马很难畅行，也少有人走行。只有在冬季地冻时才可以通行，但因为沿途人烟稀少，行者饮食不得供给而颇为艰难。辛德勇指出："西汉辽西郡所属十四个县无一位于今锦州到山海关之间的沿海地带。"他也曾举曹操平定乌桓趁天旱由海滨回师，因饮食困难杀马数千匹之例来说明其时其路实为人们视为畏途。③

辽朝辽西诸道因为与中原政权的军事争衡和使者往来变得繁忙起来，利用率较从前大为提高。《辽史·兵卫志》有所反映："其南伐点兵，多在幽州北千里鸳鸯泊。及行，并取居庸关、曹王峪、白马口、古北口、安达马口、松亭关、榆关等路。"④文献也有更为具体的记载，比如，《资治通鉴》后唐贞明三年（917）的记事就提及契丹军队围困幽州二百日，李嗣源、阎宝、李存审率领步骑七万从易州增援幽州守军，结果在距离幽州六十里之地与契丹军遭遇。前后两战，大败契丹军，迫使契丹军自北山撤军。胡三省注曰："取古北口路而去。"⑤说明此时古北口已是辽军出入燕山的一个重要关口。《辽史·太祖纪》神册六年十月记事有："丙子，上率大军入居庸关。"同年十一月记事又提到："癸卯，下古北口。"⑥这两条史料进一步

---

① 路振：《乘轺录》，赵永春辑注：《奉使辽金行程录》（增订本），商务印书馆 2017 年版，第 21 页。
② 陈寿：《三国志》卷 1《魏书·武帝纪》，中华书局 1959 年版，第 29 页。
③ 辛德勇：《论宋金以前东北与中原之间的交通》，《陕西师范大学学报》1984 年第 2 期，第 107-108 页。
④ 脱脱等：《辽史》卷 34《兵卫志上》，中华书局 2016 年版，第 452 页。
⑤ 司马光：《资治通鉴》卷 270 "后梁纪五·均王贞明三年"，中华书局 2011 年版，第 8939 页。
⑥ 脱脱等：《辽史》卷 2《太祖本纪下》，中华书局 2016 年版，第 19 页。

证明辽朝居庸关（位于今北京市昌平县西北30里[①]）、古北口（位于今北京市密云县东北120里[②]）是辽军南下的重要关口。古北口道也是辽宋使者往来的重要通道，而沿途条件的改善应是在辽朝中期，辽、宋两国结盟交好之后。辽朝前期忙于战争无暇顾及道路的建设，辽朝中期双方签订和好盟约后，为了确保宋使至辽中京或上京等地行进通畅，辽朝着力打造了一条驿路：古北口道，在这条路上，每隔五十里至九十里建有一个驿馆。路振的《乘轺录》提到驿馆内提供的食宿和器用都很优质，还安排有专门民众负责"守馆"，"奚民守馆者，皆给土田，以营养焉"[③]。正是由于宋使走行的古北口道沿途亭舍的创建，以及安置守护馆舍的民户，使古北口道焕发出勃勃生机。

至于傍海道的畅通则是自然环境变化与辽西走廊滨海地区的移民置州两方面共同推动的结果。现代学者研究认为，辽金时期，滨海地区的自然环境较汉代已有所变化，辽河口海岸线开始明显向海推移。[④]而且，当时的气候变迁也有助于傍海道路况的改善。大多数学者认为10世纪至13世纪中国进入一个寒冷期[⑤]，也许正是气候的冷干使傍海道沿线的积水大大减少，不仅行人可以通行了，也成为安置移民之地。据《晋出帝北迁记》《旧五代史·晋书·少帝纪》《新五代史·晋家人传》的相关记载，辽灭后晋后，晋出帝等

① 史为乐主编：《中国历史地名大辞典》，中国社会科学出版社2005年版，第1718页。

② 史为乐主编：《中国历史地名大辞典》，中国社会科学出版社2005年版，第552页。

③ 路振：《乘轺录》，赵永春辑注：《奉使辽金行程录》（增订本），商务印书馆2017年版，第22页。

④ 韩茂莉：《草原与田园——辽金时期西辽河流域农牧业与环境》，生活·读书·新知三联书店2006年版，第164页。

⑤ 竺可桢认为："十一世纪初期，华北已不知有梅树……十二世纪初期，中国气候加剧转寒……"（《中国近五千年来气候变迁的初步研究》，《中国科学》B辑，1973年第2期，第175页）。王会昌认为："2000a来中国气候经历了3个寒冷干旱时期……第3次寒冷期出现在北宋初年到清末（1000aA.D.—1900aA.D.）。其中北宋初年到南宋中叶的100a出现了本次寒冷期中第1次明显的降温；南宋中叶到元朝初年（1200aA.D.—1300aA.D.）有1个短暂的回暖期……"（《2000年来中国北方游牧民族南迁与气候变化》，《地理科学》1996年第3期，第277页）。王守春认为："西辽河流域在公元10世纪后半叶或10世纪末，可能是沙漠化突变时期。其原因可能是气候突变，气候变干和冬季来自西北的冷气流变强。"（《10世纪末西辽河流域沙漠化的突进及其原因》，《中国沙漠》2000年第3期，第241页）。王嘉川认为："从1000年到1200年的两宋时期，是中国历史上的又一个寒冷期。"（《气候变迁与中华文明》，《学术研究》2007年第12期，第102页）

人北迁走的就是傍海道，当时晋出帝一行人"过平州，出榆关，行沙碛中，饥不得食"①，不得不采木实、野蔬充饥，表明傍海道已水退沙露，但一路上少有人居直到锦州。锦州是辽代在傍海道建置较早的州城，是辽太祖耶律阿保机"以汉俘建州"②。傍海道沿线其他州城则建置稍晚些。根据《辽史·地理志》所记，辽圣宗耶律隆绪统治时期，来州、隰州、迁州、润州陆续建置，其中，来州初建为刺史州，后升为节度州，隰州、迁州、润州都是刺史州。来州是辽圣宗安置因饥荒来归附的女真五部而设置的州城。隰州是有括帐户迁信州因大雪不能进而置。平定大延琳叛乱后，辽圣宗又下令迁归州民建置迁州，迁宁州之民建置润州。太平十年（1030）十一月，辽圣宗下诏："渤海旧族有勋劳材力者叙用，余分居来、隰、迁、润等州。"③可以肯定辽代在辽西滨海地区的移民使傍海道路绝人烟的局面得以部分改善。比较《晋出帝北迁记》和《许亢宗行程录》，傍海道经过有辽一代的经营，其交通环境发生了一定的变化是可以肯定的。10世纪中期，晋出帝北迁，从平州（治今卢龙县）到锦州（治今锦州市）一段，一行人困窘不堪，一路上多有荒凉无人烟之处，"饥不得食"。金初，许亢宗等奉使北上，因辽代在傍海道上已建有多个州城：润州、迁州、习州、来州，大约间隔八九十里可休息，尽管仍有路绝人烟的地段④，但已比晋出帝北迁时情形好得多。辽朝在辽西走廊滨海地区的移民开发，也为金代提升傍海道的交通地位奠定了基础。

辽代穿越医巫闾地区的交通得到改善。辽代东京辽阳府至中京大定府的陆路交通必经医巫闾地区，宜州、乾州、辽西州等是辽朝在该地区新建置的州，州民多为移民。《武经总要》记载："（东京）又八百八十里至中京，西六十里至鹤柱馆，又九十里至辽水馆，又七十里至闾山馆，在医巫

① 欧阳修：《新五代史》卷17《晋家人传五·高祖皇后李氏传》，中华书局1974年版，第178页。
② 脱脱等：《辽史》卷39《地理志三》，中华书局2016年版，第552页。
③ 脱脱等：《辽史》卷17《圣宗纪八》，中华书局2016年版，第232页。
④ 许亢宗《宣和乙巳奉使金国行程录》，赵永春辑注：《奉使辽金行程录》（增订本），商务印书馆2017年版，第215页。

闾山中，又九十里至独山馆，又六十里至唐叶馆，又五十里至乾州，微北六十里至杨家砦馆，又五十里至辽州。北六十里至宜州，又一百里至牛心山馆，在牛心山中。北又六十里至霸州，又七十里至建安馆，又五十里至富水、会安，至中京三驿程，各去七十里。"[①]这里提到从辽东京到辽中京所经馆顿共计13处，其中，闾山馆（今北镇闾阳驿一带）、独山馆（今黑山县蛇山子）、乾州、辽州（即辽西州，今辽宁义县东南44里石佛堡乡王民屯一带）、宜州（今辽宁义县）、牛心馆（今辽宁义县西牛心山）都可确定是在医巫闾地区。[②]另外唐叶馆、杨家寨虽今地不详，但也应在医巫闾地区。可见，沟通辽东、辽西经过医巫闾地区的驿路交通在辽朝大约50至70里设有一个驿馆。需要说明的是，因辽中京的建置，大凌河流域在辽朝中后期有了较大的发展，霸州升为兴中府，古老的大凌河古道交通随之进入了一个新的发展阶段。[③]

此外，契丹皇帝四时捺钵形成了不同于以往朝代的道路，也发展了富有游牧特色的交通，带动了经行地区尤其是辽西地区交通的发展，因为除了后期春捺钵常在长春州附近，夏捺钵、秋捺钵、冬捺钵营地多在辽西地区。契丹皇帝也有频繁的谒陵活动，逐渐亦形成固定的路线，且谒陵的路线可能有部分路段与捺钵路线或驿路重合，但也有部分是不同的，因为辽代帝王陵墓都在山上，比如庆云山、医巫闾山等，为守护帝陵而建的奉陵州往往移民建置。从这一意义上讲，辽代的各族移民对辽西地区山区交通环境的改善也做出了重要贡献。

除了辽西陆路交通，辽朝也曾谋求利用辽西一些州城临水的优势发展

---

① 曾公亮等：《武经总要前集》卷 16 下《北蕃地理》，郑诚整理，湖南科学技术出版社 2017 年版，第 995—996 页。

② 参见王绵厚、朴文英：《中国东北与东北亚古代交通史》，辽宁人民出版社 2016 年版，第 325—328 页。

③ 郝向东：《辽宁省朝阳地区古代中原道路考——卢龙五终平冈傍海道初探》，河北省交通厅公路史志编写委员会、辽宁省交通史志编审委员会联合编辑：《华北通往东北古代道路考察学术讨论会会刊》，1985 年内部版，第 51 页。

水上交通，辽朝强留江南水军证实了这一点。《武经总要·北蕃地理》"建州"条记载："时江南诸国欲牵制中原，遣使赍金帛泛海至契丹国，乞出师南牧，卒不能用其谋。入蕃人使，舟楫水师，悉留之，建州、双州、霸州并置营居之，号通吴军"①。其实，同书的"东京"条也提及这支被留的通吴军，"在营州之东，契丹置崇义军节度使。旧有江南水军，号通吴军，置营居之"②。《辽史拾遗》"宜州"条引《永平府志》也言及通吴军，其文为："辽中京宜州有江南水军，号通吴军垒。"③建州、霸州、宜州都是属于辽西地区的州城，而且三州都临大凌河，双州（治今辽宁沈阳市沈北新区石佛寺村）是头下州，也为临水州城，所临之水为辽河。显然，辽朝把留下的江南水师作为自己的水师分散安排在临河的州城。这些名为通吴军的水军既然驻扎安营在建州、霸州、宜州等地，说明辽西的大凌河应该有船只通航。

二、金代对辽西区域交通的经营

金朝有效地利用了辽朝已有的陆路交通网。沿大凌河谷而行的松亭关路（古时卢龙道）、北京密云东北的古北口道、出榆关的傍海道都是金人重视的交通线。史载："太祖取燕京，婆卢火为右翼，兵出居庸关，大败辽兵，遂取居庸。萧妃遁去，都监高六等来送款乞降。习古乃追萧妃至古北口，萧妃已过三日，不及而还。"④金太祖天辅七年（1123）四月，金太祖"命习古乃、婆卢火监护长胜军及燕京豪族工匠，由松亭关徙之内地"⑤。金世宗大定二年（1162）六月戊辰，"命御史大夫白彦敬西北路市马。庚午，以尚书右丞仆散忠义为平章政事兼右副元帅，经略契丹。诏出内府金银给征契丹军

---

① 曾公亮等撰：《武经总要前集》卷16下《北蕃地理》，郑诚整理，湖南科学技术出版社2017年版，第988—989页。
② 曾公亮等撰：《武经总要前集》卷16下《北蕃地理》，郑诚整理，湖南科学技术出版社2017年版，第991页。
③ 厉鹗：《辽史拾遗》卷13《志第九地理志三》，中华书局1985年版，第270页。
④ 脱脱等：《金史》卷71《婆卢火传》，中华书局2020年版，第1740页。
⑤ 脱脱等：《金史》卷2《太祖纪》，中华书局2020年版，第43页。

用。戊寅，诏居庸关、古北口讥察契丹奸细，捕获者加官赏。己卯，诏守御古北口及石门关"①。金朝镇压窝斡叛乱时派军控制交通要塞居庸关、古北口、石门关，这些记载足以证明经过要塞的道路在金代依然具有重要的军事价值。

辽金鼎革之际，傍海道的军事价值得以凸显。天辅元年（1117）十二月，辽金蒺藜山之战，辽军大败。军事重地显州很快被金兵攻下，"乾、懿、豪、徽、成、川、惠等州皆降"②，可以说辽军在蒺藜山和显州的失利直接导致其周邻州城丧失了斗志。虽然此后这些州城多有反复，但到辽天祚帝保大三年（1123），包括宜州、锦州在内，傍海道及其附近的州城先后降附金朝。辽朝在傍海道沿线的来州、隰州、迁州、润州设有屯兵，但这四州屯兵并没有作坚决抵抗，《金史·赤盏晖传》言其在辽末曾以礼宾副使的身份领这四州屯兵，他在天辅六年（1122）降金，并跟随金将阇母平定兴中府、义州、锦州等。至辽保大三年（金天辅七年，1123）二月，辽兴中府降金，傍海道上的来州及其所辖的隰、迁、润三州的长官"皆籍所管户降金"③。金人取得了对傍海道的控制权，傍海道也成为金人南进的主要通道。张汇《节要》也讲："榆关之东乃金人之来路。"④金初，傍海道也是押送中原俘民经常走的道路。张觉之所以先降金又叛金，就是采信了经过平州北迁燕民的建议。天会五年（1127），王成棣受金军事统帅宗翰之命跟随珍珠大王押送宋高宗母韦氏、宋高宗的邢妃及一些宋宗室人员赴金上京（治今黑龙江省哈尔滨市东南84里阿城区阿什河街道白城村），他们走行的道路也是傍海道。文献也记载，医巫闾地区的显州，还有其东北的兔儿涡（今辽宁北镇市东

---

① 脱脱等：《金史》卷6《世宗纪上》，中华书局2020年版，第144页。
② 脱脱等：《金史》卷2《太祖纪》，中华书局2020年版，第32页。
③ 脱脱等：《辽史》卷29《天祚皇帝纪三》，中华书局2016年版，第388页。
④ 徐梦莘：《三朝北盟会编》卷22"政宣上帙二十二"，宣和七年十一月十九日条引张汇《节要》，上海古籍出版社2008年版，第162-163页。

北①）、梁鱼务（今辽宁黑山县姜屯镇土城子村②）也是经傍海道去往辽东必经的重要交通站点。宋宣和七年（1125）宋使许亢宗使金过锦州后所经地有刘家庄（今辽宁凌海市东北与北镇间阳驿相邻的望山铺至三台子镇之间③）、显州、兔儿涡、梁鱼务④；宋靖康二年（1127），金人王成棣过锦州后经过的地点也有刘家寨子、显州、兔儿涡、梁鱼涡（梁鱼务）⑤。可见，到金朝初年，傍海道既是军事要道，也成为东北与中原之间往来交通的重要通道之一。

需要说明的是，上述辽西三条道路在金代的重要程度与前代相比有所变化。辛德勇认为："迄唐为止，一直以卢龙道为主，辽时以古北道为主，金时始以傍海道为主。"⑥不同时代主要道路改变的原因很复杂，有环境变迁因素，也有政治、军事等社会发展因素，政策导向在其中也起了关键的作用。值得注意的是，金初，傍海道就被金廷确定为驿路，天会二年（1124）正月丁丑，从京师（指上京）至南京（平州）每隔五十里设置一驿。⑦虽然辽代作为驿路的古北口路到金朝并没有废弃，但金朝却在努力打造这条通往金朝京师的更近便的傍海道。前面提到金天会三年（1125）宋使许亢宗、钟邦直等一行人使金走行的就是傍海道，金熙宗皇统三年（宋高宗绍兴十三年1143）使金被留15年的宋使洪皓回国，他追记有关金朝情况的《松漠纪闻》提及金上京至燕的路线也包含傍海道一段。⑧需要强调的是，傍海道的变化有一个过程，辽代可以说为傍海道的发展奠定了一定的基础，金代则是傍海道发展的

---

① 史为乐主编：《中国历史地名大辞典》，中国社会科学出版社2005年版，第1629页。
② 齐伟：《金代梁鱼务考》，《中国边疆史地研究》2020年第2期，第194页。
③ 王绵厚、朴文英：《中国东北与东北亚古代交通史》，辽宁人民出版社2016年版，第351页。
④ 许亢宗：《宣和乙巳奉使金国行程录》，赵永春辑注《奉使辽金行程录》（增订本），商务印书馆2017年版，第216页。
⑤ 王成棣：《青宫译语》，赵永春辑注《奉使辽金行程录》（增订本），商务印书馆2017年版，第278-279页。
⑥ 辛德勇：《论宋金以前东北与中原之间的交通》，《陕西师范大学学报》1984年第2期，第105页。
⑦ 脱脱等：《金史》卷3《太宗纪》，中华书局2020年版，第55页。
⑧ 洪皓：《松漠纪闻》，赵永春辑注《奉使辽金行程录》（增订本），商务印书馆2017年版，第328页。

关键时期。由宋人许亢宗和金人王成棣的记载可知，金代初年，傍海道还沿用辽朝州城旧称，但据《金史·地理志》，金朝后来在傍海道主要有两个节度州，即锦州和瑞州。其中，锦州统辖三县（永乐、安昌、神水），瑞州统辖三县（瑞安、海阳、海滨）。①金代傍海道的州县变化主要体现在两方面，一是州县的名称和隶属关系，二是人口数量。原来辽代锦州下辖的岩（也作严）州于皇统三年废州，仅存兴城县，后又改隶兴中府。②新增神水县，皇统三年一度废为镇，大定二十九年又升为县。③金代废润州，仅留海阳县，下辖迁民镇；废隰州，保留海滨县；另有来宾县（明昌六年更名宗安、泰和六年更名瑞安）归属来州④，后州名更改为瑞州。从人口数量来看，金代锦州有近四万户，《金史》记载瑞州有户一万九千九百五十三，人口都已达到一定的规模。但文献并没有提及傍海道在金代有较大规模的人口迁入，当然不排除因各种原因而有较小规模的人口迁入。苏天爵所作《故奉政大夫辽阳行省郎中黄公神道碑铭》提到："公字允艺，其先齐人，金初迁利州。州南满井黄家寨，先墓在焉。大安末，又迁锦州。"⑤金初，金朝也曾令有司运米给南京（平州）、润州戍卒。⑥除了戍卒，文献也提及海陵迁女真贵族按答海家族徙平州，给平州、宗州田产⑦，金朝进一步补充了傍海道沿线州县的人口是可以肯定的，可以说经过金朝的经营，傍海道的交通地位得以进一步稳固。

三、元代大统一背景下辽西交通

元朝承继辽金两代已建交通道路，又构建起以大都为中心的四通八达的

---

① 脱脱等：《金史》卷24《地理志上》，中华书局2020年版，第600页。
② 脱脱等：《金史》卷24《地理志上》"兴中府"下列"兴城"，中华书局2020年版，第601页。
③ 脱脱等：《金史》卷24《地理志上》"锦州"下列"神水"，中华书局2020年版，第600页。
④ 脱脱等：《金史》卷24《地理志上》"瑞州"，中华书局2020年版，第600页。
⑤ 苏天爵：《滋溪文稿》卷15《故奉政大夫辽阳行省郎中黄公神道碑铭》，中华书局1997年版，第243页。
⑥ 脱脱等：《金史》卷3《太宗纪》，中华书局2020年版，第57页。
⑦ 脱脱等：《金史》卷73《按答海传》，中华书局2020年版，第1788页。

交通网络，显示了大统一的局面下政权行政管理能力的增强。史载："元制站赤者，驿传之译名也。盖以通达边情，布宣号令，古人所谓置邮而传命，未有重于此者焉。凡站，陆则以马以牛，或以驴，或以车，而水则以舟。其给驿传玺书，谓之铺马圣旨。遇军务之急，则又以金字圆符为信，银字者次之；内则掌之天府，外则国人之为长官者主之。其官有驿令，有提领，又置脱脱禾孙于关会之地，以司辨诘，皆总之于通政院及中书兵部。而站户缺乏逃亡，则又以时签补，且加赈恤焉。于是四方往来之使，止则有馆舍，顿则有供帐，饥渴则有饮食，而梯航毕达，海宇会同，元之天下，视前代所以为极盛也。"①可见，元代邮驿之盛是空前的。当然作为庞大交通网的组成部分的辽西交通也较为发达。经过辽西区域内的驿路和驿站，熊梦祥的《析津志》有所提及，即从大都往北，经蓟州至北京（北京路总管府）有两条路：一是蓟州向东经遵化转东北至北京；一是蓟州向东南经玉田再东北行至永平，又正北行至北京。②王绵厚、朴文英研究认为，前者是辽代从南京（今北京）出"松亭关"，东北到中京（今内蒙古宁城县大明镇），以及金代从"中都（今北京）"到"北京大定府（今内蒙古宁城县大明镇）"的故道。"这条路线是辽金以来从今北京出发，经通县、蓟县到遵化，由遵化东北行过滦河、喜峰口，然后沿瀑河（即辽代的陷河，在今宽城、平泉两县境内）北行，经宽城、平泉，到老哈河与黑河汇合处的富峪（新城），然后沿老哈河北行到宁城县大明城（大宁）。"他们认为后者目的地有二："其一北行过西拉木伦河至辽上京故道；其二东行经建平则至今朝阳进入辽西。"③

　　除了元代的政治中心至辽西地区的驿路之外，辽西各府州之间和辽西通往其他区域的道路建设也有新的推进。史载，元世祖至元十七年（1280）二月丙子，"立北京道二驿"④。至元三十年（1293）正月，"立豪、懿州七

---

① 宋濂等：《元史》卷101《兵志四》，中华书局1976年版，第2583页。
② 熊梦祥：《析津志辑佚》，北京古籍出版社1983年版，第122页。
③ 王绵厚、朴文英：《中国东北与东北亚古代交通史》，辽宁人民出版社2016年版，第406页。
④ 宋濂等：《元史》卷11《世祖纪八》，中华书局1976年版，第222页。

驿。辛巳，置辽阳路庆云至合里宾二十八驿，驿给牛三十头、车七辆"①。豪州、懿州之间七驿具体驿站史书缺载。王绵厚、朴文英认为，从大宁往北至"阿木哥大王府"的驿路，沿途经过的驿站有恩州、花道、狗群、高州，高州北行应走辽金以来的旧道至临潢府。②可见辽西地区涉及的几个驿站主要在今内蒙古赤峰境内。其中，恩州站，在今内蒙古喀喇沁旗东南西桥乡古城③；花道站，应该就是前面提到的金末蒙金花道之战所在地，今内蒙古喀喇沁旗东乃林北；狗群站，不详所在，当在花道与高州之间；高州站，应在蒙金高州之战发生地高州境内，高州在今内蒙古赤峰市与敖汉旗之间。至于大宁向东道路及所经驿站，王绵厚、朴文英推测："这条路线当是从今宁城县大明城（大宁）出发东行，经建平（叶柏寿），沿大凌河东北行，经朝阳（金、元兴中府）、北票黑城子（金、元川州城）到今阜新境内的红帽子古城（即'成州'驿安站）。"④《元一统志》提到大宁路惠州有废罢的神山县，元朝于其地设神山站，惠州有废滦阳县改为站赤，设巡检司。⑤除了陆上的驿站，为了交通便捷，一些河流之上也都建有桥梁，比如涂河上有千秋桥。⑥就《热河志》所引《元一统志》的情况看，大宁路西南至大都、西北至上都都有九百里，东至懿州界驿安站六百里，西至上都路界鸡岭一百五十里，南至平滦路界双峰岭三百五十里……⑦可见，大宁路的地理位置比较重要，可谓辽西地区的交通枢纽。承继辽金开发辽西地区的成果，《元一统志》所记其统辖州县的"里至"反映出其境内州县棋布，州县间彼此距离不远，与外界联系较为便利。

辽西临渤海，通过海上通道与外界也有联系。《元史·罗璧传》记载：

---

① 宋濂等：《元史》卷17《世祖纪十四》，中华书局1976年版，第370页。
② 王绵厚、朴文英：《中国东北与东北亚古代交通史》，辽宁人民出版社2016年版，第407页。
③ 史为乐主编：《中国历史地名大辞典》，中国社会科学出版社2005年版，第2119页。
④ 王绵厚、朴文英：《中国东北与东北亚古代交通史》，辽宁人民出版社2016年版，第407-408页。
⑤ 孛兰肹等撰、赵万里校辑：《元一统志》卷2，中华书局1966年版，第210页。
⑥ 孛兰肹等撰、赵万里校辑：《元一统志》卷2，中华书局1966年版，第217页。
⑦ 孛兰肹等撰、赵万里校辑：《元一统志》卷2，中华书局1966年版，第192页。

"（至元）二十四年，乃颜叛，璧复以漕舟至辽阳，浮海抵锦州小凌河，至广宁十寨，诸军赖以济，加昭勇大将军。"①

此外，辽西地区的河流众多，如大凌河、小凌河、青龙河、潢水、徒河等，这些河流除了为其地的居民提供水资源之外，人们也可以通过船只进行水上运输。

综上，辽金政权的经略辽西及与宋的使者往来，辽西诸道得以重点置驿和疏通，"路断行人"的局面大为改观，区域交通环境也有明显改善，元朝的控驭天下，更成为辽西交通发展的重要时期，而交通发展最主要的原因则在于人口迁徙的驱动。

第三节　辽西移民与社会及环境问题

一、移民及移民后裔的反叛

（一）逃亡、叛乱事件

移民，无论是自发的还是统治者强制的，多多少少都会给官府带来一定的压力，因为移民搬迁和安置从来不是简单的事，尤其是大规模的民族迁徙，处理不当就会引发民族矛盾。辽初，以武力强制迁徙征服地区的人口，确实出现人口逃亡现象，因为最初对战俘、移民的安置做得不好，后来接纳汉人韩延徽的建议按照汉人旧有习俗妥善安置汉人迁居者的生产生活，"树城郭，分市里，以居汉人之降者。又为定配偶，教垦艺，以生养之"②。才出现"逃亡者少"的局面。《辽史·张砺传》的记述证实了这一点。张砺本后唐人，因战败归契丹，也因刚直有文采而被任命为翰林学士，为辽太宗关

---

① 宋濂等：《元史》卷 166《罗璧传》，中华书局 1976 年版，第 3895 页。
② 脱脱等：《辽史》卷 74《韩延徽传》，中华书局 2016 年版，第 1357 页。

注，但他仍然谋划逃亡，结果被追回，辽太宗问其逃亡原因，他说："臣不习北方土俗、饮食、居处，意常郁郁。"①后来辽朝统治者总结管理各族民众的经验，确立了因俗而治的总原则。金元两代女真人、蒙古人作为统治民族进入辽西地区，辽西原居民亦有外迁，由于长期积渐而成的社会矛盾，移民后裔的反叛事件还是时有发生的，且多在三朝末期。

辽天庆五年（1115）二月，饶州（治今内蒙古林西县东南77里双井店乡西英桃沟村古城）渤海古欲等反叛，辽廷派萧谢佛留等讨伐，但为渤海古欲所败，又派萧陶苏斡讨叛，先是作战不利，六月，萧陶苏斡才成功招获古欲等。②天庆八年（1118）五月，安生儿、张高儿聚众二十万反辽，参加者大多是汉人、渤海人，其中很多人应该属于辽代移民后裔。《辽史·天祚皇帝纪》记载："耶律马哥等斩生儿于龙化州，高儿亡入懿州，与霍六哥相合。""霍六哥陷海北州，趣义州，军帅回离保等击败之。"③这是辽末社会动荡之时发生在辽西地区的一次较大规模的民叛。之后，天庆九年（1119），又有张撒八引诱中京射粮军的反叛发生。④这三次民叛的原因史书没有言及，或许与动荡局势下民众生计艰难有直接的关系。

金代正隆末年，西北路契丹诸部民叛，发起地虽不在辽西境内，但反叛势力也波及辽西地区的一些州县，移剌窝斡曾引领叛民攻临潢府。括里也曾犯韩州，后又转向懿州、宜州。他们攻懿州不克，也曾"残破川州"⑤。可以肯定，契丹民叛是征兵引发。海陵王派牌印燥合、杨葛尽征西北路契丹丁壮，契丹人言："西北路接近邻国，世世征伐，相为仇怨。若男丁尽从军，彼以兵来，则老弱必尽系累矣。幸使者入朝言之。"然而，燥合畏罪不敢言，杨葛竟然恐惧而死，结果燥合又与牌印耶律娜、尚书省令史没荅涅合督

---

① 脱脱等：《辽史》卷76《张砺传》，中华书局2016年版，第1380页。
② 脱脱等：《辽史》卷28《天祚皇帝纪二》，中华书局2016年版，第371-372页。
③ 脱脱等：《辽史》卷28《天祚皇帝纪二》，中华书局2016年版，第377页。
④ 脱脱等：《辽史》卷28《天祚皇帝纪二》，中华书局2016年版，第378页。
⑤ 脱脱等：《金史》卷133《叛臣·移剌窝斡传》，中华书局2020年版，第3013页。

促征发西北路兵。契丹人的诉求没有达成，于是，"取招讨司贮甲三千"，暴力反叛。① 金亡还有耶律留哥从金之北边逃至隆安、韩州，并举起反金旗帜，他后来所募集的兵众十几万人则是分散于东北各地的契丹遗民后裔，耶律留哥的附蒙加速了金朝的灭亡。

元代辽西之地移民引发的社会问题原因有二：其一是统治集团内部矛盾所导致。因辽西地近两都，又有一些蒙古诸王封地分布其境，蒙古贵族间争夺最高统治权的斗争常常牵连到辽西之地的蒙古人。也就是说，蒙古诸王反叛事件发生时，有些移民至辽西的蒙古人参与或受其牵扯。比如，至元十四年（1277），弘吉剌部按陈家族的后代只儿瓦台的叛乱就与蒙哥第四子昔里吉之乱相呼应，当时弘吉剌部只有部分人从乱，所以很快就被平定。② 至元二十四年（1287）至至元二十九年（1292），乃颜、哈丹叛乱则产生较大的影响，在持续六年的时间里，北方大部分地方皆受其扰，辽西也不例外。比如，至元二十四年九月戊申，"咸平、懿州、北京以乃颜叛，民废耕作，又霜雹为灾，告饥"③。其二由辽西各族生存危机引起。至元二十七年（1290）九月戊申，"武平地震，盗贼乘隙剽劫，民愈忧恐。平章政事铁木儿以便宜蠲租赋，罢商税，驰酒禁，斩为盗者，发钞八百四十锭，转海运米万石以赈之"④。武平即武平路，至元七年（1270），改北京为大宁。至元二十五年（1288），改为武平路，后复为大宁。至元二十七年发生的大地震，不只波及武平路，以武平路震动最厉害。其实，地震发生在这一年的八月，史载："癸巳，地大震，武平尤甚，压死按察司官及总管府官王连等及民七千二百二十人，坏仓库局四百八十间，民居不可胜计。"⑤ 这次地震发生在乃颜、哈丹叛乱期间，忽必烈为防止乃颜党人乘机入寇，派遣铁木儿

① 脱脱等：《金史》卷133《叛臣·移剌窝斡传》，中华书局2020年版，第3007页。
② 冯鹤昌：《元代弘吉剌部只儿瓦台之乱新考》，《内蒙古社会科学》2016年第5期，第71-72页。
③ 宋濂等：《元史》卷14《世祖纪十一》，中华书局1976年版，第300页。
④ 宋濂等：《元史》卷16《世祖纪十三》，中华书局1976年版，第340页。
⑤ 宋濂等：《元史》卷16《世祖纪十三》，中华书局1976年版，第339页。

领兵五百人前往武平。从铁木儿采取的措施看,当时乃颜党人并没有入寇,倒是因灾民陷入困境而出现叛乱。元末,长期积聚的社会矛盾引发的反抗越来越多,各地屡有"盗起",元廷疲于应对。与其他地方人民反抗相比,辽西地区的民叛规模不大,但元廷也不敢忽视,往往派兵予以镇压。至正七年(1347)四月,"临清、广平、滦河等处盗起,遣兵捕之"①。从文献的记载看,元代辽西地区移民及其后裔参与的民叛并没有产生强烈的震撼,真正给元朝统治以沉重打击的是北上的红巾军,他们苦战五年(1358—1363),有力地牵制了元朝的军队,使辽阳行省四分五裂。②总体上看,元代辽西移民及其后裔自发的民叛影响力有限。

(二)渤海、奚、契丹、女真人的复国活动

移民活动,尤其是强制性移民,使被迁移人口的居住空间发生改变的同时,更切断了他们与从前社会组织的联系,但难以改变他们对故国的情感和对旧土的思念。

辽代渤海人、奚人都有复国活动。渤海国灭亡后,留下数十万遗民,辽朝为削弱其力量,采取强制迁徙其遗民并分散安置的措施,但渤海遗民的复国抗争却始终不断,最大规模的一次渤海人反辽活动发生于太平九年(1029)八月,领导者为东京舍利军详稳渤海人大延琳,所建国号为兴辽,年号为天庆。太平十年(1030),辽军擒获大延琳,平定叛乱。这次以渤海人为主的复国活动也得到南、北女真人的响应,叛乱缘起于地税法变革。自神册年间开始至辽中期,东辽税法与燕地不同,"未有榷酤盐麹之法,关市之征亦甚宽驰",太平年间冯延休、韩绍勋相继改依"燕地平山之法",致使"民不堪命",加之使其民漕粟赈济燕民,"水路艰险,多至覆没",导致"民怨思乱"。③这次渤海民反抗虽发生在辽东,但辽廷平乱后的移民活

---

① 宋濂等:《元史》卷41《顺帝纪四》,中华书局1976年版,第877页。

② 参见佟冬主编:《中国东北史》第三卷,吉林文史出版社2006年版,第431-439页。

③ 脱脱:《辽史》卷17《圣宗纪八》,中华书局2016年版,第230页。

动却关涉辽西地区，一些渤海民被迁至辽中京道、上京道的一些地方。奚人的复国活动也发生在辽末，保大三年（1123），奚王之后回离保在箭笴山自立。①箭笴山在辽的迁州境内。②回离保号称奚国皇帝，改元天复，并设官分职。当时奚人也采取报复契丹人的举动，史载："时奚人巴辄、韩家奴等引兵击附近契丹部落，劫掠人畜，群情大骇。"但回离保被郭药师所败，他也被属下所杀，为奚国皇帝不足八月。③

金代撒八、移剌窝斡领导的民叛是包含复国目的的，从撒八等欲投耶律大石、扎八见窝斡兵强而意其有成，以及移剌窝斡称帝改元都证实了这一点。另外，金末耶律留哥纠集的兵众在可特哥、耶厮不等叛蒙后也变成着意于复国的割据势力，史载："丙子，乞奴、金山、青狗、统古与等推耶厮不僭帝号于澄州，国号辽，改元天威，以留哥兄独剌为平章，置百官。"但耶厮不称帝建国改元"方阅月"就被下属所杀，此后先后有金山、统古与、喊舍相继自立，最终被蒙古、契丹军在高丽助兵帮助下打败，"徙其民于西楼"④。

元代辽西地区契丹、女真、渤海与汉族的差异越来越小，契丹人经历了两次朝代更迭，一些人对于社会变迁有更豁达的态度，《元史·耶律楚材传》："太祖定燕，闻其名，召见之，楚材身长八尺，美髯宏声，帝伟之，曰：'辽、金世仇，朕为汝雪之。'对曰：'臣父祖尝委质事之，既为之臣，敢仇君耶！'"⑤他在《为子铸作诗三十韵》中讲："赫赫东丹王，让位如夷伯。藏书万卷堂，丹青成画癖。四世皆太师，名德超今昔。我祖建四节，功勋冠黄阁。先考文献公，弱冠已卓立。学业饱典坟，创作乙未历。入

① 脱脱等：《辽史》卷29《天祚皇帝纪三》，中华书局2016年版，第388页；《辽史》卷114《逆臣传下·奚回离保传》，中华书局2016年版，第1667页。
② 脱脱等：《辽史》卷39《地理志三》，中华书局2016年版，第553—554页。
③ 脱脱等：《辽史》卷114《逆臣下·奚回离保传》，中华书局2016年版，第1667页。
④ 宋濂等：《元史》卷149《耶律留哥传》，中华书局1976年版，第3513页。
⑤ 宋濂等：《元史》卷146《耶律楚材传》，中华书局1976年版，第3455页。

仕三十年，庙堂为柱石。重义而疏财，后世遗清白。"①这首诗表达了耶律楚材对其先人功业、学识的赞美，他为其家族长期受荣宠而自豪，为其父亲文献公受到女真贵族的信任和倚重而骄傲，可见，耶律楚材已较少民族分别心理，其家国观念体现了他的政治态度。就辽西地区而言，金代迁入的女真人本来不算多，加之与汉、渤海、契丹等族的长期杂居共处，较少民族隔阂心理，所以也不见有复国反叛活动发生。

尽管辽金元三朝都程度不同地存在民族歧视和民族压迫，民族不平等也表现在诸多方面，但在辽金元发展过程中出现带有民族复国性质的抗争事件对其统治并没有产生颠覆性影响。

二、移民与辽西环境变迁

（一）辽金元辽西地区的地理环境

辽西地区按照自然地理进行区域划分，包括西辽河流域、大小凌河流域、滦河流域和医巫闾地区，这里依据零散且不全面的记述勾画出上述各个区域的地理环境的概况。

契丹人早期活动的区域，有"松漠之间""潢水""土河""辽泽"②等说法，《魏书》《北史》《隋书》《旧唐书》《新唐书》等文献多少都

---

① 耶律楚材：《湛然居士集》卷 12《为子铸作诗三十韵》，谢方点校本，中华书局 2021 年版，第 265—266 页。

② 关于契丹人早期生活的松漠之地，杨福瑞在《辽代松漠地理环境研究》一文中提出："就地貌而言，'松漠'又是两个地理概念的合二为一，'松'指的是'平地松林'，而'漠'则又指《辽史》中提到的'辽海'或'辽泽'。"也就是说，他认为松漠是包括"辽泽"的，他在文中明确这样的认识："平地松林"是在今西拉木伦河的上游地区，而"辽海""辽泽"则与今天的科尔沁沙地大体相当。（《赤峰学院学报》2012 年第 2 期，第 6 页）肖忠纯在《古代"辽泽"地理范围的历史变迁》一文中指出："从五代至元朝的文献记载来看，'辽泽'即指下辽河平原沼泽地区，又指西辽河平原的沼泽湿地，很有可能是辽河流域所有大片集中的沼泽湿地的泛称。"他认为，有关唐朝东征高丽的史料说明"辽泽"是指今北镇与辽中之间沼泽地，有关契丹和辽文献中的"辽泽"主要是指今西辽河冲积平原沼泽地。（《中国边疆史地研究》2010 年第 1 期，第 106—108 页）

有些记载①，这些河流和区域属于西辽河流域。但这些书对其地的地形、地貌、动植物等情况较少直接记述。宋人姜夔因契丹人萧总管口述而作的《契丹歌》倒是有所描述："契丹家住云沙中，耆车如水马若龙。春来草色一万里，芍药牡丹相间红……平沙软草天鹅肥，胡儿千骑晓打围。"②可见，其地有沙地，也有草原，有青草，也有芍药和牡丹。成群的马匹，肥硕的天鹅，是狩猎和畜牧良所。胡三省《资治通鉴》注记松漠之地有言："契丹国自西楼东去四十里，至真珠寨，又东行，地势渐高，西望松林郁然，数十里，遂入平川。"③《五代会要》对契丹居住环境的记载是："居辽泽之中，潢水之南……山川东西三千里，地多松柳，泽饶蒲苇。"④大概《辽史·地理志》对辽国之先的记述就是参考《五代会要》，其文为："辽国其先曰契丹，本鲜卑之地，居辽泽中……高原多榆柳，下隰饶蒲苇。"⑤此三条史料皆反映出西辽河流域还有山地、湿地，山地多有松树、榆树、柳树，湿地盛产蒲苇。宋人与辽人的接触较多，或听闻或亲见契丹人活动地域的自然状况，以诗歌和《行程录》等形式作了记录。沈括在宋熙宁八年（1075）使辽，他记述的辽朝北部永安山的情况是："永安地宜畜牧，畜宜马、牛、羊，草宜荔挺、枲耳，谷宜粱荞而人不善艺。四月始稼，七月毕敛；地寒多雨，盛夏重裘，七月阴霜，三月释冻。其人剪发，妥其两髦，行则乘马，食牛羊之肉酪而衣其

① 魏收：《魏书》卷100《契丹传》记载："契丹国，在库莫奚东，异种同类，俱窜于松漠之间。"（中华书局2017年版，第2408页）《北史》《周书》《通典》《隋书》均与《魏书》所记大体相同。《旧唐书》卷199下《北狄·契丹传》记载："契丹，居潢水之南，黄龙之北，鲜卑之故地。"（中华书局1975年版，第5349页）《新唐书》卷219《北狄·契丹传》记述稍详："契丹，本东胡种，其先为匈奴所破，保鲜卑山。魏青龙中，部酋比能稍桀骜，为幽州刺史王雄所杀，众遂微，逃潢水之南，黄龙之北。至元魏，自号曰契丹。"（中华书局1975年版，第6167页）《旧五代史》卷137《外国列传·契丹传》记载："契丹者，古匈奴之种也。代居辽泽之中，潢水南岸，南距榆关一千一百里，榆关南距幽州七百里，本鲜卑之旧地也。"（中华书局1976年版，第1827页）《新五代史》卷72《四夷附录一》称契丹早期居地为"黄河之南，黄龙之北"的鲜卑故地。（中华书局1974年版，第886页）
② 姜夔：《白石道人诗集》卷上《契丹歌》，上海书店1987年版，第12页。
③ 司马光：《资治通鉴》卷107"晋纪二十九·孝武帝太元十三年"，中华书局2011年版，第3436页。
④ 王溥：《五代会要》卷29《契丹》，上海古籍出版社2006年版，第455页。
⑤ 脱脱等：《辽史》卷37《地理志一》，中华书局2016年版，第495—496页。

皮。间啖麨粥。单于庭依㧪儿山之麓，广荐之中，毡庐数十，无垣墙沟表，至暮，则使人坐草，褒庐击柝。大率其俗简易，乐深山茂草，与马牛杂居，居无常处。"①永安山，傅乐焕认为原名缅山，后又更名庆云山。②据贾敬颜考证，永安山，别名庆云山，本名称夜来山，也写作拽剌山与耶里山，是辽圣宗、兴宗、道宗三陵寝所在。③永安山，位于大兴安岭山脉南端，辽上京临潢府的西北，在西辽河上游查干沐沦河附近，山地草原景观，地寒多雨，无霜期短。《辽史·营卫志》《辽史·地理志》对一些捺钵地、州城的记载也简单描述了地理环境，比如，秋捺钵，"曰伏虎林。七月中旬自纳凉处起牙帐，入山射鹿及虎。林在永州西北五十里。尝有虎据林，伤害居民畜牧。景宗领数骑猎焉，虎伏草际，战慄不敢仰视，上舍之，因号'伏虎林'。每岁车驾至，皇族而下分布泊水侧。伺夜将半，鹿饮盐水，令猎人吹角效鹿鸣，既集而射之。谓之'舐鹻鹿'，又名'呼鹿'"④。庆州，"穆宗建城，号黑河州，每岁来幸，射虎障鹰"⑤，说明永州附近的伏虎林和庆州有虎、鹿、鹰等动物。总体上看，西辽河流域生态环境比较复杂。宜耕的土地并不多，多为宜牧、宜猎、宜渔之地。

大小凌河流域和医巫闾山区，河流谷地农业开发早，山地林木茂密，属于农牧业兼营地区。濒海还有沙滩地，前述言及晋出帝北迁过榆关后就"行沙碛中"。《新五代史·四夷附录》述及辽西傍海道的自然环境："距幽州北七百里有榆关，东临海，北有兔耳、覆舟山。山皆斗绝，并海东北，仅通车，其旁地可耕植。"⑥即傍海道位于山海之间，狭长之路旁有可耕种的土

① 沈括:《熙宁使虏图抄》，贾敬颜:《五代宋金元人边疆行记十三种疏证稿》，中华书局2004年版，第126—128页。
② 傅乐焕:《辽史丛考》，中华书局1984年版，第86页。
③ 贾敬颜:《沈括〈熙宁使契丹图抄〉疏证稿》，《五代宋金元人边疆行记十三种疏证稿》，中华书局2004年版，第125页。
④ 脱脱等:《辽史》卷32《营卫志中》，中华书局2016年版，第425页。
⑤ 脱脱等:《辽史》卷37《地理志一》，中华书局2016年版，第502页。
⑥ 欧阳修:《新五代史》卷72《四夷附录一》，中华书局1974年版，第892页。

地。《辽史·地理志》称宜州有"坟山"，"松柏连亘百余里"①。这里提到的"坟山"应属于医巫闾山脉的一部分。医巫闾山是这一区域最有名的山脉。《辽史·道宗纪》咸雍元年（1065）冬十月丁亥朔记："幸医巫闾山。己亥，皇太后射获虎，大宴群臣，令各赋诗。"②金人王寂在明昌元年出按部封途经医巫闾山，他用诗句描述其山自然风光："桧影森旌节，松声殷鼓鼙""垂杨空袅袅，蔓草自萋萋"③。元人朱德润《闾山耕隐图序》记述医巫闾山景致："土肥而多稼，水香而便渔，百卉鲜妍，松杉乔茂，飞泉玉驶，高瀑练悬。"④可见，医巫闾山区草木茂盛，山间有桧树、松树、杉树、杨树，还有老虎出没。路振在其《乘轺录》中言及："沿灵河有灵、锦、显、霸四州，地生桑、麻、贝、锦，州民无田租，但供蚕织，名曰太后丝蚕户。"⑤依据《元一统志》所记元代兴中州、利州、建州的物产看，农作物以谷、麦、稷、黍、豆、麻为主。土产中还有芝麻、西瓜、榛子、枣、栗子、梨、杏和一些草药。

滦河流域是契丹辽朝经略较早的地区，但区域内新建州城不多，其上游、中游仅有北安州（治今河北隆化县城北隆化镇下洼子村土城子古城）及其属县兴化县、泽州（治今河北平泉市西南22里南五十家子乡会州城村）及其辖县神山县和滦河县。滦河下游仅有平州（治今河北卢龙县）及其统辖的三县（卢龙县、安喜县、望都县）、二州（滦州、营州）。其中，滦州（治今河北滦县）下辖义丰县、马城县、石城县，营州（治今河北昌黎县）下辖广宁县。北安州、泽州为辽朝新建，二州的建置接纳了外来移民。《辽史·地理志》"北安州"条记载："唐为奚王府西省地。圣宗以汉户置北安

---

① 脱脱等：《辽史》卷39《地理志三》，中华书局2016年版，第551页。
② 脱脱等：《辽史》卷22《道宗纪二》，中华书局2016年版，第301页。
③ 王寂：《辽东行部志》，贾敬颜：《五代宋金元人边疆行记十三种疏证稿》，中华书局2004年版，第262页。
④ 朱德润：《闾山耕隐图序》，李修生主编《全元文》卷1275（第40册），凤凰出版社2004年版，第531页。
⑤ 路振：《乘轺录》，赵永春辑注《奉使辽金行程录》（增订本），商务印书馆2017年版，第20页。

州。属中京。"①泽州虽建于辽圣宗开泰年间，但早在辽太祖统治时期，就在其地安置俘户，即"太祖俘蔚州民，立寨居之，采炼陷河银冶"②。过了古北口的滦河上、中游直到老哈河流域的辽中京被称为奚境，或称奚界。宋人使辽走行古北口道，对其地生态环境略有简单描述。宋使路振大中祥符元年（1008）所作《乘轺录》记述其过虎北口（即古北口）入奚界所经过的山、河、路况如下：

> 十五日，自虎北馆东北行，至新馆六十里。下虎北口山，即入奚界。五里有关，虏率十余人守之。洞水西南流至虎北口南，名朝里河。五十里过大山，名摘星岭，高五里，人谓之辞乡岭。
>
> 十六日，自新馆行，至卧如馆四十里。七里过编厢岭。
>
> 十七日，自卧如馆东北行，至柳河馆六十里。五里过石子岭，道险，三十里过蠡河。四十里过缠斗岭。又行十余里至平州路。六十里过柳河。
>
> 十八日，过柳河馆东北行，至部落馆八十里。十里过小山。六十里过契丹岭。
>
> 十九日，自部落馆至牛山馆五十里，山势平漫。
>
> 二十日，自牛山馆东北行，至鹿儿馆六十里，地势微险。
>
> 二十一日，自鹿儿馆东北行，至铁浆馆八十里，山势平远。
>
> 二十二日，自铁浆馆东北行至富谷馆八十里，山势平远……③

从这段文字看，古北口至辽中京的驿路在山岭中穿行，山势以平远居多，主要是丘陵、谷地。从路振所说"奚民守馆者，皆给土田，以营养焉"④看，驿路旁边也有农田。

---

① 脱脱等：《辽史》卷39《地理志三》，中华书局2016年版，第548页。
② 脱脱等：《辽史》卷39《地理志三》，中华书局2016年版，第548页。
③ 路振：《乘轺录》，赵永春辑注《奉使辽金行程录》（增订本），商务印书馆2017年版，第17页。
④ 路振：《乘轺录》，赵永春辑注《奉使辽金行程录》（增订本），商务印书馆2017年版，第22页。

大中祥符五年（1012），作为契丹国主生辰使的王曾在其所作《行程录》中对过古北口后的自然状况有更明确的记述：

居人草庵板屋，亦务耕种，但无桑柘。所种皆从垄上，盖虞吹沙所壅。山中长松郁然，深谷中多烧炭为业。时见畜牧牛、马、橐驼，尤多青羊、黄豕，亦有挈车帐，逐水草射猎。食止麋粥、炒糒。^①

综合路振和王曾的记载，奚地自然环境是风沙较大，山地有森林、草场，牧放着牛、马、羊、豕，也有橐驼。

苏颂的诗《奚山道中》记述其走行奚山山路的感受："山路萦回极险屯，才经深涧又高原。顺风冲激还吹面，澾水坚凝几败辕。岩下有时逢虎迹，马前终日听夷言。使行劳苦诚无惮，所喜殊方识汉恩。"^②这里提到山路曲折有深涧也有高原，马车行走其间颇为不易，因为是冬季，"澾水坚凝几败辕"，山间也见有虎迹，说明当时其地人口密度不大，因而大山林间有虎出没。也说明当地人的活动尚未对大型动物造成较大影响。

沈括熙宁八年（1075）使辽所作《熙宁使虏图抄》也对奚地自然和物产有记载："奚人业伐山，陆种斫车，契丹之车，皆资于奚。车工所聚，曰打造馆。其辒车之制如中国，后广前杀而无毂，材俭易败，不能任重而利于行山。长毂广轮，轮之牙其厚不能四寸，而轵之材不能五寸。其乘车，驾之以驼，上施幰，惟富者加毡幰文绣之饰。中京始有果蓏而所植不蕃。契丹之粟果瓠，皆资于燕。粟车转，果瓠以马，送之虏廷。"^③这段文字从奚人伐山造车证实奚地多山林，辽中京已有果树种植，但不足以满足辽上京等地的需

---

① 王曾：《王沂公行程录》，赵永春辑注《奉使辽金行程录》（增订本），商务印书馆2017年版，第27页。
② 苏颂：《奚山道中》，赵永春辑注《奉使辽金行程录》（增订本），商务印书馆2017年版，第81页。
③ 沈括：《熙宁使虏图抄》，贾敬颜：《五代宋金元人边疆行记十三种疏证稿》，中华书局2004年版，第130-132页。

要，契丹的粮食、果品还是依赖燕地供应，这也从侧面反映出燕地、奚地、契丹腹地（西辽河流域）生态环境的差异。

滦河下游的平州虽处于辽西陆海交通咽喉地带，但文献中关于辽时平州的自然与人文环境并没有直接的描述，从《辽史》关于平州的记载看，平州与幽州一样是农耕占重要地位的地区。比如，《辽史·兵卫志》概述辽朝南下用兵时提到："将至平州、幽州境，又遣使分道催发，不得久驻，恐践禾稼。"[1]辽圣宗统和十九年（1001）十二月庚辰，"免南京、平州租税"[2]；耶律隆运在统和年间，也曾"以南京、平州岁不登，奏免百姓农器钱"[3]。至金朝，傍海道交通地位提升，金人和宋使出入东北大多走行傍海道。许亢宗《宣和乙巳奉使金国行程录》对滦州和营州的山川和人文景象有所记述。他记述滦州形势提到："州处平地，负麓面冈。东行三里许，乱山重叠，形势险峻。河经其间，河面阔三百步，亦控扼之所也。水极清深，临河有大亭，名曰'濯清'，为塞北之绝郡。守将迎于此，回程锡宴是州。"关于营州则记为："营州，古柳城，舜筑也。乃殷之孤竹国，汉唐辽西地。金国讨张觉，是州之民屠戮殆尽，存者贫民十数家。是日，行人馆于州宅，古屋十数楹，庭有大木十数株。枯腐蔽野，满目凄凉，使人有吊古悼亡之悲。州之北六七里间，有大山数十，其来甚远，高下皆石，不产草木，峙立州后，如营卫然。恐州以此得名，而前人谓地当营室，故名曰营。"[4]需要注意的是，许亢宗所见的滦州、营州是刚刚经历辽金战火不久，满目萧然，缺乏生气。从其记述看，两个州城附近都有连绵的山脉，营州附近是大石山，没有草木。滦州临河，河面较宽，确实是山水形胜之地。

由上述可知，辽金元时期辽西各区域（包括西辽河流域、大小凌河流域

① 脱脱等：《辽史》卷34《兵卫志上》，中华书局2016年版，第452页。
② 脱脱等：《辽史》卷14《圣宗纪五》，中华书局2016年版，第171页。
③ 脱脱等：《辽史》卷82《耶律隆运传》，中华书局2016年版，第1422页。
④ 许亢宗：《宣和乙巳奉使金国行程录》，赵永春编注《奉使辽金行程录》（增订本），商务印书馆2017版，第214页。

及医巫闾山地区、滦河流域）环境各具特色，由于文献记载的片段性、不完整性，仅能呈现其地理环境的大致面貌，其环境变迁在文献中没有明确的表达。按理，在持续四百年的时间里，由于人的活动，局部地理环境肯定会发生一些变化。

（二）移民对辽西环境变迁的影响

近三十年来，辽金元时期辽西环境变迁问题引起多个研究领域学者的关注，尤其是西辽河流域（包括科尔沁沙地）。学者们普遍认为辽代中期是西辽河流域自然环境发生变化的时间节点。比如，景爱认为辽代西拉木伦河上游的原始森林不断遭到破坏。[①]王守春指出："西辽河流域在辽代早期和辽代之前，是自然环境较好的'辽泽'，其自然景观为面积广大的平沙地，其上生长乔木、灌木和草本，为疏林草原，还有较大面积的下湿地和较多湖泊，没有出现流动沙丘……10世纪末西辽河流域环境可能出现突变，是历史时期西辽河流域沙漠化的开始时间。"[②]韩茂莉的看法与王守春大体一致，她认为是辽代中期西辽河流域自然环境出现逆转。[③]杨军确定辽圣宗时期契丹故地（辽上京道西拉木伦河和老哈河一带）的自然环境明显开始恶化。[④]张国庆认为辽道宗、天祚帝执政的辽代后期契丹腹地的生态环境恶化，表现在秋冬春三季酷寒多雪、土地沙化趋重、狂风沙暴天气增多等。[⑤]

对于辽代西辽河流域环境变迁的原因，学者们的看法并不一致。景爱认为辽代大量汉族、渤海族移民开垦耕地是根本原因。[⑥]夏宇旭也认为移民在草原上大规模开发农田导致环境变迁。[⑦]杨军认为："人口过多导致的过度开垦和过度放牧是主要原因。"而且，"汉式生活方式的输入使对资源的消耗倍

---

① 景爱：《平地松林的变迁与西拉木伦河上游的沙漠化》，《中国历史地理论丛》1988年第4期，第30页。
② 王守春：《10世纪末西辽河流域沙漠化的突进及其原因》，《中国沙漠》2000年第3期，第238页。
③ 韩茂莉：《辽代西辽河流域气候变化及其环境特征》，《地球科学》2004年第5期，第556页。
④ 杨军：《辽代契丹故地的农牧业与自然环境》，《中国农史》2013年第1期，第58页。
⑤ 张国庆：《辽代后期契丹腹地生态环境恶化及其原因》，《辽宁大学学报》2014年第5期，第159页。
⑥ 景爱：《平地松林的变迁与西拉木伦河上游的沙漠化》，《中国历史地理论丛》1988年第4期，第30页。
⑦ 夏宇旭：《辽代西辽河流域农田开发与环境变迁》，《北方文物》2018年第1期。

增"。①他们都从人的活动方面找寻原因,景爱强调是农业移民开垦耕地造成的。杨军认为不仅仅是农业人口的开垦,游牧民的过度放牧也是主要原因,而且,农牧民生产活动破坏之外,还有生活方式比如建宅院等对林木的消耗也是一个因素。王守春认为辽代科尔沁沙地的沙漠化主要是自然原因。②他也从辽代前期和后期捺钵地域推断西辽河地区自然环境趋于恶化,并强调变化当是自然过程,而非人为原因。③韩茂莉认为辽中期开始西辽河流域的气候由暖湿变得冷干,既有自然因素(气候变化),又有人类活动对环境的影响。④对于人类活动的因素,韩茂莉在其所著《草原与田园——辽金时期西辽河流域农牧业与环境》一书中从人口容量的角度分析过辽金时期西辽河流域农业开发引发的环境问题。⑤张国庆也认为既有气候变化的客观原因,也有农业生产开发的主观原因。⑥显然,上述观点主要集中在移民在多大程度上影响区域环境上。

　　就本书所指定的辽西范围看,移民对环境变迁的影响的确是比较复杂的,而且由于史料较少,无法进行准确的分析。大致说来,西辽河流域以上京临潢府为核心的北部地区,也就是西拉木伦河南北,是生态敏感地带,山地草原、荒漠草原为主,部分山区林木茂盛,河流两旁也有湿地,但可供耕种的土地十分有限,主要集中在山地和沙地之间。辽初的外来移民进入该地区后尽管有比较先进的农业技术,但其地并不能提供大面积良田沃土供人们从事农业,或有农业人口转而从事畜牧业和手工业,所以畜牧业在有辽一代西辽河流域始终占据主导地位,农业仅在局部小范围内出现,地理条件的限制,作物品种较少。虽然在辽上京地区因移民新置很多州城,但应该考虑

---

① 杨军:《辽代契丹故地的农牧业与自然环境》,《中国农史》2013年第1期,第58—59页。

② 王守春:《10世纪末西辽河流域沙漠化的突进及其原因》,《中国沙漠》2000年第3期,第241页。

③ 王守春:《辽代西辽河冲积平原及邻近地区的湖泊》,《中国历史地理论丛》2003年第1期,第138页。

④ 韩茂莉:《辽代西辽河流域气候变化及其环境特征》,《地球科学》2004年第5期,第556页。

⑤ 韩茂莉:《草原与田园——辽金时期西辽河流域农牧业与环境》,生活·读书·新知三联书店2006年,第112—166页。

⑥ 张国庆:《辽代后期契丹腹地生态环境恶化及其原因》,《辽宁大学学报》2014年第5期,第163页。

到，一是州城规模不大，民户不多；二是州城内的人口从事的生产行业多样，不完全依赖农耕营生。直到沈括出使辽朝的辽道宗朝，辽上京地区的农业发展水平仍然很低，无法满足其地人口的农产品需要。所以，被学者们特别关注的西辽河流域沙漠化问题不完全是移民开垦的结果，那时的人们是难以突破自然环境对农业发展的限制的。当然，由于辽初人口的集中迁入，资源的消耗可能会增大，进而对环境造成不利影响，但是否导致急剧恶化，依现有的资料尚难以确定。至于处于老哈河流域以辽中京为核心的一些州县，即奚人长期生活的区域，其地土质和气候都比北部好些，经历辽代移民置州的开发建设后发展为农牧兼营的区域。大小凌河流域及医巫闾山地区、滦河流域也有移民迁入，但这些地区原本农业基础较好，移民对其环境的影响并不明显。

金元两代辽西地区的移民从规模和频次上都不如辽代，移民与环境的关系是相互制约的，资源丰富之地留居者众，反之则少。至于"金代人口与农业核心区再次向南转移，从老哈河流域转向大凌河流域"[①]，当是金代总结辽朝移民经验而做出的积极调整，是优化发展的体现，这样的调整更与金代南向发展定位关系密切。

总之，辽金元时期辽西移民所产生的影响是广泛的，除了移民为经济开发提供动力外，移民对区域统治秩序的构建及稳固所起的作用十分突出，辽西与中原之间交通环境也因为移民置州有进一步的改善。当然，移民辽西也引发了社会问题、民族矛盾，也关涉局部环境变迁，这些对于那个时代来说都是消极的后果，对于后世而言则可为前车之鉴。

---

① 韩茂莉:《草原与田园——辽金时期西辽河流域农牧业与环境》,生活·读书·新知三联书店 2006 年版,第 84 页。

结　语

辽西地区处于东北与中原沟通与联系的枢纽地带，地理位置决定了辽西从来都不是封闭的区域。早在先秦时期，山戎、东胡人活动的区域就有商族、燕人的足迹。秦汉以后辽西各族与中原政权的联系渐趋增多。他们与中原政权的关系，体现在政治隶属和军事外交上的内容为当时文献着意记载，时而内属，时而疏离，断断续续，不绝如缕。

辽金元时期的辽西，更是多民族活动的重要舞台，除了长期生产生活于其地的契丹、奚、汉等族之外，持续不断有不同身份的各族移民进入。梳理辽金元三朝的移民史，可以发现，这三朝关乎辽西地区的移民在数量、频次、影响方面有很大差异。辽代由于以契丹皇帝为首的决策者对辽西之地情有独钟，他们在捺钵营地和陵地的选择上皆以辽西为主，辽西也成为辽朝优先发展的核心区域。因此，辽西是辽朝全境吸纳移民最多的区域，汇聚了来自四面八方的人口，包括燕云之地的汉人、辽东的渤海人、辽境西面的回鹘人及其北部的女真、室韦、于厥等民族或部族，而以汉人、渤海人居多。时间上主要集中在两个时段，其一为10世纪的前五十年（901—951），即辽立国前后至辽世宗朝；其二为10世纪末至11世纪前期（982—1031），就是辽圣宗朝。也就是说辽朝辽西移民出现过两次高潮，移民在辽西的分布呈现出与原居民交错杂居的格局。汉、渤海移民的集中而大量迁入，使辽西"城郭相望"，尤其是辽上京、辽中京、宜州、兴中府、显州的建置意义非凡，带动了区域产业结构的变化与多种经济的迅速发展，推动了辽西经济社会的进步。金元两代的辽西没有持续辽朝强劲的发展势头，原因有二：一是这两朝政治经济中心都没有选择在辽西，辽西自然也不是金元两代移民的重点区域，迁入人口有限，迁出者也不少，出于防范契丹人、奚人以及加强区域控制的目的，金代迁出者多为契丹、奚人，而迁入者以女真人为主。元代没有特别强调迁出人口的民族成分，但新移入者仍以统治民族蒙古族为主。二是民族政策和历史因素的影响。辽西并不是女真人、蒙古人隆兴之地，金元政权建立之前，女真人、蒙古人在其地的人口构成中占比很少。需要注意的是，辽西因其距离金元政治中心比较近，加之交通位置重要，金元两代虽没有视其为核心区域，却也都非常重视对其地的控制，迁入者以统治民族为主，便是出于加强统治的考量。当然，作为三个相接续的政权，时代赋予辽金元辽西移民一些共同的特性，值得重视，主要是：

第一，多民族性。此特点在移民动因和走向上均有体现。辽金元三朝都是由兴起于北方的少数民族为主导建立的政权。多民族杂居共处是其时代历史发展的重要特征之一。可以说辽金元三朝的决策者主观上都重视民族分布，因此三朝移民活动的开展往往带着一定的目的。辽朝在灭渤海后大规模迁徙渤海人至辽西是其加强区域统治的重要举措。金朝为削弱契丹人聚居地的反抗力量，增强女真族对原辽核心区域的控制，将辽西的契丹人、奚人外迁，充实以女真人。元朝效仿金朝，把辽西一些地方作为分地分给蒙古贵族，如大宁路有札剌亦儿部木华黎一系的分地、懿州有亦乞列思的分地、广宁路是别里古台家族的势力范围、应昌路和全宁路是弘吉剌氏的一处分地，等等。其实，辽金元三朝在辽西推行的民族迁徙都有加强对征服民族监管的意义，而安置各民族移民的一项重要原则是使其交错分布，实行民族杂居，当然，民族间沟通与交往日趋广泛的结果，民族重组与民族融合得以实现。金代中后期，渤海人、女真人汉化倾向已十分明显，至元朝，辽西地区的契丹、奚、渤海、女真、高丽等族，差别已不显著，多数时候他们都被视为汉人。这一客观的后果可能出乎三朝移民政策制定者的意料，却是多民族文化交融的大趋势使然。

第二，极具政治军事倾向。辽金元三朝辽西移民的目的并不单纯是经济开发，尤其是在每个政权建立之初期和末期，以及经略辽西地区的重要阶段。在辽金元三个政权初兴之时，武力征服严重破坏了征服地区旧有的社会秩序，为了接管新占领地，也努力构建新秩序，当时的军事强制移民就是巩固战争成果、重新构建社会运转机制的手段，旨在改变人口分布格局及充实新建都城、州城的移民活动的政治目的很明确。可以肯定，辽金元基于军事政治需要而进行的强制移民往往高效率实现人口重新布局，而且为了能迅速达成军政外交目标，疏通辽西走廊诸道，沿途安置移民也是改善交通环境的手段之一。但是，以行政命令的方式进行移民也难免顾此失彼，引发一些社会问题，因为如此移民主要体现决策者的意志，而不是迁徙者的意愿，管理不当，必然出现移民逃亡，甚至武装反抗和复国独立，同时，大量的移民及其后裔的生计问题、与统治民族关系问题，移民数量的增多对环境变迁的影响问题等，都是利用军政手段移民必然面临的问题。辽金元时期辽西地区移民史证明，移民活动的政治军事目的越明确，移民的去向所受影响以及对社会秩序构建的影响也就越大。

第三，包容性。此特点主要体现在移民管理政策上。应该说一定量移民进入辽西后，辽西区域内人口构成变得复杂起来，不同生产方式、生活习惯以及文化思想观念的人们难以用整齐划一的方式实施管理，因人而异、因时通变是辽金元三朝统治者管理多民族杂居地区最务实最明智的选择。为了更好地统治诸如辽西地区的各族民众，在管理方式上，辽朝根据实际情况推行了因俗而治，"以国制治契丹，以汉制待汉人"体现了对不同民族制度和文化的尊重；金朝女真贵族由最初的强制实行女真制度转而采用两种或多种制度并行；元代经略辽西之初既沿袭金制，又推行蒙古制度。当然多元包容的管理也是辽金元三朝的统治者接受移民建议吸取历史经验的结果，不仅仅体现的是统治者的气度和智慧，也显示的是各族移民的力量。包容的管理方式，一定程度上减轻战争破坏，对推进辽西区域文明进步，营造更加和谐的社会环境，缩小辽西与中原地区社会发展的差距都是有益的。

　　总的说来，辽金元时期辽西地区的移民情形复杂，既有军事征伐背景下的迁徙战俘或以降附的民众充实"内地"及新占领区的移民，又有民族分化政策指导下的民族迁徙，也有改变社会环境、监控被镇压民族、镇守襟要之地的移民，还有因灾害、战乱等造成的人口流动。辽金元辽西地区的移民所产生的影响主要在于移民使区域民族构成和民族分布格局发生持续的改变，民族杂居、民族交流日益广泛，也很好地诠释了辽金元时期突出的历史特征：多民族融合与北方开发。辽金元时期辽西地区的移民史内涵丰富，经验教训皆可资借鉴，并从一个侧面反映了辽金元时代中国统一多民族国家的发展演进。

参考文献

历史文献

[1] 司马迁. 史记[M]. 北京：中华书局，1982.

[2] 班固. 汉书[M]. 北京：中华书局，1962.

[3] 范晔. 后汉书[M]. 北京：中华书局，1965.

[4] 陈寿. 三国志[M]. 北京：中华书局，1959.

[5] 房玄龄，等. 晋书[M]. 北京：中华书局，1974.

[6] 魏收. 魏书[M]. 北京：中华书局，2017.

[7] 李百药. 北齐书[M]. 北京：中华书局，1972.

[8] 令狐德棻，等. 周书[M]. 北京：中华书局，1971.

[9] 李延寿. 北史[M]. 北京：中华书局，1974.

[10] 魏徵，等. 隋书[M]. 北京：中华书局，2019.

[11] 刘昫，等. 旧唐书[M]. 北京：中华书局，1975.

[12] 欧阳修，宋祁. 新唐书[M]. 北京：中华书局，1975.

[13] 薛居正，等. 旧五代史[M]. 北京：中华书局，1976.

[14] 欧阳修. 新五代史[M]. 北京：中华书局，1974.

[15] 脱脱，等. 辽史[M]. 北京：中华书局，2016.

[16] 脱脱，等. 金史[M]. 北京：中华书局，2020.

[17] 宋濂，等. 元史[M]. 北京：中华书局，1976.

[18] 柯劭忞. 新元史[M]. 张京华，黄曙辉，总校. 上海：上海古籍出版社，2018.

[19] 杨伯峻. 春秋左传注[M]. 北京：中华书局，1995.

[20] 黎翔凤. 管子校注[M]. 梁运华，整理. 北京：中华书局，2004.

[21] 徐元诰. 国语集解（修订本）[M]. 北京：中华书局，2002.

[22] [朝鲜]金富轼. 三国史记[M]. 杨军，校勘. 长春：吉林大学出版社，2015.

[23] 王钦若. 册府元龟[M]. 北京：中华书局，1960.

[24] 司马光. 资治通鉴[M]. 北京：中华书局，2011.

[25] 李焘. 续资治通鉴长编[M]. 北京：中华书局，2004.

[26] 李心传. 建炎以来系年要录[M]. 北京：中华书局，2013.

[27] 徐梦莘. 三朝北盟会编[M]. 上海：上海古籍出版社，2008.

[28] 余大钧. 蒙古秘史[M]. 石家庄：河北人民出版社，2001.

[29] 乐史. 太平寰宇记[M]. 王文楚，等，点校. 北京：中华书局，2007.

[30] 曾公亮，等. 武经总要前集[M]. 郑诚，整理. 长沙：湖南科学技术出版社，2017.

[31] 孛兰肹，等. 元一统志[M]. 赵万里，校辑. 北京：中华书局，1966.

[32] 顾祖禹. 读史方舆纪要[M]. 贺次君，施和金，点校. 北京：中华书局，2005.

[33] 马端临. 文献通考[M]. 北京：中华书局，2011.

[34] 李林甫，等. 唐六典[M]. 北京：中华书局，1992.

[35] 王溥. 五代会要[M]. 上海：上海古籍出版社，2006.

[36] 宋会要辑稿·蕃夷道释[M]. 郭声波，点校. 成都：四川大学出版社，2010.

[37] 宋会要辑稿[M]. 刘琳，刁忠民，等，校点. 上海：上海古籍出版社，2014.

[38] 元典章[M]. 陈高华，张帆，刘晓，党宝海，点校. 北京：中华书局；天津：天津古籍出版社，2011.

[39] 赵世延，虞集，等. 经世大典辑校[M]. 周少川，魏训田，谢辉，辑校. 北京：中华书局，2020.

[40] 叶隆礼. 契丹国志[M]. 贾敬颜，林荣贵，点校. 上海：上海古籍出版社，1985.

[41] 宇文懋昭.大金国志校证[M].崔文印，校证.北京：中华书局，1986.

[42] 苏天爵.元朝名臣事略[M].姚景安，点校.北京：中华书局，2019.

[43] 苏天爵.滋溪文稿[M].陈高华，孟繁清，点校.北京：中华书局，1997.

[44] 陶宗仪.南村辍耕录[M].北京：中华书局，1959.

[45] 狄宝心.元好问文编年校注[M].北京：中华书局，2012.

[46] 王恽.王恽全集汇校[M].杨亮，钟彦飞，点校.北京：中华书局，2013.

[47] 许谦.许谦集[M].蒋金德，点校.杭州：浙江古籍出版社，2015.

[48] 李庭.寓庵集[M].上海：上海古籍出版社，2002.

[49] 胡祗遹.胡祗遹集[M].魏崇武，周思成，校点.长春：吉林文史出版社，
    2008.

[50] 揭傒斯.揭傒斯全集[M].李梦生，标校.上海：上海古籍出版社，2012.

[51] 黄溍.黄溍集[M].王颋，点校.杭州：浙江古籍出版社，2013.

[52] 柳贯.柳贯集[M].魏崇武，钟彦飞，点校.杭州：浙江古籍出版社，2014.

[53] 程钜夫.程钜夫集[M].王齐洲，温庆新，点校.武汉：湖北人民出版社，
    2018.

[54] 耶律楚材.湛然居士集[M].谢方，点校.北京：中华书局，2021.

[55] 熊梦祥.析津志辑佚[M].北京：北京古籍出版社，1983.

[56] 贾敬颜.五代宋金元人边疆行记十三种疏证稿[M].北京：中华书局，2004.

[57] 傅璇琮，徐海荣，徐吉军.五代史书汇编[M].杭州：杭州出版社，2004.

[58] 赵永春.奉使辽金行程录（增订本）[M].北京：商务印书馆，2017.

[59] 赵翼.廿二史札记[M].王树民，校正.北京：中华书局，1984.

[60] 钱大昕.嘉定钱大昕全集（增订本）[M].南京：凤凰出版社，2016.

[61] 厉鹗.辽史拾遗[M].北京：中华书局，1985.

[62] 王晶辰.辽宁碑志[M].沈阳：辽宁人民出版社，2002.

[63] 周阿根.辽代墓志校注[M].天津：天津古籍出版社，2022.

[64] 王新英.全金石刻文辑校[M].长春：吉林文史出版社，2012.

[65] 董诰，等. 全唐文[M]. 北京：中华书局，1983.

[66] 彭定求，等. 全唐诗[M]. 北京：中华书局，1960.

[67] 姜夔. 白石道人诗集[M]. 上海：上海书店，1987.

[68] 张金吾. 金文最[M]. 北京：中华书局，1990.

[69] 阎凤梧. 全辽金文[M]. 太原：山西古籍出版社，2002.

[70] 李修生. 全元文[M]. 南京：江苏古籍出版社（凤凰出版社），1998—2004.

[71] 李有棠. 金史纪事本末[M]. 北京：中华书局，2015.

研究专著

[1] 马长寿. 乌桓与鲜卑[M]. 上海：上海人民出版社，1962.

[2] 陈述. 契丹社会经济史稿[M]. 北京：生活·读书·新知三联书店，1963.

[3] 王仲荦. 北周地理志[M]. 北京：中华书局，1980.

[4] 金毓黻. 东北通史[M]. 重庆：五十年代出版社，1981.

[5] 张博泉. 金代经济史略[M]. 沈阳：辽宁人民出版社，1981.

[6] [日]松井，等. 契丹勃兴史[M]. 《民族史译文集》第10集. 刘凤翥，译；邢复礼，校. 北京：科学出版社，1981.

[7] 谭其骧. 中国历史地图集（宋·辽·金时期）[M]. 北京：中国地图出版社，1982.

[8] 傅乐焕. 辽史丛考[M]. 北京：中华书局，1984.

[9] [日]三上次男. 金代女真研究[M]. 金启孮，译. 哈尔滨：黑龙江人民出版社，1984.

[10] 张博泉. 东北地方史稿[M]. 长春：吉林大学出版社，1985.

[11] 陈述. 契丹政治史稿[M]. 北京：人民出版社，1986.

[12] 张博泉，等. 金史论稿[M]. 长春：吉林文史出版社，1986.

[13] 韩儒林. 元朝史[M]. 北京：人民出版社，1986.

[14] 冯家昇. 冯家昇论著辑粹[M]. 北京：中华书局，1987.

[15] 谭其骧. 《中国历史地图集》释文汇编（东北卷）[M]. 北京：中央民族学院出版社，1988.

[16] [日]外山军治. 金朝史研究[M]. 李东源，译. 哈尔滨：黑龙江朝鲜民族出版社，1988.

[17] 林幹. 东胡史[M]. 呼和浩特：内蒙古人民出版社，1989.

[18] 王鐘翰. 中国民族史[M]. 北京：中国社会科学出版社，1994.

[19] 林荣贵. 辽朝经营与开发北疆[M]. 北京：中国社会科学出版社，1995.

[20] 林幹，再思. 东胡乌桓鲜卑研究与附论[M]. 呼和浩特：内蒙古大学出版社，1995.

[21] 张博泉. 鲜卑新论[M]. 长春：吉林文史出版社，1995.

[22] 晁福林. 夏商西周的社会变迁[M]. 北京：北京师范大学出版社，1996.

[23] 田继周. 先秦民族史[M]. 成都：四川民族出版社，1996.

[24] 罗贤佑. 元代民族史[M]. 成都：四川民族出版社，1996.

[25] 项春松. 辽代历史与考古[M]. 呼和浩特：内蒙古人民出版社，1996.

[26] 赵杰，周洪山. 北宁市文物志[M]. 沈阳：辽宁民族出版社，1996.

[27] 葛剑雄. 中国移民史·先秦至魏晋南北朝时期[M]. 福州：福建人民出版社，1997.

[28] 吴松弟. 中国移民史·隋唐五代时期[M]. 福州：福建人民出版社，1997.

[29] 吴松弟. 中国移民史·辽宋金元时期[M]. 福州：福建人民出版社，1997.

[30] 张博泉，魏存成. 东北古代民族考古与疆域[M]. 长春：吉林大学出版社，1998.

[31] 韩茂莉. 辽金农业地理[M]. 北京：社会科学文献出版社，1999.

[32] 李开元. 汉帝国的建立与刘邦集团——军功受益阶层研究[M]. 北京：生活·读书·新知三联书店，2000.

[33] 胡廷荣，胡晓明，韩玉和. 塞北（东部）古诗注与史地考[M]. 呼和浩特：内蒙古人民出版社，2001.

[34] 荣新江. 中古中国与外来文明[M]. 北京：生活·读书·新知三联书店，2001.

[35] 盖之庸. 内蒙古辽代石刻文研究[M]. 呼和浩特：内蒙古大学出版社，2002.

[36] 邱树森. 元史辞典[M]. 济南：山东教育出版社，2002.

[37] 李治安. 元代政治制度研究[M]. 北京：人民出版社，2003.

[38] 李治亭. 东北通史[M]. 郑州：中州古籍出版社，2003.

[39] 国家文物局. 中国文物地图集（内蒙古分册下）[M]. 西安：西安地图出版社，2003.

[40] 史为乐. 中国历史地名大辞典[M]. 北京：中国社会科学出版社，2005.

[41] 蒙思明. 元代社会阶级制度[M]. 上海：上海人民出版社，2006.

[42] 佟冬. 中国东北史[M]. 长春：吉林文史出版社，2006.

[43] 韩茂莉. 草原与田园——辽金时期西辽河流域农牧业与环境[M]. 北京：生活·读书·新知三联书店，2006.

[44] 朱彦民. 商族的起源、迁徙与发展[M]. 北京：商务印书馆，2007.

[45] 雷虹霁. 秦汉历史地理与文化分区研究[M]. 北京：中央民族大学出版社，2007.

[46] 赵宾福. 中国东北地区夏至战国时期的考古学文化研究[M]. 北京：科学出版社，2009.

[47] 国家文物局. 中国文物地图集（辽宁分册下）[M]. 西安：西安地图出版社，2009.

[48] 李治安，薛磊. 中国行政区划通史·元代卷[M]. 上海：复旦大学出版社，2009.

[49] 孙进已，孙泓. 契丹民族史[M]. 桂林：广西师范大学出版社，2010.

[50] 邱树森. 辽金史辞典[M]. 济南：山东教育出版社，2010.

[51] 程妮娜. 古代中国东北民族地区建置史[M]. 北京：中华书局，2011.

[52] 王德朋. 金代商业经济研究[M]. 北京：社会科学文献出版社，2011.

[53] 姚大力. 蒙元制度与政治文化[M]. 北京：北京大学出版社，2011.

[54] 王孝俊. 中国人口通史·辽金卷[M]. 北京：人民出版社，2012.

[55] 李莎. 中国人口通史·元代卷[M]. 北京：人民出版社，2012.

[56] 郭声波. 中国行政区划通史·唐代卷[M]. 上海：复旦大学出版社，2012.

[57] 余蔚. 中国行政区划通史·辽金卷[M]. 上海：复旦大学出版社，2012.

[58] 任爱君. 辽朝史稿[M]. 兰州：甘肃民族出版社，2012.

[59] 薛磊. 元代东北统治研究[M]. 北京：社会科学文献出版社，2012.

[60] 国家文物局. 中国文物地图集（河北分册中）[M]. 北京：文物出版社，2013.

[61] 肖爱民. 辽朝政治中心研究[M]. 北京：人民出版社，2014.

[62] 夏宇旭. 金代契丹人研究[M]. 北京：中国社会科学出版社，2014.

[63] 内蒙古自治区文物考古研究所. 赤峰文化遗产[M]. 北京：文物出版社，2014.

[64] [日]箭内亘. 辽金糺军及金代兵制考[M]. 陈捷，陈清泉，译. 太原：山西人民出版社，2015.

[65] [日]箭内亘. 元代经略东北考[M]. 陈捷，陈清泉，译. 太原：山西人民出版社，2015.

[66] 毕德广. 奚族文化研究[M]. 北京：科学出版社，2016.

[67] 王绵厚，朴文英. 中国东北与东北亚古代交通史[M]. 沈阳：辽宁人民出版社，2016.

[68] 朱永刚. 汉以前东北考古研究[M]. 北京：科学出版社，2017.

[69] 周振鹤，李晓杰，张莉. 中国行政区划通史·秦汉卷[M]. 上海：复旦大学出版社，2017.

[70] 施和金. 中国行政区划通史·隋代卷[M]. 上海：复旦大学出版社，2017.

[71] 齐伟. 辽代汉官集团的婚姻与政治[M]. 北京：科学出版社，2017.

[72] 李德山，李路. 孤竹·东胡·令支·屠何史[M]. 北京：中国社会科学出版

社，2019.

[73] 宋卿. 唐代营州与东北边疆经略[M]. 长春：吉林大学出版社，2019.

[74] 何天明. 中国古代北方民族史·乌桓卷[M]. 北京：科学出版社，2021.

[75] 杨若薇. 契丹王朝政治军事制度研究[M]. 北京：社会科学文献出版社，
2022.

研究论文

[1] 冯家昇. 述东胡系之氏族[J]. 禹贡，1935，3（8）.

[2] 吴汝康. 辽宁建平人类上臂骨化石[J]. 古脊椎动物与古人类，1961（4）.

[3] 辽宁省博物馆. 辽宁朝阳金代壁画墓[J]. 考古，1962（4）.

[4] 李慎儒. 辽史地理志考[A]. 杨家骆. 辽史汇编(第四册)[C]. 台北：鼎文书局，
1973.

[5] 竺可桢. 中国近五千年来气候变迁的初步研究[J]. 中国科学（B辑），
1973（2）.

[6] 谭其骧. 辽后期迁都中京考实[J]. 中华文史论丛，1980（2）.

[7] 张博泉. 关于殷人的起源地问题[J]. 史学集刊，1981（复刊号）.

[8] 陈得芝. 耶律大石北行史地杂考[A]. 中国蒙古史学会论文选集[C]. 呼和浩
特：内蒙古人民出版社，1981.

[9] 项春松，王建国. 内蒙昭盟赤峰三眼井元代壁画墓[J]. 文物，1982（1）.

[10] 王崇时. 元代东北女真族试探[J]. 延边大学学报，1982（4）.

[11] 孟广耀. 唐仁奚族驻牧范围变迁考论[J]. 内蒙古师大学报，1983（1）.

[12] 李学勤. 试论孤竹[J]. 社会科学战线，1983（2）.

[13] 张博泉. "别种"刍议[J]. 社会科学战线，1983（4）.

[14] 张松柏. 辽怀州怀陵调查记[J]. 内蒙古文物考古，1984.

[15] 刘志一. 元应昌路遗址[J]. 内蒙古文物考古，1984（1）.

[16] 辛德勇. 论宋金以前东北与中原之间的交通[J]. 陕西师范大学学报，

1984（2）.

[17] 贾敬颜. 五投下的遗民——兼说"塔布囊"一词[J]. 民族研究，1985（2）.

[18] 蔺新建. 先商文化探源[J]. 北方文物，1985（2）.

[19] 丁国范. 元代的四等人制[J]. 文史知识，1985（3）.

[20] 干志耿，李殿福，陈连开. 商先起源于幽燕说[J]. 历史研究，1985（5）.

[21] 郝向东. 辽宁省朝阳地区古代中原道路考——卢龙五终平冈傍海道初探[A]. 河北省交通厅公路史志编写委员会、辽宁省交通史志编审委员会联合编辑. 华北通往东北古代道路考察学术讨论会会刊[C]. 1985内部版.

[22] 张博泉. 燕国名将——秦开[A]. 张博泉主编. 东北历史名人传（古代卷）[上][C]. 长春：吉林文史出版社，1986.

[23] 冯继钦. 金代奚族初探[J]. 求是学刊，1986（2）.

[24] 田广林. 山戎初探[J]. 昭乌达蒙族师专学报，1986（2）.

[25] 王希恩. 宇文部东迁时间及隶属檀石槐鲜卑问题略辨[J]. 中国史研究，1986（4）.

[26] 干志耿，李殿福，陈连开. 商先起源于幽燕说的再考察[J]. 民族研究，1987（1）.

[27] 郭大顺. 试论魏营子类型[A]. 苏秉琦主编. 考古学文化论集（一）[C]. 北京：文物出版社，1987.

[28] 余大钧.《元史·太祖纪》所记蒙、金战事笺证稿[A]. 陈述主编. 辽金史论集（第二辑）[C]. 北京：书目文献出版社，1987.

[29] 李逸友. 辽代城郭营建制度初探[A]. 陈述主编. 辽金史论集（第三辑）[C]. 北京：书目文献出版社，1987.

[30] 叶新民. 斡赤斤家族与蒙元朝廷的关系[J]. 内蒙古大学学报，1988（2）.

[31] 景爱. 平地松林的变迁与西拉木伦河上游的沙漠化[J]. 中国历史地理论丛，1988（4）.

[32] 辽宁省文物考古研究所. 辽宁凌源县五道河子战国墓发掘简报[J]. 文物，

1989（2）.

[33] 韩光辉. 辽代中国北方人口的迁移及其社会影响[J]. 北方文物，1989（2）.

[34] 许子荣.《金史》天眷元年以前所称"上京"考辨[J]. 学习与探索，1989（2）

[35] 孟广耀. 金朝对奚族的基本政策[A]. 陈述主编. 辽金史论集（第四辑）[C]. 北京：书目文献出版社，1989.

[36] 罗贤佑. 元代蒙古族人南迁活动述略[J]. 民族研究，1989（4）.

[37] 王绵厚. 关于锦西台集屯三座古城的历史考察——兼论先秦"屠何"与"汉徒河"[J]. 社会科学战线，1990（3）.

[38] 何光岳. 孤竹的来源和迁徙[J]. 黑龙江民族丛刊，1991（2）.

[39] 吕遵谔. 鸽子洞的人类化石[J]. 人类学学报，1992（1）.

[40] 傅仁义. 鸽子洞遗址时代的再研究[J]. 北方文物，1992（4）.

[41] 孙慧庆. 唐代平卢节度使南迁之后琐议[J]. 北方文物，1992（4）.

[42] 丛佩远. 元代辽阳行省内的契丹、高丽、色目与蒙古[J]. 史学集刊，1993（1）.

[43] [日]田村实造. 辽代的移民政策和州县制的建立[A]. 日本学者研究中国史论著选译[C].北京：中华书局，1993.

[44] 向南. 辽代医巫闾地区与契丹耶律倍家族的崛起[J]. 社会科学辑刊，1994（1）.

[45] 何天明. 试论辽代牧场的分布与群牧管理[J]. 内蒙古社会科学，1994（5）.

[46] 张柏松，仨学军. 赤峰市出土的也里可温瓷质碑[A]. 内蒙古文物考古研究所编. 内蒙古文物考古文集（第一辑）[C]. 北京：中国大百科全书出版社，1994.

[47] 董高. 东北地区燕文化遗存及其有关问题[A]. 陈光汇编. 燕文化研究论文集[C]. 北京：中国社会科学出版社，1995.

[48] 申友良. 辽金元时期东蒙古地区人口迁徙研究[J]. 内蒙古社会科学，1996（1）.

[49] 王会昌. 2000年来中国北方游牧民族南迁与气候变化[J]. 地理科学，1996（3）.

[50] 辽宁省文物考古所，朝阳市博物馆. 朝阳双塔区唐墓[J]. 文物，1997（11）.

[51] 秦保平. 开鲁镇元代佛塔[J]. 内蒙古文物考古，1998（1）.

[52] 郭大顺. 北方古文化与商文化的起源[A]. 中国社会科学院考古研究所编. 中国商文化国际学术讨论会论文集[C]. 北京：中国大百科全书出版社，1998.

[53] 王德忠. 辽朝的民族迁徙及其评价[J]. 东北师大学报，1998（4）.

[54] 邓辉. 论辽代的平地松林与千里松林——兼论燕北地区辽代的自然景观[J]. 地理学报，1998增刊.

[55] 张泽咸. 汉唐间东北地区农牧生产述略（下）[J]. 文史(第47辑)，北京：中华书局，1999.

[56] 刘浦江. 试论辽朝的民族政策[A]. 刘浦江. 辽金史论[C]. 沈阳：辽宁大学出版社，1999.

[57] 杨军. 箕子与古朝鲜[J]. 吉林大学社会科学学报，1999（3）.

[58] 王守春. 10世纪末西辽河流域沙漠化的突进及其原因[J]. 中国沙漠，2000（3）.

[59] 靳枫毅、王继红. 山戎文化所含燕与中原文化因素之分析[J]. 考古学报，2001（1）.

[60] 冯金忠. 试论唐代河北屯田[J]. 中国农史，2001（2）.

[61] 王义康. 唐后期河北道北部地区的屯田[J]. 中国历史地理论丛，2002（1）.

[62] 李松涛. 论契丹李尽忠、孙万荣之乱[A]. 王小甫主编. 盛唐时代与东北亚政局[C]. 上海：上海辞书出版社，2003.

[63] 王守春. 辽代西辽河冲积平原及邻近地区的湖泊[J]. 中国历史地理论丛，2003（1）.

[64] 周伟洲. 鄋与白鄋考辨[J]. 社会科学战线，2004（1）.

[65] 王立新. 辽西区夏至战国时期文化格局与经济形态的演进[J]. 考古学报，2004（3）.

[66] 韩茂莉. 辽代西辽河流域气候变化及其环境特征[J]. 地球科学，2004（5）.

[67] 蒋金玲. 辽代渤海移民的治理与归属研究[D]. 长春：吉林大学硕士学位论文，2004.

[68] 张国庆. 辽代牧、农经济区域的分布与变迁[J]. 民族研究，2004（4）.

[69] 王明荪. 东北内蒙地区金代之政区及其城市发展[J]. 史学集刊，2005（3）.

[70] 朝阳市博物馆. 辽宁朝阳南塔街出土的金代窖藏文物[J]. 北方文物，2005（2）.

[71] 朝阳市博物馆，朝阳市龙城区博物馆. 辽宁朝阳召都巴金墓[J]. 北方文物，2005（3）.

[72] 吴炎亮. 朝阳隋唐墓葬研究[D]. 长春：吉林大学硕士学位论文，2005.

[73] 姜念思. 辽宁朝阳市黄河路唐墓出土鞒鞲石俑考[J]. 考古，2005（10）.

[74] 李瑞杰，肖守库. 蒙金野狐岭、会河川战役考[J]. 学术交流，2006（8）.

[75] 程妮娜. 辽朝乌古敌烈地区属国、属部研究[J]. 中国史研究，2007（2）.

[76] 程妮娜. 金朝西北部契丹等游牧民族的部族、纥制度研究[J]. 吉林大学社会科学学报，2007（3）.

[77] 王嘉川. 气候变迁与中华文明[J]. 学术研究，2007（12）.

[78] 徐秉愉. 从"内地"到"边区"——金初至章宗朝上京地位的变化[J]. 台大历史学报.2007（39）.

[79] 康鹏. 辽代五京体制研究[D]. 北京：北京大学，2007.

[80] 董新林，塔拉，康立君. 内蒙古巴林左旗辽代祖陵考古发掘的新收获[J]. 考古，2008（2）.

[81] 都兴智. 略论契丹李尽忠之乱[J]. 东北史地，2008（2）.

[82] 苗威. 关于孤竹的探讨[J]. 中央民族大学学报，2008（3）.

[83] 彭善国.辽庆陵相关问题刍议[J].考古与文物,2008（4）.

[84] 赵欣.辽西地区先秦时期居民的体质人类学与分子考古学研究[D].长春：吉林大学,2009.

[85] 肖忠纯.古代"辽泽"地理范围的历史变迁[J].中国边疆史地研究,2010（1）.

[86] 赵旭峰.辽代汉军的社会地位和历史作用[J].云南民族大学学报,2010（2）.

[87] 谭其骧.辽代"东蒙""南满"境内之民族杂处——满蒙民族史之一页[A].谭其骧.长水集[C].北京：人民出版社,2011.

[88] 杨军.乌桓山与鲜卑山新考[A].欧亚学刊(国际版,新1辑)[C].北京：商务印书馆,2011.

[89] 杨军.宇文部世系及始迁时间地点考[J].贵州社会科学,2011（2）.

[90] 陈述.契丹军制史稿[A].辽金历史与考古（第三辑）[C].沈阳：辽宁教育出版社,2011.

[91] 宋卿.安史之乱前唐代营州民族人口探析[A].欧亚学刊（第10辑）[C].北京：中华书局,2012.

[92] 杨福瑞.辽代松漠地理环境研究[J].赤峰学院学报,2012（2）.

[93] 王立新.关于东胡遗存的考古学新探索[J].草原文物,2012（2）.

[94] 崔向东.辽西走廊变迁与民族迁徙和文化交流[J].广西民族大学学报,2012（4）.

[95] 康建国,孙国军.赤峰市国家级重点文物保护单位（19）——元代龙泉寺简介[J].赤峰学院学报,2012（4）.

[96] 范恩实.论西岔沟古墓群的族属——兼及乌桓、鲜卑考古文化的探索问题[J].社会科学战线,2012（4）.

[97] 韩嘉谷.辨识东胡遗存[A].北京大学中国考古学研究中心编.古代文明（第9卷）[C].北京：文物出版社,2013.

[98] 杨军. 辽代契丹故地的农牧业与自然环境[J]. 中国农史, 2013（1）.

[99] 王禹浪, 刘加明, 于彭. 山戎称谓及其文化研究综述[J]. 哈尔滨学院学报, 2013（12）.

[100] 刘杰. 金代手工业研究[D]. 锦州：渤海大学, 2014.

[101] 王彦力, 吴凤霞. 从金人王寂所记佛寺、高僧看辽金佛教文化传承[J]. 北方文物, 2014（3）.

[102] 张国庆. 辽代后期契丹腹地生态环境恶化及其原因[J]. 辽宁大学学报, 2014（5）.

[103] 张士东, 岳爽. 金代群牧考[J]. 古籍整理研究学刊, 2014（5）.

[104] 杨军. 契丹始祖传说与契丹族源[J]. 首都师范大学学报, 2014（6）.

[105] 刘一. 奚族研究[D]. 长春：吉林大学, 2014.

[106] 冯艳丽. 先秦孤竹国史料辑考[D]. 长春：东北师范大学, 2014.

[107] 董新林, 陈永志, 汪盈, 左利军, 肖淮雁, 李春雷. 考古发掘首次确认辽上京宫城形制和规模[N]. 中国文物报, 2015-1-30（8）.

[108] 陈小三. 早商文化的北进与北方系青铜器的发展[J]. 边疆考古研究, 2015（1）.

[109] 王丽娟. 奚族与北朝关系探讨[J]. 内蒙古社会科学, 2015（5）.

[110] 程尼娜. 东部乌桓从朝贡成员到编户齐民的演变[J]. 民族研究, 2015（5）.

[111] 耿雪. 辽代显陵乾陵核心区锁定[N]. 中国社会科学报, 2016-2-1（1）.

[112] 刘毅. 辽代皇陵制度的影响[A]. 中国社会科学院考古研究所、内蒙古自治区文物考古研究所、巴林左旗旗委人民政府编. 东亚都城和帝陵考古与契丹辽文化国际学术研讨会论文集[C]. 北京：科学出版社, 2016.

[113] 李俊义, 吴甲才, 张云成. 元代《全宁张氏先德碑铭》汉文考释[J]. 北方文物, 2016（1）.

[114] 任冠. 辽中京道城址的考古学观察[J]. 故宫博物院院刊, 2016（2）.

[115] 董新林，汪盈. 辽上京考古发掘新成果和新认识[N]. 中国社会科学报，2016-9-23（5）.

[116] 郝素娟. 金代移民研究[D]. 长春：吉林大学，2016.

[117] 康鹏. 辽帝国的政治抉择——以中京的建立及其与捺钵之关系为例[A]. 中国社会科学院考古研究所，内蒙古自治区文物考古研究所，巴林左旗旗委人民政府. 东亚都城和帝陵考古与契丹辽文化国际学术研讨会论文集[C]. 北京：科学出版社，2016.

[118] 孙建权. "辽兴府"存废钩沉[J]. 中国边疆史地研究，2016（3）.

[119] 冯鹤昌. 元代弘吉剌部只儿瓦台之乱新考[J]. 内蒙古社会科学，2016（5）.

[120] 陈晓伟. 捺钵与行国政治中心论[J]. 历史研究，2016（6）.

[121] 中国社会科学院考古研究所内蒙古第二工作队，内蒙古文物考古研究所. 内蒙古巴林左旗辽上京遗址的考古新发现[J]. 考古，2017（1）.

[122] 李鹏. "松漠考"——兼论契丹起源地[J]. 北方文物，2017（1）.

[123] 杨军，王成名. 辽代捺钵考[J]. 安徽史学，2017（2）.

[124] 夏宇旭. 辽代西辽河流域农田开发与环境变迁[J]. 北方文物，2018（1）.

[125] 董新林. 辽上京规制和北宋东京模式[J]. 考古，2019（5）.

[126] 齐伟. 金代梁鱼务考[J]. 中国边疆史地研究，2020（2）.

[127] 陈俊达. 辽朝军事区划体系研究——兼论辽代"道""路"诸问题[J]. 史学集刊，2022（3）.

后　记

　　本书是国家社会科学基金一般项目"辽金元时期辽西地区的移民及其影响研究"（项目批准号13BZS083）的最终研究成果。本书得到渤海大学"渤海丛书"出版经费资助。

　　2010年我调入渤海大学，在教学工作之余开始关注辽西历史文化，在崔向东教授的带领下，多次考察了锦州、朝阳、阜新、赤峰等地市县博物馆、历史文化遗址，并参与了《朝阳通史》《义县通史》部分章节的撰写，对辽金元时期辽西民族迁徙产生了浓厚的兴趣。2013年，我围绕辽金元时期辽西地区移民申报了国家社会科学基金一般项目，得到评审专家认可，成功立项。此后，经近五年多的时间，完成了书稿，并于2019年结项。原计划书稿再经过一两年的修改完善，但由于2020年罹患眼疾，读书时间受限，书稿一直没能修改，2022年底，学校谋划出版"渤海丛书"，本书内容正好符合要求，犹豫再三，还是决定纳入"渤海丛书"予以出版，算是对自己此段工作的一个小结。匆匆对这本小书进行了简单的整理，内容上无暇深入修改，肯定存在诸多不足，希望专家和读者们多予批评指正。

　　感谢渤海大学校院两级领导对图书出版的支持，以及帮我审校文字的李亚光教授、武文君博士和边昊，感谢这些年一同考察辽西的同事们和为本书写作提供支持的朋友们！

2024年7月16日